甲午破局

清帝國撕裂的外交關係

列強分贓、朝鮮動盪、三國干涉……
東亞秩序全面解體，大清政府無力挽回的歷史轉捩點

戚其章——著

**失衡的東亞——
從朝鮮到馬關，戰爭背後的國際關係與外交脈絡**

清廷乞和落空、列強虛偽調停……
甲午戰爭如何撕裂東亞，讓大清步入外交與國運的雙重終點？

目 錄

出版說明 …………………………………………… 005

引言 ………………………………………………… 007

第一章
日本蓄謀發動侵略戰爭與挑起戰端的外交策略 …… 015

第二章
清政府乞保和局與列強調停 ……………………… 077

第三章
戰爭爆發後的國際外交 …………………………… 149

目錄

出版說明

甲午戰爭是中國近代史上的重大事件，出版社隆重推出甲午戰爭研究專家戚其章先生的「甲午戰爭與近代中國叢書」，包括《甲午戰爭》、《大清最後的希望——北洋艦隊》、《斷潮，晚清海軍紀事》、《殘帆，北洋海軍的覆滅》、《甲午破局，清帝國撕裂的外交關係》、《議和失控，晚清最後的外交潰敗》、《國際法視角下的甲午戰爭》、《太陽旗密令，決定甲午結局的情報戰》等 8 冊。

《甲午戰爭》從戰爭緣起、豐島疑雲、平壤之役、黃海鏖兵、遼東烽火、艦隊覆沒、馬關議和、臺海風雲等關鍵事件入手，以辯證的目光敘述關鍵問題和歷史人物，解開了諸多歷史的謎題。

《大清最後的希望——北洋艦隊》主要講述了北洋艦隊從建立到覆沒的全過程，以客觀的辯證的歷史角度，展現了丁汝昌、劉步蟾、林泰曾、楊用霖、鄧世昌等愛國將領的形象，表現了北洋艦隊抗擊日軍侵略的英勇頑強的愛國主義精神。

《斷潮，晚清海軍紀事》、《殘帆，北洋海軍的覆滅》細緻地敘述了晚清時期清政府創辦海軍的歷程，從策略角度分析了北洋海軍失敗的原因，現在看來仍然振聾發聵。

《甲午破局，清帝國撕裂的外交關係》、《議和失控，晚清最後的外交潰敗》從國際關係的角度，論述了清政府的乞和心態和列強的「調停」過程，突出表現了清政府的腐敗無能和列強蠻橫貪婪的真實面目，指出列強所謂的「調停」只是為了本國利益，並非為了和平，清政府的乞和行為是注定不會成功的。

出版說明

　　《國際法視角下的甲午戰爭》結合法理研究與歷史考究，把爭論百年的甲午戰爭責任問題放在國際法的平臺上，進行全面、系統、客觀、公正的整理與評論，是一部具有歷史責任感和國際法學術觀的著作。

　　《太陽旗密令，決定甲午結局的情報戰》揭露和分析日本間諜在甲午戰前及戰爭中的活動，證明這場侵略戰爭對百姓造成了嚴重傷害，完全是非正義的，因此對這場侵略戰爭中的日本間諜，應該予以嚴正的批判和譴責。

　　甲午戰爭是一本沉甸甸的歷史教科書，讓我們在深刻的反思中始終保持清醒，凝聚信心和力量，肩負起時代賦予的光榮使命。

引言

　　近年來，中國史學界對甲午戰爭史研究日趨重視，無論在深度上還是廣度上都前進了一大步。尤其是透過 1984 年在威海市舉行的甲午戰爭 90 週年學術討論會，與會者們普遍意識到甲午戰爭史的研究應該拓寬領域，即從更廣闊的社會背景，從世界全局來進行研究，庶幾可進一步探討其對中國乃至遠東的深遠影響及歷史意義。對此，我也是頗有同感的。

　　1983 年，我開始構思《甲午戰爭史》一書的內容和篇章結構時，曾決定將有關甲午戰爭國際關係的章節穿插其中。但書稿全部完成後，因受篇幅的限制，又不得不忍痛將這些章節抽掉。一些同行好友，如中國社會近代史研究員、歷史教授等，都鼓勵我在原來的基礎上寫成一部系統性論述甲午戰爭國際關係的專著。我也一直為寫作此書進行積極的準備，這個主題也受到各方的關注。

　　對於甲午戰爭時期的國際關係，以往的研究者很少涉足，系統研究的成果更付之闕如。此項專題研究須獨闢蹊徑，有一定的難度。尤其是由於始終未見到英國外交部的相關檔案，更為圓滿完成此項研究帶來了一定的困難。1991 年春，我應英國學術院的邀請，到英國進行學術交流訪問。經英方主人安排，曾與倫敦政治經濟學院的尼什教授 (Ian Nish) 晤面。尼什教授是英國著名的國際關係史專家，以發表《英日同盟》(*The Anglo-Japanese Alliance*) 一書而聞名。我早就仰慕其人，對這次會見深感榮幸。他為人熱情，盡力介紹相關檔案及資料，並不顧高齡親自帶領參觀該學院的圖書館。最使我振奮的是，尼什教授向我展示了他所珍藏

引言

的多卷本《英國外交檔案》(*British Documents on Foreign Affairs*)。其中有兩卷，一卷題曰《中日戰爭》(*Sino-Japanese War, 1894*)，一卷題曰《中日戰爭和三國干涉》(*Sino-Japanese War and Triple Intervention, 1894～1895*)，都是英國外交部關於中日甲午戰爭的重要檔案，有許多文件上注有「密」、「機密」或「絕密」等字樣。乍見之下，欣喜異常，真有「踏破鐵鞋無覓處，得來全不費功夫」之感！當時認為這既是經過整理後的印刷品，一定是不難找到的，便帶著高興的心情記下書名而告別。

不料此書在英國也很罕見。之後我又訪問了英國的幾所著名大學，皆未發現此書，這才開始焦急。後悔當時出於禮貌，不好意思向尼什教授提出複印那兩卷有關甲午戰爭的檔案。到牛津大學訪問時，接待我的是蘿拉‧紐璧博士 (Dr. Laura Newby)。她待人非常真誠，樂於助人，聽說我為此事遇到困難，主動提出幫我解決。我回到倫敦五天後，便接到她打來的電話，說尼什教授同意複印那兩卷關於中日甲午戰爭的檔案資料。於是，我又託在尼什教授指導下攻讀國際關係史博士學位的留學生代為複印。她每天課程很滿，只能在晚上抽時間複印，並在我回國的前一天晚上，及時地搭地鐵到我的住處，送來複印好的資料。真是令人感動！帶回來的這套重要的檔案資料，是這次訪英的一個重大收穫。

由於這些資料數量很多，而且又是利用晚上時間複印的，難免有不少字跡不清或漏印字行的紙頁，影響了其使用價值。我在倫敦時，曾訪問過倫敦大學亞非研究院，結識了狄德滿博士 (Dr. R. G. Tiedemann)。狄德滿博士是專治中國近代史的，談話投契。1991 年夏，他來山東訪問時，冒著酷暑到我家裡相敘。我請他幫助複印該資料的缺漏部分，他慨然允諾，兩次無償地寄來所複印的資料，終使這套檔案可以完整地使用

了。今書稿即將付梓之際，我在這裡特地向他們幾位表示衷心的感謝。

　　這本書可以看成是拙著《甲午戰爭史》的姊妹篇，或者說是對《甲午戰爭史》的補苴之作。二書既自成體系、各有重點，又相互補充。為使其內容不相重複，在撰寫時採取了詳略互見的辦法。例如，對於中日廣島會議和馬關議和，讀者便可看到，無論在內容上還是論述的角度上，二書都是迥然不同的。我的基本想法是，透過並讀二書，可以對這次戰爭有更廣泛而深入的了解。

　　本書所要論述的內容，有許多對我來說也是新的研究課題。詳細地掌握資料，是歷史研究的起點和基礎。也只有一切從客觀的歷史事實出發，才有可能得出合乎歷史實際的結論。我把盡可能地詳細實際擁有資料看成是完成此項課題的關鍵。本書所用的資料主要是中外的外交檔案。如中國方面的《清光緒朝中日交涉史料》和總理衙門《朝鮮檔》、日本方面的《日本外交文書》第27、28卷，就是最基本的資料。至於西方國家的檔案資料，如俄、德、美等國的相關外交檔案早有翻譯，如今又發現上述的英國外交部檔案，都是必不可少的。中外使館及公使，因係事件的當事者，其所輯存的電文或對親身經歷的記述，也都有很高的史料價值。如清朝駐英法公使館抄存的《龔照瑗往來官電》、美國駐華公使館抄錄的《美署中日議和往來轉電節略》、英國駐華公使館輯存的《歐格訥外交報告》，以及法國駐華公使施阿蘭（Auguste Gerard）的回憶錄《使華記》和日本駐朝鮮臨時代理公使杉村濬所撰的《二十七八年在韓苦心錄》等即是。一些私人的文集或記述，如李鴻章的《李文忠公全集》、伊藤博文的《機密日清戰爭》、陸奧宗光的《蹇蹇錄》等，由於其著者位居於決策地位，更應格外重視。通常來說，掌握上述幾個方面的資料，就不至於興史料不足徵之嘆了。

引言

在研究方法上,我試圖努力做到以下三點:

首先,力求避免先入之見,防止主觀性。我認為,有一些傳統的觀點需要重新研究和認知。例如,有一種流行的觀點,認為英國在甲午戰爭中是完全支持日本的。其實並不盡然。深入考察英國外交部的檔案文件,便不難發現英國並不是一開始就支持日本,它轉為傾向日本,是有一個發展過程的。否則,它在戰爭爆發前所採取的勸說日本避免與中國衝突、倡議五強聯合調停、建議中日在朝劃區占領等行動,就很難有合理的解釋。日本政府在一段時間裡懷疑「中英同盟」的存在;英國駐朝鮮代理總領事嘉託瑪(Walter Caine Hillier)建議設立仁川中立區,並直接和日本駐軍崗哨發生衝突;直到西元 1895 年 1 月英國駐華公使歐格訥(Nicholas O'Conor)還認為,英中兩國的利益一致,試圖說服英國外交大臣金伯利(Kimberley)採取明確的支持中國的政策。如此等等,都說明了英國並不是那麼完全支持日本的。

英國政府遠東政策的核心,是維護英國在遠東的既得利益和優勢地位,盡一切努力防止俄國施行南下的擴張政策。無論它起初反對日本挑起侵華戰爭也好,之後又支持日本提出的媾和條件也好,都不違背其遠東政策的核心。戰爭爆發前夕,英國提出在上海設立中立區,固然有默許日本發動戰爭的一面,但客觀上也有對中國有利的一面。無怪乎日本政府曾為此與英國抗爭並進行多次交涉。後來,俄、德、法三國聯合干涉日本割占遼東半島時,英國既不參加三國的共同行動,又以「局外中立」為名拒絕支持日本。這些足以說明英國政府首先考慮的是自身的利益,而對日本的態度的任何變化則都是出於策略和戰略的需求。

其次,力求堅持全面的觀點,避免把問題簡單化。例如,史學界曾就甲午戰爭期間俄國的對日政策問題展開討論。一種意見認為,俄國對

日本是利用、支持和縱容。另一種意見與此相反，認為俄國對日本採取的是抵制、反對乃至干涉的政策。還有一種意見則認為，俄國對日本既有利用、支持的一面，也有衝突以至干涉的一面。這些見解無疑都有一定的依據，可謂言之成理、持之有故。但簡單的結論往往不足以概括複雜的過程。如果研究者的結論僅是從過程的某個階段引出來的，反映的只是整個事物的某個部分或片段，那就把問題簡單化了。

事實上，俄國並不是一開始就有一套成熟的對日方針。在俄國政府內部，對於採取何種對日方針的問題，在很長時間內意見並不一致。其駐外使節，如駐華公使喀西尼（Arthur Cassini）主張干涉日本；駐朝臨時代理公使韋貝（C. Waeber）是個牆頭草，暗地唆使日本開戰；駐日公使希特羅渥（H. E. M. Hitrovo）則對日本非常輕信，往往成了日本政府的傳聲筒。其前任外交大臣吉爾斯（Nikolay Karlovich Giers），先是主張干涉，後又採取觀望政策；繼任外交大臣羅拔諾夫（Aleksey Lobanov-Rostovsky）甚至一度想討好日本，建議實行親日的方針。至於其他政府文武重臣，或主張宜與日本和解，或主張應採取強硬方式，甚至不怕由此而引起戰爭，意見極為紛紜。直到《馬關條約》簽訂的幾天前，俄國政府特別會議才就要求日本放棄占領遼東半島問題作出了決定。所以，籠統地說俄國支持或反對日本，都是不適當的。

豈止俄國是如此，德國政府對日本的態度也是前後變化很大。西元1894年冬，德皇威廉二世（Wilhelm II）在柏林皇家劇院觀劇，知中國公使許景澄不在場，便特地召見日本公使青木周藏，為日本鼓勁打氣。可是，到了1895年春，它反對日本割占遼東半島卻最為起勁。如果沒有它的參與，三國干涉還遼很可能失敗。在整個甲午戰爭期間，英國政府的態度變化更大，其例不勝枚舉。甚至對日本也應如是觀。所謂「陸奧

引言

外交」，通常認為是日本明治政府推行對外侵略擴張的外交政策成功的典範。對中國來說，固是如此。但對西方列強來說，卻不盡然。如它對俄國反對割占遼東半島的決心猜測不足，反三國干涉的一系列外交措施一一宣告失敗等，都說明它是有失算並遭到挫折的一面的。

我認為，對於包括日本在內的各國，只有用全面的觀點來進行研究，將它們分別置於整個事件的發展過程中來考察，才有可能抓住每個國家對外政策的基本特點，從而防止簡單化的傾向。

再者，力求透過紛紜繁複的表面現象去發現本質的東西，以避免被某些假象所迷惑。例如前幾年，有的研究者撰文，認為甲午戰爭時期不存在和戰之爭。當時，我曾在一篇述評[001]中指出，在甲午戰爭中，慈禧雖曾「傳懿旨亦主戰」，並「諭不准有示弱語」云云，其實是做樣子的，不能以此就否定她的主和；同樣，李鴻章身為海陸軍的實際指揮者，在調兵遣將、部署進兵等方面也作了不少工作，也不能以此就讚賞他積極地指揮全面對日作戰。就是說，對於歷史人物的評價，不僅要聽言而觀其行，還要察其始而究其終。現在，從《日本外交文書》裡找到了甲午戰爭爆發前後李鴻章與日本進行祕密外交的資料，進一步證實了他的調兵遣將和部署進兵並非出自本意，他始終念念不忘的還是一個「和」字。怎好硬幫他摘下「主和派」的帽子呢？

上述事例表明，「透過現象看本質」這句話，說起來容易，做起來就不那麼容易了。要真正抓住問題的核心，不僅需要運用正確的方法去分析研究，還需要有確鑿的資料加以證明。否則，所得出的結論就不會有說服力，更談不上真正站得住腳。一個是方法、一個是資料，二者絕不可偏廢。基本上，資料是最主要的，是第一性的東西。研究者從辨析

---

[001] 〈建國以來中日甲午戰爭研究述評〉，《近代史研究》1984年第4期。

資料入手，然後綜合資料，從中引出觀點，又必須反過來用資料證明或驗證所提出的觀點。我在寫作此書時，固然要寫那些人所共知的公開外交場合，又用了非常多的篇幅去寫那些祕密接觸或內幕的東西。之所以能夠這樣做，主要是得益於大量新資料的挖掘和掌握。譬如說，日本擊沉英國商船「高陞」號後，英國輿論由譁然轉為平靜，甚至開始為日本辯護，誰能想到是日本的金錢賄賂發揮了不小的作用？在戰爭過程中，日本對歐洲列強的動向瞭如指掌，誰能想到是義大利外交大臣布朗克（Francesco Crispi）經常向日本提供情報？前美國國務卿科士達（John W. Foster）本是清政府花重金禮聘的顧問，誰能想到卻為日本所用？諸如此類的外交內幕或政界人物的隱私，往往反映出事件內在的一面，使人們對問題更能夠切實地掌握並有更深的了解。要做到這一點，不深入挖掘關鍵的第一手資料是不行的。

以上所談的三種方法，儘管都是老生常談，但根據個人的體會，仍然是研究中不可須臾離開的基本方法。當然，我運用這些方法是否達到了預期的效果，那又是另一回事。這只有請讀者去評判了。

國際關係與外交是互為表裡的，而外交又是內政的延伸。中國在甲午戰爭中最後失敗的結局，依我看來，不能單純地歸結為軍事上的失利，而更主要的是包括外交在內的政治方面的原因促成的。清政府的最高決策層，無論是帝黨還是后黨，都對世界大勢不甚了解。他們絲毫不知道發揮中國自身的力量和有利條件，陷入困境而不思自拔，對前途完全喪失信心，一味地乞求西方列強出面幫助解決。豈不知越是這樣，越被人家瞧不起。戰爭後期歐洲輿論幾乎清一色地倒向日本，中國駐英公使龔照瑗奉旨要求覲見英國女王呈遞國電而遭到拒絕，皆其顯例。在清朝高層官員中，通常認為李鴻章最了解外國情況。而他去日本馬關議

引言

和，竟然還帶著戰前中國駐日公使汪鳳藻所使用的電報密碼。這套密碼早在戰爭爆發前夕就被日本外務省破譯了。因此，李鴻章在馬關與清政府往返密電的內容早已全部為日方所掌握，怎能不處處被動呢？在駐外使節的設立方面，清政府也非常不重視。如龔照瑗任駐英公使，又兼任駐法、義（大利）、比（利時）三國公使；許景澄任駐俄公使，又兼任德、荷（蘭）、奧（斯馬加）三國公使；楊儒任駐美公使，又兼任駐西（班牙）、秘（魯）二國公使。在戰爭及馬關議和期間，龔照瑗奔走於英、法、義三國之間，與駐在國外交當局周旋，以爭取各國的同情，真可謂席不暇暖。然而，當他剛一離開，日本公使便立即乘隙而入，進行離間破壞，使其前功盡棄。

可見，當時中國的落後表現是多方面的。在那個世界競爭十分激烈的時代，落後必然要走向沉淪。這一沉痛的歷史教訓，是應該永遠記取的。

六年前，我寫過一篇〈研究中日甲午戰爭史的體會〉。在該文的結尾處，曾經建議開闢新的研究領域，並指出：「甲午戰爭雖是中日兩國之間的戰爭，但西方主要列強幾乎都介入了這次戰爭，它們為了各自的利益，施展外交手段，縱橫捭闔，以趁機撈取一把，若沒有它們的默許和鼓勵，日本根本不敢放心大膽地發動這場大規模侵略戰爭。不重視甲午戰爭時期國際關係的研究是絕對不行的。」[002] 本書就是根據這一想法而獲得的一個初步成果。這也是一次嘗試，作為拋磚引玉，希望今後有更多的關於甲午戰爭國際關係史的研究成果問世。

---

[002] 《習史啟示錄——專家談如何學習中國近代史》，第184頁。

第一章

日本蓄謀發動侵略戰爭與挑起戰端的外交策略

第一章　日本蓄謀發動侵略戰爭與挑起戰端的外交策略

第一節　日本軍國主義勢力圖謀挑起釁端

一　金玉均被刺事件及其後果

　　日本之所以挑起甲午戰爭，是它蓄謀已久的對外擴張戰爭方針的一個必然步驟。但是，它要真正發動一場大規模的侵略戰爭，還必須等待有利的時機和尋找適當的藉口。西元1894年，對於日本來說，這樣的機會終於來到了。

　　進入西元1894年春季，中國社會表面上似乎太平無事，實際上早已危機四伏，而清朝當權者依然麻木不仁，不知居安思危。用當時一位外國公使的話說：「中國確實處於一種酣睡的狀態中，它用並不繼續存在的強大和威力來欺騙自己」[003]。夢幻並不等於現實。正由於此，這一年成為中國的多事之年。

　　西元1894年剛好是慈禧太后的六旬壽辰。歷史往往有許多巧合之處。1874年慈禧四旬壽辰時，日本藉口琉球漁民遇難事件出兵臺灣；1884年慈禧五旬壽辰時，又發生了中法戰爭。40和50兩次整壽大慶都沒過好，她一直感到不怎麼舒心。這次六旬壽辰，她決定要空前隆重地舉行萬壽慶典，以顯示歌舞昇平、四海宴樂的太平景象。

　　慶典從正月就開始緊湊籌備。慈禧迭降懿旨，對醇賢親王福晉（光緒生母）著加賞銀，瑾嬪、珍嬪晉封為妃，施恩懋賞在廷臣工、所有南書房上書房行走各員、各省文武大臣，以及親王、蒙古王公和軍機章京等。內務府掌儀司營造司造辦處各員和御前乾清門侍衛等，都受到恩賞。中外臣工也在盡力準備進獻貢物，以邀寵幸。此時，正所謂：「相臣

---

[003]　施阿蘭：《使華記》，第12頁。

第一節　日本軍國主義勢力圖謀挑起釁端

將臣，文恬武嬉，習熟見聞，以為當然。」正當朝廷內外為籌辦慶典而忙碌不休之際，意外的事件卻接踵而至。西元 1894 年 3 月 28 日發生在上海的金玉均被刺事件，讓正在籌辦中的慶典罩上了一層不祥的陰影。

金玉均本是朝鮮開化黨領袖、甲申政變的主謀。政變失敗後，他和同黨朴泳孝在日本郵船千年丸船長辻覺三郎的幫助下，逃往日本長崎。隨後住在東京慶應義塾福澤諭吉家裡。福澤諭吉是日本資產階級啟蒙運動的創始人，但同時又是日本擴張政策的鼓吹者，主張發動侵略中國和朝鮮的戰爭，稱之為「文明之戰」。他對金玉均、朴泳孝二人始終予以資助。此外，日本貴族井上馨、後藤象次郎、榎本武揚等人也對金玉均、朴泳孝青睞有加，以「供他日之用」[004]。於是，金玉均化名岩田周作，朴泳孝化名山崎永春，在日本潛居下來。朝鮮政府見金玉均、朴泳孝安居於一衣帶水的鄰邦日本，甚感不安，曾經兩次向日本政府提出引渡要求，但都被拒絕。

金玉均

朝鮮政府因要求引渡已無可能，便想出用暗殺手段除去金玉均、朴泳孝之一法。西元 1885 年夏，朝鮮政府一度派人行刺，但無結果。9 月，袁世凱護送大院君李昰應回朝鮮後，於 11 月 11 日與朝鮮國王李熙

---

[004]　田保橋潔：《甲午戰前日本挑戰史》，南京書店 1932 年版，第 16 頁。

第一章　日本蓄謀發動侵略戰爭與挑起戰端的外交策略

筆談，也獻計採用暗殺方法。他寫道：「玉均聞日政府亦甚惡之。此時如購一壯士刺之，日人既不能辦朝鮮人，自必送交外署。加以遠配，搪塞日人，此亦甚易。」李熙深以為然，答曰：「至玉賊事，果是明見之論。當隨機圖之也。」[005] 不久，謠傳金玉均擬帶兵回國，一時風聲鶴唳，草木皆驚。朝鮮政府深慮金玉均之捲土重來，因此謀刺之心更切。

西元 1886 年 2 月，朝鮮政府終於決定派內衛門主事池運永赴日本主持此事。池運永曾為金玉均門人，容易接近金玉均，故被認為是最合適的人選。池運永自仁川抵達神戶後，探聽到金玉均寓居東京，乃於 5 月致書求見。金玉均對他的突然來日感到懷疑，便派心腹柳赫魯等三人往訪，以探其誠。柳赫魯等從池運永口中詐出真情，並從池運永的提箱中看到了朝鮮國王為行刺金玉均事傳給池運永的密令。金玉均得報後，即向日本政府請求保護。當時日本羽翼尚未豐滿，不敢挑起釁端，因此不願把事情鬧大。日本政府只是訓令駐朝鮮公使高平小五郎，詢問朝鮮政府池運永所攜國王密令之真偽，並以令金玉均出境為理由，要求朝鮮政府召還池運永。朝鮮政府否認有國王授池運永密令一事，但答應召還池運永，請日本政府派員護送回國。6 月 23 日，日警三人護送池運永自橫濱動身回國。與此同時，日本內務大臣山縣有朋訓令神奈川縣知事，限金玉均於 6 月 26 日以前離境，但並未執行。相反，日本政府對金玉均採取監護措施，令其移居於橫濱市外三井別墅中。日本政府又覺得這種做法過於露骨，遂於 8 月 7 日將金玉均送往小笠原群島，住在隸屬於東京府的派出所內，由國庫每月發給 15 元津貼。西元 1888 年 7 月，金玉均被移至北海道，每月津貼也增至 50 元。在此期間，日本政府對金玉均名為拘禁，實則保護，朝鮮政府雖欲得之，然亦無法可施。

---

[005]　《清光緒朝中日交涉史料》(409)，第 9 卷，第 10 頁，附件五。

第一節　日本軍國主義勢力圖謀挑起釁端

　　到西元 1890 年，日本政府以日朝關係似已趨於緩和，便令金玉均仍回東京居住。朝鮮政府聞訊後，開始醞釀第二次派遣刺客的行動。1892 年 5 月，朝鮮政府乃命李逸植赴日行刺金玉均、朴泳孝及其黨徒四人。李逸植抵東京後，佯與金玉均、朴泳孝等接近，但因孤單一人難以下手。次年秋，朝鮮人洪鐘宇從法國歸國，路過東京。洪鐘宇與金玉均、樸永孝舊曾相識[006]。李逸植遂說動洪鐘宇共同行事。當時，金玉均、朴泳孝二人意見相左，非常少晤面。李逸植知難以對金玉均、朴泳孝同時下手，便與洪鐘宇約定分別行動：李逸植留日本行刺朴泳孝[007]，洪鐘宇則誘金玉均到上海殺之。此時，金玉均在日本生活異常拮据，很難有所作為，頗有寄人籬下之感。先是，李經芳任駐日公使時，與金玉均時有往來，卸任歸國後仍屢通書信。洪鐘宇於是勸說金玉均前往中國，憑藉昔日與李經芳的友情，迎合李鴻章而作歸國之計。金玉均為之心動，決定先去上海，然後見機行事。李逸植知金玉均有赴華的想法，便勸他與洪鐘宇同行，提款 5,000 元助其旅費，並介紹清使館書記生吳升[008]為嚮導兼華語翻譯。

　　3 月 10 日，金玉均、洪鐘宇、吳升三人及金之日僕北原延次[009]，由東京出發，次日抵大阪。在此期間，李逸植與洪鐘宇接頭，授以暗殺方法。23 日，金玉均一行由神戶乘西京丸離日，於 27 日抵上海，住公共租界日人吉島德三所開設的東和洋行內。金玉均為防意外，化名岩田三和[010]，對洪鐘宇則絲毫未存戒心。孰知 28 日下午 3 點多，金玉均方晝眠藤榻，洪鐘宇忽闖進屋室，連發數槍，將金玉均擊斃。洪鐘宇隨即逃

---

[006]　或謂洪鐘宇為開化黨人洪英植之子。《清史稿・朝鮮傳》：「洪鐘宇，英植子，痛其父死玉均手，欲得而甘心，佯與玉均交歡。」但證諸中日檔案，皆無此記載。錄之姑且存疑。
[007]　之後李逸植的計畫被朴泳孝窺破，行刺失敗。
[008]　吳升，字靜軒，又字葆任。
[009]　北原延次，係和田延次郎之化名。
[010]　岩田三和，或作岩田和三。按：〈洪鐘宇供詞〉和〈北原岩次供詞〉皆作岩田三和。

第一章　日本蓄謀發動侵略戰爭與挑起戰端的外交策略

至吳淞，不久被捕房追獲。此案由上海縣知縣黃承暄審訊。洪鐘宇供稱：

高麗國人，並無官職，由國出來遊歷西洋7年。今要回國，在東洋大阪地方，與金玉均並僕人北原延次及中國1人，共4人趁（乘）公司輪船，2月21日到滬。我與金玉均及他僕人北原延次住東和洋行。金玉均是前為本國權臣，因在朝廷大逆不道，殺死幾百人，我親友也被他殺害。國王恨他有10年了。他逃在東洋，改名岩田周作。我與朋友前在東洋大阪，奉國王命，叫我們忠心下去，把金玉均殺死，以安王心。公事在朋友處。我與他相遇來滬，他改名岩田三和。我今用六門響的手槍把他殺死，旋即走至吳淞，被巡捕追獲的。手槍已掉棄在吳淞江內。我為國家大事起見，如將把他轟傷身死情形求電本國，自有回電來的。是實。[011]

黃承暄深知此案非同尋常，即報請江海關道聶緝槼轉報北洋大臣和總理衙門。

對於金玉均突然離日到華，日本政府事前並不知情。及發覺後，深為關切，電令其駐上海總領事大越成德，嚴密注視金玉均等至上海後的行蹤。同時，又將上述情況電告駐朝鮮公使大鳥圭介。大鳥圭介即將此事轉告朝鮮外務衙門督辦趙秉稷和袁世凱。朝鮮政府聞報後，十分緊張，連忙密商對策，並邀袁世凱列席。3月29日，即金玉均被刺的第二天，朝鮮政府獲悉此事，一面派員答謝大鳥圭介的轉報；一面由趙秉稷親訪袁世凱，告以洪鐘宇「其志可嘉」，希望中國「設法保護」。李鴻章接袁世凱電後，即轉知聶緝槼，並指示說：「金係在韓謀叛首犯，來華正難處置，今被韓人在租界刺殺，罪有應得，可置勿論。外人如有饒舌，宜直告之。」[012] 聶緝槼按李鴻章、袁世凱之意令黃承暄邀洪鐘宇移住縣

---

[011]　〈洪鐘宇供詞〉，《朝鮮檔》（1877），附錄二。
[012]　《李文忠公全集》電稿，第15卷，第23頁。

第一節　日本軍國主義勢力圖謀挑起釁端

衙，妥為款待。

　　當時，朝鮮政府急命其駐天津督理徐相喬謁見李鴻章，請求將洪鐘宇送回國內處理，並將金玉均屍體解回朝鮮。李鴻章同意朝鮮的請求。徐相喬隨即專程南下，與駐上海察理通商事務官共同辦理此事。但是，如何處理金玉均的屍體，在當時是至關重要的問題。據袁世凱3月31日致李鴻章電：「韓廷臣多與金玉均通書，李昰應聞亦有之。如發覺，必興大獄。乞飭聶道密將金玉均行李檢查，凡文跡均焚之，庶可保全多命。」[013] 李鴻章亦以防止株連為是，電令聶緝椝照辦。[014] 當天，和田延次郎將金玉均的屍柩、行李自住處運至海岸，擬搭乘西京丸返國。聶緝椝令黃承暄向租界警察署要求引渡金柩。黃承暄親自與日本總領事交涉。雙方正在交涉過程中，金玉均的日僕和田延次郎「將該屍體放置路旁而去。故上海租界警察署長以道旁放置屍體為租界規則所不許，取歸警察署。而和田更不及向警察署行領取手續而歸國。警察署長乃應清國官憲之請求，引渡於清國官吏」[015]。4月6日徐相喬抵上海，黃承暄即將洪鐘宇及金玉均屍體移交於徐相喬。因當時無便船去朝鮮，聶緝椝乃稟請兩江總督兼南洋大臣劉坤一批准，派軍艦「威靖」號載之赴朝。並且，聶緝椝與朝鮮官員趙漢根商定，一概燃料等費用皆由朝方負擔。

　　金玉均被暗殺的消息傳到日本後，原先支持金玉均的朝野人士大為憤恨，並遷怒中國。他們集結友人會，急派玄洋社成員齋藤新一郎和岡本柳之助為代表，前往上海調查，並將金玉均遺骸拿回。當齋藤新一郎、岡本柳之助二人抵滬後，金玉均屍體業已引渡，只好空手回國。

---

[013]　《李文忠公全集》電稿，第15卷，第24頁。
[014]　據聶緝椝覆李鴻章電：「昨夜日僕將金柩、行李並運上船，強將柩扣留。僕已帶行李赴日。僕甚恨洪，想必能將書跡毀滅。」（《李文忠公全集》電稿，第15卷，第24頁）可見，聶緝椝並未來得及將金玉均的文跡焚毀。電文謂：「日僕將金柩、行李並運上船」，實則僅運至海岸，尚不及上船。其行文有不確之處。
[015]　〈日本駐上海總領事大越成德報告〉。轉見《甲午戰前日本挑戰史》，第27頁。

第一章　日本蓄謀發動侵略戰爭與挑起戰端的外交策略

不久，金玉均屍體解回朝鮮被處凌遲，友人會諸人聞之，更是憤怒至極，乃於 5 月 20 日在東京舉行盛大儀式，營葬金玉均的遺髮。當時，政府官員及議員參加者不下數千人，皆為之執紼。眾議員守屋此助、犬養毅等 32 人向政府提出質詢，認為將金玉均屍體解回朝鮮是對「日本帝國一大侮辱」[016]，要求對中國採取措施。外務大臣陸奧宗光在答辯中稱：

> 清國官憲對於並無守護者之屍體[017]，命其地方官有所處理，誠為事實。然並無如質詢書所云清國政府掠獲之事實。然而，朝鮮人金玉均之屍體及朝鮮人殺人者洪鐘宇所生事之所在國政府，即清國政府，以之引渡於任何人，並不在帝國政府應行干涉之限。[018]

金玉均被刺事件發生後，日本國內的確掀起一股發兵雪恥的喧囂之聲。李鴻章聞訊，即命袁世凱確查。袁世凱覆電稱：「詳審在韓日人情形，及近日韓日往來各節，並日國事勢，應不遽有兵端。調兵來韓說，或未必確。」[019] 實際上，完全不是這麼回事。日本政府以金玉均事件不足以構成發動侵略戰爭的藉口，只不過是忍而不發以待時機而已。當時，玄洋社成員的野半介主張，乘此機會向中國興問罪之師。他在舉行金玉均葬禮的第二天登門造訪陸奧宗光，建議說：「清國當局對金玉均之處置，實為日本之一大恥辱。是可忍，孰不可忍？我政府應斷然向清國宣戰，以雪清韓加於中國之恥，確立中國在韓之勢力。」陸奧宗光答稱：「若為一他國亡命徒之死而宣戰，絕不可能。君等之言皆係書生之論，恐難遵行。」既而又稱：「戰之能成與否，悉聽川上。」於是又介紹的野半介去見參謀本部次長川上操六。川上操六對的野半介的主張頗以為然，但因挑起戰端的時機尚未成熟，於是暗示道：「君為玄洋社之一

---

[016]　《大日本帝國議會志》，第 2 卷，第 1529 頁。
[017]　和田延次郎棄金玉均屍體而去，故陸奧宗光諧金玉均屍體為「無守護者之屍體」。
[018]　《大日本帝國議會志》，第 2 卷，第 1736 頁。
[019]　《李文忠公全集》電稿，第 15 卷，第 26 頁。

第一節　日本軍國主義勢力圖謀挑起釁端

人，聞貴社為濟濟遠征黨之淵藪，豈無一放火之人乎？若能舉火，則以後之事為余之任務，余當樂就之。」[020] 這實際上是向的野半介透露明治政府正在伺機製造戰爭藉口的祕密。

其後，日人石河幹明在論及金玉均事件的影響時，寫道：

> 對清開戰，雖為多年來之宿因，此事確為一大動機。後東學黨亂起，我政府聞中國出兵朝鮮之報，急命回國之大鳥公使率兵入韓京。此事距金之死僅二月餘。大鳥成行後，日清戰端不久即起矣。[021]

這是一份老實坦白的日人自供狀。然而，中國當事者李鴻章、袁世凱等尚矇在鼓裡，絲毫未覺察日本的陰謀，宜乎其後來事事落日人之後了。

二　朝鮮東學黨起義與「天佑俠徒」的祕密使命

金玉均被刺事件在日本引起的戰爭喧囂，雖表面上一時漸趨平息，然而日本國內的戰爭勢力並未銷聲匿跡，而是在等待著哪怕是一個火星落地，也定將它煽成熊熊的戰爭之火。對此，清政府卻始終缺乏應有的清楚的猜測。

這一年是北洋海軍的第二次校閱之期，適逢皇太后的六旬萬壽慶典，所以準備辦得比第一次更為盛大。先是在 3 月 23 日，海軍衙門奏請派大臣出海會校北洋合操。朝廷十分重視這次檢閱，特簡派李鴻章與督辦東三省練兵事宜都統定安認真合校。

5 月 7 日，李鴻章率同北洋前敵營務處山東登萊青道劉含芳、前任津海關道劉汝翼、直隸候補道龔照璵、天津營務處總兵賈起勝、津海關

---

[020]　玄洋社社史編纂會：《玄洋秘史》，第 435～437 頁。
[021]　石河幹明：《福澤諭吉傳》，第 3 卷，第 398 頁。

第一章　日本蓄謀發動侵略戰爭與挑起戰端的外交策略

道盛宣懷、軍械總局總辦張士珩、前出使俄國參贊羅臻祿、水師營務處道員羅豐祿和潘志俊等，乘海晏輪至鹹水沽上岸，赴小站。8日，在小站觀看陸軍操練。9日，李鴻章一行抵大沽。北洋海軍提督丁汝昌先期調集所部定遠、鎮遠、濟遠、致遠、靖遠、經遠、來遠、超勇、揚威9艦，及記名總兵余雄飛所帶廣東之廣甲、廣乙、廣丙3船，記名提督袁九皋、總兵徐傳隆分帶南洋之南琛、南瑞、鏡清、寰泰、保民、開濟6船，在大沽口會齊。此時，北洋之威遠、康濟、敏捷各練船已先赴旅順口等候。10日，趁潮出海。「北洋各艦及廣東三船沿途行駛操演，船陣整齊，變化雁行、魚貫、操縱自如。」11日至旅順時，定安已先到1日。15日，抵大連灣。17日夜，單行魚雷演習，「以魚雷六艇試演襲營陣法，攻守多方，備極奇奧」。18日，定遠、鎮遠、濟遠、致遠、靖遠、經遠、來遠7艦，及廣乙、廣丙2船，「在青泥窪演放魚雷，均能命中破的」。當天下午，「南北各船駛至三山島次第打靶，於駛行之際擊鳶遠之靶，發速中多。經遠一船，發十六炮，中至十五。廣東三船，中靶亦在七成以上」。19日，各艦船悉抵威海衛。21日，「調集北洋兵艦小隊，登岸操演陸路槍炮陣法，靈變純熟，快利無前，各處洋操實無其匹。並調集南北各船，各挑水軍槍隊20名打靶，每名三出，均能全中。旋於鐵碼頭雷橋試演魚雷，嫻熟有準。並令威遠、敏捷、廣甲三船操演風帆，均甚靈速。夜間合操，水師全軍萬炮併發，起止如一。英、法、俄、日各國均以兵船來觀，稱為節制精嚴。」[022] 對海軍的檢閱，到此基本結束。其後，李鴻章經膠州灣、煙臺至山海關，於27日由鐵路還天津。往返共21天。定安則於24日晚從煙臺渡海赴營口，由陸路返奉天。這就是李鴻章這次大閱海軍的大致情況。

---

[022]　《李文忠公全集》奏稿，第78卷，第13～14頁。

第一節　日本軍國主義勢力圖謀挑起釁端

李鴻章大閱海軍，固然顯示了北洋海軍的一定實力，但也暴露了它存在一些致命的弱點。在整個檢閱過程中，日本的赤城艦始終相隨觀看，這對北洋海軍的現狀有了更深層的了解，從而為日本的主戰論者提供立論的依據。

這次李鴻章出海閱軍，抵達小站的第二天，便接到袁世凱關於「韓全羅道泰仁縣有東學黨數千聚眾煽亂」的電報。在檢閱途中，又多次接到關於東學黨起事的報告。直到 5 月 25 日由煙臺乘船北上時，還接到袁世凱報告東學黨「勢頗猖獗」的緊急電報。[023] 李鴻章大閱海軍期間蔓延開的朝鮮東學黨起義，使日軍找到一個發動侵略戰爭的大好藉口。川上操六終於盼來了讓他望眼欲穿的「放火」機會。

東學黨起義時有日人參加之說，早已見諸報端，盛傳於世。此事當非空穴來風。然其真相究竟如何？

日本人開始探查東學道，以日本玄洋社成員武田範之為先導。武田範之本是福岡久留米浪人，自號洪濤禪師。早在西元 1892 年，武田範之即自釜山出發，經海道抵達全羅道的金鰲島，與朝鮮前開化黨人李周會相晤，深相結納。此後，武田範之即以釜山為中心，連年僕僕風塵於慶尚、全羅兩道之間，會晤東學道徒，探詢其法。相傳東學道主崔時亨潛居慶尚道尚州時，武田範之曾一度前往拜訪，欲進一步掌握其教義之奧祕，為崔時亨所拒絕。1893 年，武田範之為便於長期活動，便在釜山租賃房屋，作為玄洋社成員活動的據點，稱之為山紫水明閣。此處名義為法律事務所，由仙臺人大崎正吉主持對外業務，實則為日本渡朝的玄洋社成員的聚會之所。

西元 1894 年東學黨起義之後，在釜山的玄洋社成員密謀，設法打

---

[023]　《李文忠公全集》奏稿，第 15 卷，第 31～32 頁。

第一章　日本蓄謀發動侵略戰爭與挑起戰端的外交策略

入起義軍內部，把東學黨的活動引向對日本有利的方向。於是，決定由武田範之、柴田駒次郎二人扮作朝鮮藥商，化名為朴善五和朴善七，赴內地調查東學黨起義軍情況；由大崎正吉回日本東京，向玄洋社總部匯報，以決定下一步之行動。大崎正吉返東京後，訪問了玄洋社成員鈴木天眼。鈴木天眼、大崎正吉與玄洋社首領頭山滿、平岡浩太郎及玄洋社中的激烈派的野半介，先後祕密策劃。因為川上操六早就暗示玄洋社擔任「放火」的任務，所以頭山滿、平岡浩太郎等對釜山成員的建議大為讚賞，決定由的野半介等組成第一偵察隊先期赴朝，玄洋社大隊隨後出發。出發前，的野半介因故羈留，未能登程。大崎正吉電召主張「征韓」的仙臺浪人日下寅吉參加。這樣，只有鈴木天眼、大崎正吉、日下寅吉三人啟程。路經大阪時，軍事間諜時澤右一持荒尾精的介紹信來見，加入他們一行。抵九州門司時，玄洋社又派平岡浩太郎之姪內田良平、玄洋社機關報《九州日報》駐釜山通訊員大原義則前來參加。在玄洋社成員門司警察署長大倉周之助的幫助下，他們6人得以順利登船渡朝。

　　此時，已在釜山等候的有：原陸軍大尉田中侍郎、對馬浪人大久保肇、退役特務曹長千葉久之助、間諜山崎羔三郎之弟白水健吉及浪人萬生修亮、本間九介等人。武田範之、柴田駒次郎二人去內地調查後，也回到了釜山。再加上朝語翻譯西脅茶助、《釜山日報》記者吉倉汪聖和年僅14歲的井上藤三郎，共17人。他們自號「天佑俠徒」，推舉最年長的田中侍郎為俠長，決定前往東學黨起義軍大本營，以便伺機行事。與此同時，玄洋社派佃信夫、西村時彥二人常駐漢城，有事隨時與日本公使館聯絡。日本駐釜山領事館領事補官山座圓次郎及警察署長內海重男，都與玄洋社有很深的關係。因此，天佑俠徒在朝鮮的一切活動，一直得到日本公使館和釜山領事館的大力支持和密切關注。

第一節　日本軍國主義勢力圖謀挑起釁端

6月下旬，天佑俠徒一行15人自釜山出發，水陸並進，先抵馬山浦。大崎正吉、武田範之二人，為等的野半介從九州電匯的經費，遲行2天。在馬山浦會合後，先到慶尚道昌原府，從長崎人馬木健三所創辦的金礦裡搶奪了一批炸藥。7月初，他們到晉州後，曾引發炸藥爆炸，嚇退準備逮捕他們的朝鮮士兵。在前往山清郡的路上，他們又幾次打退試圖阻攔他們的農民。到山清後，他們一群人衝進郡衙，用武器威逼郡守，強「借」旅費。及抵達南原府，吉倉汪聖冒充日本全權公使和陸軍大將，時澤右一冒充陸軍中佐，竟騙取了南原府使的相信，以國賓之禮待之。天佑俠徒的如此行徑，表明他們是一群十足的無賴和歹徒。

田中侍郎一群人在南原稍事停留，研究打入東學黨起義軍的行動方針和策略。他們一致認為：「欲求得東亞和平，首先須掃清清國勢力，而掃清清國勢力之唯一手段，則必使日清開戰，以懲清國之橫暴。」因此，當務之急是「挑起日清之戰端」。就是說，準備要堅決貫徹川上操六提出的「放火」任務。這也就是他們此行的重要祕密使命。為此，決定先派武田範之、吉倉汪聖等前往當時已移駐淳昌郡的起義軍大本營，與全琫準取得聯絡。行前，他們起草了〈天佑俠檄文〉。〈天佑俠檄文〉謂閔族暴政之庇護者為中國使臣袁世凱，而起義軍卻「以『袁大人』之尊稱贈與敵人，『天朝上國』之美名獻與敵國，賢明如公等出此迂腐之舉，吾等實為不解」。又稱：「殘虐百姓者，守令；縱容守令者，閔族。而閔族暴政之根源，實為袁氏及清國。」因此，「欲討伐閔族，須先掃除清兵」。最後提出：「願奉公等為首領，行安民興國之志，吾等竭盡全力以赴。」、「誠如所言，吾等甘願馳驅在前，冒箭石，排刀劍，北上開闢入京之路，捨身赴死而後已。」[024] 其意圖明顯，就是企圖用甜言蜜語引誘全琫準上當

---

[024]　《玄洋社史》，第31、452～455頁。

受騙，把矛頭轉向中國，以使日本坐收漁利。

7月初，天佑俠徒全隊來到淳昌起義軍營中。晚間，田中侍郎、鈴木天眼、武田範之三人與全琫準進行了筆談。當時，全琫準對天佑俠徒的陰險目的還不甚清楚，但歷史和現實都使他對日本有很深的惡感。他在占領全州後所張貼的榜文中，即以「惜三年之內，中國將歸倭國」之語警惕人民。並且，他在起義軍的行動綱領中規定了「逐滅夷倭」的目標。因此，對於這群突然冒出來的「俠徒」，全琫準不能不存有戒心。他說：「日本陸續派兵前來，必是要吞併中國。」[025] 會談的結果是，全琫準拒絕了天佑俠徒的「幫助」。

玄洋社的陰謀計畫泡湯了。但由於朝鮮的形勢發生變化，已沒有天佑俠徒繼續執行「放火」任務的必要，所以他們也就離開淳昌起義軍大本營。

第二節　中日駐朝代表商談共同撤兵

東學黨起義後，力量發展很快，於5月31日攻陷了全州。6月1日，朝鮮國王李熙決定向中國借兵。當天，日本駐朝鮮代理公使杉村濬探知這一消息，即派書記生鄭永邦訪袁世凱，問：「貴政府何不速代韓戡？」透露出日本政府急盼中國出兵的心情。並謂：「我政府必無他意。」以用此虛偽的口頭保證來麻痺中國。2日，杉村濬又親訪袁世凱，進一步表示「盼華速代戡」的願望。袁世凱自以為與杉村濬有舊，認為杉村濬不會說假話欺騙自己，也就相信了日本是「重在商民，似無他意」[026]。3日，

---

[025]　〈全琫準供詞〉，《報知新聞》1895年3月6日。
[026]　《李文忠公全集》電稿，第15卷，第33～34頁。

第二節　中日駐朝代表商談共同撤兵

朝鮮政府正式請求中國派兵。6日，清政府一面根據西元1885年中日《天津條約》知照日本政府，告知應朝鮮政府之要求，派兵「相機堵剿」、「一俟事竣，仍即撤回，不再留防」[027]，一面派太原總兵聶士成和直隸提督葉志超率部先後渡海，屯駐牙山。但清軍並未與東學黨起義軍作戰。11日，全琫準與朝鮮政府代表簽訂了《全州和約》，並隨即率部退出了全州。

事實上，早在中國派兵之前，日本已開始進行出兵的準備。6月2日，日本內閣會議便通過了出兵朝鮮的決定。4日，外務大臣陸奧宗光命駐朝鮮公使大鳥圭介迅速回任，並密授以有採取「便宜措施」的「非常權力」。[028] 就是說把挑起戰爭釁端的任務交給了大鳥圭介。5日，日本根據戰時條例，成立了最高軍事指揮部——大本營。並且，日本決定派一個混成旅團渡海赴朝。到16日，日本陸軍入朝兵力近4,000人，並占據了漢城附近之要地，海軍則有8艘軍艦駐泊朝鮮海面，其兵力已遠在中國軍隊之上，占有了絕對的優勢。

本來，大鳥圭介回任後，發現漢城平靜如常，而且清軍屯駐牙山一隅之地，並未靠近漢城，的確出乎意料。在這種情勢下，日本政府驟派大軍進紮漢城，使大鳥圭介本人也感到難以自圓其說。杉村濬追述當時的情景說：「綜觀京城的形勢，甚為平靜，當然用不著眾多的警衛部隊。不僅如此，就是先期入朝的400多名水兵，也如平地風波一樣，不僅使朝鮮政府感到為難，各國使節也都對我方的舉動感到震驚而抱有異議。大鳥公使見此形勢，稍稍改變了原來的想法。」因此，6月11日、12日，大鳥圭介兩次致電陸奧宗光，提出：「大量的士兵登陸，反而招致困難，因此希望在沒有公使命令之前禁止其登陸。除保留適當數量的軍隊外，

---

[027]　《清光緒朝中日交涉史料》(958)，第13卷，第9頁。
[028]　陸奧宗光：《蹇蹇錄》，第19頁。

第一章　日本蓄謀發動侵略戰爭與挑起戰端的外交策略

其餘均暫返對州待命。」12日、13日，他又兩次派人去仁川，帶信給大島義昌旅團長，說明「目前京城形勢平靜，如果大量部隊入京，反而有害於安定」[029]。16日，大島義昌率第一批混成旅團登陸後，便暫時駐紮在仁川未動。

如何擺脫目前外交上的這種困境，是大鳥圭介當時迫切需要解決的問題。為此，他於6月12日上午拜訪袁世凱，就雙方不再增派軍隊一事進行交談。大鳥圭介表示：「除『擬以護衛兵800替換海軍入京』外，『如已不需多數士兵，將致電我外務大臣，使未發之後隊暫停。但上述電報未到前已出發或接到陸續發船之電報而後至之兵，正盡力不使其登陸而令其歸國』」[030]。當天，袁世凱即致電李鴻章報告與大鳥圭介談話的經過：

頃大鳥來謁，談論二時久。堅謂實護館而來，並相機幫韓禦匪。凱婉與商辦。相訂今到仁之800兵來漢暫駐即撤；現在漢之水師兵，候800兵到即回船；續來者毋登岸，原船回日，未發者即電阻；華亦不加派兵來漢。凱詢大鳥以14船載兵若干。答：「每大隊800，共三隊，其各項雜役及隨效者又有多名。」凱謂：「韓事已漸平，我兵擬早撤，以免暑雨。如聞倭遣大兵，自將加兵前來。因相防，必生嫌。倘駐韓西人伺隙播弄，或西人亦多來兵，候收漁利，不但韓危，在華倭亦必有損。華倭睦，亞局可保；倘生嫌，徒自害。我輩奉使，應統籌全局以利國，豈可效武夫幸多事？我深知必無利，故尚未調一兵來漢。」大鳥答：「甚是，適有同見。我年逾六旬，詎願生事？即電阻後來各船兵。」凱又勸令少駐漢兵，分留仁川。大鳥答：「我廷原派實不止800，況一隊一將未便分駐仁。韓匪聞貴軍至，雖逃散，兵仍未解，待事定，即全撤，必不久留。」大鳥又謂：「接津電，聞華發兵2,000將來韓。如然，恐彼此撤去又須

---

[029]　杉村濬：《明治二十七八年在韓苦心錄》，第10～11頁。
[030]　《日本外交文書》，第27卷，第549號，附件一。

第二節　中日駐朝代表商談共同撤兵

時。」凱答：「我廷聞爾遣大兵，或將加兵來漢，果汝能阻續來兵，我亦可電止加派。」大鳥云：「我二人即約定：我除800外盡阻之，爾亦電止華加兵。我二人在此，必可推誠商辦。」[031]

大鳥圭介身為外交使節，開始主要是從外交方面來考慮問題，以免居於被動地位。所以，他這次主動拜訪袁世凱，實是在尋找解決此一問題之途徑。在這種觀念支配下，他傾向於袁世凱提出的兩國不再增派軍隊的方案。這次會談的結果，使袁世凱充滿了希望。李鴻章接電後，也就一面停止續發部隊，一面電令葉志超停軍不動以待命。

日兵之進駐漢城，對朝鮮政府構成非常大的威脅。當大鳥圭介率兵回任尚未抵達漢城時，朝鮮外務督辦趙秉穭即曾照會日本代理公使杉村濬：

查前時南道教匪猖獗，都下稍起謠疑。近日該匪回守全州，迭經創挫，氣勢漸迫。我都下因以人心甚安，毫無驚憂，早為各國人所共亮。如貴國兵叮嚀此甚安無警之時，忽而調來護館，詎非於已安之地而故擾之？於無警之際而故騷之？且漢京為中國輦轂重地，又為各國玉帛會所，固應各求安堵，毋涉險慮。今貴兵丁無故調來，都下人心必至大騷，各國人民均生疑慮。萬一有奸人藉端生事，是因貴兵丁之來置我都城於險地，非我政府及本督辦之所望也。貴政府素明時局，向敦友睦，應不願置我都城於險地。況乙酉夏間，貴護館兵丁撤回後，本衙門曾會同各國駐京使員商訂章程，各公館保護之事宜由本衙門主之。該章第二條如遇有事加派40人嚴密護衛，久經允照各在案。縱或漢城有所危險，亦應由本衙門派兵護衛。況值此京內毫無危險，本無所用其護衛乎？如貴兵來護，反使人心驚疑，至一城涉於危險之境，其得失利害瞭然可判。即望貴代理公使速電達貴政府以各項詳細情形，即施還兵之舉，以

---

[031]　《清光緒朝中日交涉史料》(986)，第13卷，第14～15頁。

第一章　日本蓄謀發動侵略戰爭與挑起戰端的外交策略

敦友誼，免生枝節。至切盼禱！[032]

該照會有理有節，指出日本出兵之無理，並要求日兵返回。但杉村濬在復照中卻說：「來文中『是因貴兵丁之來置我都城於險地』一節，完全出於本代理公使想像之外，毫無如此道理。關於來文中『即施還兵之舉』一節，我政府已有訓令，本代理公使難從尊意。憾甚！」[033]這就完全沒有什麼道理可講了。及至大鳥圭介抵漢城後，趙秉稷又親訪之，要求日本撤兵，被大鳥圭介所拒。為此，朝鮮政府感到非常棘手。

袁世凱與大鳥圭介的會晤，使朝鮮政府看到了一線希望，便於13日致函袁世凱請求撤兵：

日本以天兵來剿，疑忌多端，日前突發五六百兵駐我都下，屢由外署駁論阻止，終不聽從。想似必須天兵撤回，始肯同撤。傳聞仍有數千名繼來於後。敝都警備素疏，有強敵包藏禍心，入據心腹，東土臣民危在旦夕，度日如年，人情大騷，不堪設想。幸值該匪已除，冀可解禍，即懇貴總理迅即電稟中堂，酌量援救，非敝邦所敢瀆請也。如荷始終庇護，望即施行。情迫勢急，企望維殷。

袁世凱當即轉報於李鴻章。本來，早在三天前，聶士成就有「撤隊內渡」的建議。此刻也的確是中國撤兵的大好時機。從中國方面看，不管日本玩弄什麼花招，應朝鮮政府之請而撤兵，甚至單方面撤兵也無何不可，就會居於主動的地位，使日本難以施展其伎倆。但是，李鴻章考慮的是中日雙方撤兵，認為朝鮮政府既「願請我速撤兵，解倭急，而大鳥又謂華撤兵伊即同撤」、「似未便久留，致生枝節」。於是，他一面令袁世凱與大鳥圭介「約定彼此同時撤兵」，一面囑葉志超「整理歸裝」，等候

---

[032]　《日本外交文書》，第 27 卷，第 536 號，附件二。
[033]　《日本外交文書》，第 27 卷，第 536 號，附件三。

第二節　中日駐朝代表商談共同撤兵

「派商輪往接內渡」。[034]

袁世凱根據李鴻章的指示重點，借回訪之機與大鳥圭介進一步商談兩國共同撤兵問題。其談話的主要內容如下：

袁世凱：「葉提督亦暫停其所請之兵，如貴國護衛兵滯京之日不長，中國亦必不再派兵於漢城。但應有要求後至之貴國士兵嚴禁其登陸並使其歸國之電訓。」

大鳥圭介：「本使到後，亦認為無運來多數士兵之必要。故立即將未發部隊暫停發船之意致外務大臣。上述電報，對於近日正駛向該國已發之船已無作用，此為本使最大之懸念。我大島少將至仁後，是否同意其統率之兵不登陸之事難以肯定。前日雖派本公使館武官赴仁，但恐其尚未充分貫徹我之意見。於是，再派本館書記官杉村氏去仁。大島少將至仁後，立即向其充分提出本使之意見，並加以處理。」

袁世凱：「如是，除護衛兵入京外，餘者皆禁其登陸矣。」

大鳥圭介：「對此，該少將將採納我杉村書記官之意見而不登陸，抑或因船中充滿兵員而有必須登陸之難處，但本使切望其不登陸。」……

袁世凱：「請雙方共同撤兵，勿使他國有可乘之機。」

大鳥圭介：「對此實有同感。」[035]

袁世凱由商談停止增派軍隊轉到共同撤兵問題，看來意見漸趨於接近，似乎沒有多大分歧。

日本政府卻另有打算。陸奧宗光接到大鳥圭介請求撤兵的電報後，大為不滿。雖然他認為大鳥圭介的建議「非常適當」，但還是準備進行下去。因為政府此次之派遣大軍，絕不是僅僅為了護僑，而是希冀別有所得。此時議會內反政府的聲浪甚高，既已派出大軍，勞師傷財，若一無

---

[034] 《清光緒朝中日交涉史料》(990)，第13卷，第15～16頁。
[035] 《日本外交文書》，第27卷，第549號，附件二。

033

第一章　日本蓄謀發動侵略戰爭與挑起戰端的外交策略

所獲而返師，不但將貽議會反對派以把柄，亦難為人民所見諒，則內閣之倒臺必無疑問。因此，日本政府早已決心一戰，並且正在伺機挑起戰端，儘管續發大軍會在外交上引起紛議，還是否決了大鳥圭介的建議。因為在陸奧宗光看來，「實難預料何時發生不測的變化，考慮到在千鈞一髮之際，成敗的關鍵完全取決於兵力的優劣，所以決定仍按政府原定計畫先將預定的混成旅團派往朝鮮為萬全之策」[036]。

6月13日，陸奧宗光電覆大鳥圭介曰：

依尊意，已由參謀本部授與大島命令，使其部隊駐屯仁川。但閣下欲求中止兵士入京之理由何在？清國及朝鮮方面發生多少恐駭，最初即充分預料及之，此為閣下所悉知者也。若大鳥部下之兵永留仁川，恐失入京之機會。若一事不為，亦一處不去，終於自該處空手回國，不僅極不體面，且非得策。若無特別重大障礙，毋須躊躇，使該軍入京城，非較為有利耶？

陸奧宗光仍恐大鳥圭介不了解政府決意挑起戰端的決心，於同一天又提示大鳥圭介以討伐東學黨為混成旅團入京之把柄：

以軍隊之一小部，雖有留置仁川之必要，然一如6月13日晨所發之電，外交上雖或許少有紛議，但以大島部下本隊入京為得策。因極盼迅速恢復和平，故清兵如仍駐牙山不進時，閣下即要求以日兵鎮定暴徒亦無不可。關於對朝鮮將來之政策，日本政府不得已或至採取強硬之處置。

大鳥圭介仍認為討伐東學黨不足以構成混成旅團入京的理由，但政府既準備「採取強硬之處置」，那就要另想別的招數。於是，他又於14日致電陸奧宗光申述個人的意見：

---

[036]　陸奧宗光：《蹇蹇錄》，第20頁。

第二節　中日駐朝代表商談共同撤兵

全羅道暴徒敗北，京城中清兵未派來。在此種境遇內，不僅無須派遣多數兵士以保護我使館及人民，且使清國、俄國以及其他各國皆懷疑日本意向，必至有派出兵士至朝鮮國之虞。故若非目下事情變動，益（亦）使我陷於危險之情狀外，不見有可使四千兵士入駐京城之好理由。日本政府，如取如此處置，信為有害於我外交關係。然日本政府如於達到出兵之素志外，有應付一切事變之決心，則上述又當別論。[037]

此時，大鳥圭介處於進退兩難的境地：一方面必須貫徹政府決心挑釁的指示；另一方面，與袁世凱商談兩國撤兵問題已獲得進展，而一時又不好陡然轉彎。

在這種情況下，袁世凱與大鳥圭介的共同撤兵會談還在繼續進行。6月15日，袁世凱親自到日本公使館，與大鳥圭介商談撤兵問題。雙方就下列各項取得一致的意見：

一、日本撤回在朝鮮的兵力的3/4，並撤離漢城，留下250名士兵在仁川暫駐；

二、中國軍隊撤回4/5，留下400名士兵；

三、待民亂平靜以後，兩國同時撤回全部兵力。[038]

當事人杉村濬後來追憶此事時寫道：

當月15日，清使來訪，提出清軍撤兵，希望中國也同時撤兵的意見。公使表示同意撤兵，但回答說：「此事不能自作主張，必須等待政府的訓令。」由此，談判逐漸成熟，達到要交換公文的程度。

杉村濬是反對「同時撤兵論」的，而且主張「丟擲朝鮮獨立論，成敗訴諸武力」一說。他曾與日本外務省派來朝鮮的參事官本野一郎密議，

---

[037]　以上電報，見田保橋潔：《甲午戰前日本挑戰史》，南京書店1932年版，第89頁。
[038]　《清光緒朝中日交涉史料》(997)，第13卷，第17頁。

第一章　日本蓄謀發動侵略戰爭與挑起戰端的外交策略

共同主張「放棄日清同時撤兵的決議，即使由此而引起與清國之間的戰端」，也在所不惜。其實，當時杉村濬對大鳥圭介的想法尚沒有完全摸透。大鳥圭介雖和袁世凱達成了口頭協議，無非是在沒有最後下定決心之前，尚需虛與委蛇一番。他所說「此事不能自作主張，必須等待政府的訓令」固屬事實，可是他心裡完全清楚政府不會同意撤兵，由此可知他此時表示同意撤兵只不過是欺人之談而已。

2天後，大鳥圭介即致電陸奧宗光稱：

如將6月15日前到達仁川的3,000士兵不加使用地撤回，是很不策略的。我認為必須找到對這些士兵有效使用的辦法。幸而清使袁世凱6月15日來訪，提出兩國同時撤兵的方案。本官的答覆是：自己沒有決定撤兵的權力，必須等待本國政府的訓令。可乘此機會向朝鮮政府和清使提出要求，必須在日軍撤走之前撤走清兵。如拒絕中國的這一要求，我將把這一拒絕視為清國要在朝鮮維持君主權，否認中國的朝鮮獨立論，從而損害了中國在朝鮮的利益，便使用武力將清兵驅逐出朝鮮境外。如在無損於中國威嚴的協議不能達成時，本官將採取上述激烈手段。可否？乞速回電。[039]

這個電報透露了：日本軍隊不但要賴在朝鮮不走，而且要尋找挑起戰端的藉口。而對清政府來說，由於不想單方面撤兵，以爭取政治、外交上的主動，卻又一心幻想達成共同撤兵的協議，結果上當受騙，貽誤時機，反而使自己處於更加被動的地位了。

---

[039]　杉村濬：《明治二十七八年在韓苦心錄》，第14～16頁。

第三節　日本向戰爭方針的轉變

一　所謂「共同改革朝鮮內政」案

日本政府既派遣大軍進入朝鮮，其目的是挑起戰端，此已是「司馬昭之心，路人皆知」。問題是要找到一個好主題，以便把這篇文章做下去。因為「目前既無迫切的原因，又無表面上的適當藉口，雙方還不能開戰。因此，要想使這種內外形勢發生變化，除去實施一種外交策略使局勢改觀以外，實在沒有其他方法」[040]。這種外交策略終於炮製出來，就是中日共同改革朝鮮內政的方案。所謂改革朝鮮內政案的提出，只是利用外交方式以挑起戰端的狡猾策略，因為日本政府明明知道中國絕不會接受這個方案，其目的則是為日本駐兵朝鮮提供一個新的藉口。

起初，日本政府最擔心的是列強插手和介入。後來，日本政府對列強介入的可能性作了認真的假設。日本外務省及參謀本部根據收到的各種情報，表明日軍留駐朝鮮是可行的，不致引起列強的武力干涉。當時，日本最關注的是英、俄兩國的態度。而據日本駐英公使青木周藏的報告，英國主要是懼怕俄國南下，如果日本的軍事行動有利於阻止俄國南下，英國是不會提出反對的。另外，參謀本部部員陸軍中佐福島安正的情報更受到重視。福島安正於西元1892年任駐德國公使館武官，曾單騎從俄國彼得堡出發，橫穿西伯利亞、蒙古及中國黑龍江各處，長途跋涉1.4萬公里，直抵海參崴（符拉迪沃斯托克），詳細調查俄國在遠東的軍事力量。次年6月回國後，便以功晉升陸軍中佐，留參謀本部任職。根據他的分析，迄於1894年為止，俄國在遠東的兵力仍然非常薄弱，在

---

[040]　陸奧宗光：《蹇蹇錄》，第21頁。

軍事上不具備介入朝鮮問題的力量。綜合分析以上情報之後，陸奧宗光斷定：反對日本留兵朝鮮的國家，除中國以外，再不可能有別的國家了。為了解除大鳥圭介的顧慮，他於6月15日發給大鳥圭介的電報中便申明這樣的觀點：「關於俄國出兵朝鮮一事，據本大臣與俄國公使的談話及中國駐英公使的報告觀察，目前似乎無須擔心。」[041]

雖然列強介入的顧慮解除了，但是駐兵朝鮮的藉口還是不可少的。為了炮製共同改革朝鮮內政的方案，日本政府的確是費盡心思的。日本出兵朝鮮之後，暫時無所行動，引起了國內輿論的強烈不滿，紛紛抨擊政府。《國民新聞》指出：「中國政府要是為了搞個閱兵典禮，可以不必把士兵派到朝鮮去。」《扶桑新聞》指責政府：「不經議會的同意，就隨心所欲地支付了龐大的陸海軍演習費用。」並質問：「如果僅僅是為了保護使館和僑民，那為什麼要派出所需要的幾倍兵力呢？」[042] 有的報紙甚至譏諷「日廷並無勇敢有為之臣」，並鼓吹說：「中日難免不起爭端，其最要者，日廷要必堅其志。」[043] 國內形勢業已造成騎虎難下之勢，使日本政府毫無其他選擇的餘地，只能下決心按照既定方針進行下去。可是，對日本政府來說，如果不能從外交上找到一個藉口，就很難打開當時這種錯綜複雜的局面。作為日本駐兵朝鮮藉口的共同改革方案，最初就是由內閣總理大臣伊藤博文經過多日的苦思冥想而提出來的。6月14日，伊藤博文在內閣會議上第一次拋出他的方案：

朝鮮內亂，應由中日兩國軍隊共同盡力迅速鎮壓。亂民平定後，為改革朝鮮內政起見，由中日兩國向朝鮮派出若干名常設委員，調查該國財政概況，淘汰中央及地方官吏，設立必要的警備兵，以維護國內安寧；

---

[041] 《日本外交文書》，第27卷，第552號。
[042] 藤村道生：《日清戰爭》，上海譯文出版社1981年版，第60頁。
[043] 〈同文館學生長德譯日本報〉，《朝鮮檔》（1909）。

第三節　日本向戰爭方針的轉變

整頓該國財政，盡可能地募集公債，以便用於興辦公益事業。

這個方案得到閣員的一致贊同。陸奧宗光也未表示異議，只是要求給他一天的考慮時間再作出決定。他認為：實行這一方案的結果，日本在外交上的被動地位變為主動，而且中國絕不會輕易地同意這個方案，一旦出現這種局面時，日本下一步的外交策略亦應及早做好打算。他考慮：「中國政府若不同意此項提案時，中國政府如果沒有單獨擔當改革朝鮮內政的決心，則他日彼此意見或有齟齬，勢必阻礙中國外交上的開展。」在6月15日的內閣會議上，陸奧宗光在伊藤博文的方案以外又提出兩項附加條件：

第一，「不問與中國政府的商議能否成功，在獲得結果以前，中國絕不撤回目下在朝鮮的軍隊」；

第二，「若中國政府不贊同日本提案時，帝國政府當獨力使朝鮮政府實現上述之改革」。

後來，陸奧宗光回憶當時的情況時寫道：

今後的一線希望，只係於中國政府能否同意中國的提案。如果中國政府拒絕中國提案，不問其理由如何，我政府皆不能漠視，並由此可斷定中日兩國的衝突終將不可避免，不得不實行最後之決心。這個決心，帝國政府在最初向朝鮮出兵時業已決定，事到今日就更無絲毫猶豫之理。[044]

陸奧宗光的這番話，道破了日本政府提出共同改革朝鮮內政的真實目的。日本內閣會議一致通過這個提案，並由內閣總理大臣上奏，得到了明治天皇的裁可。

當天，陸奧宗光便將內閣會議的決定通知大鳥圭介，並密授機宜說：

---

[044]　陸奧宗光：《蹇蹇錄》，第22～23頁。

第一章　日本蓄謀發動侵略戰爭與挑起戰端的外交策略

現今暴徒雖已平定，和平恢復，然今後可使日清間發生爭議之事件，不可避免。因此，內閣會議已決定採取斷然處置，與清國協力以改革朝鮮政府之組織。為此目的，應有迫使清國共同任命委員之決議。此事明日由本大臣向駐日清國公使提議。此事極密，對袁世凱或其他任何人，均不可洩漏。與清國商定此事時，在談判繼續期間，無論使用任何藉口以使我軍留駐於京城，最為必要。鑒於李鴻章對於促令日本兵之撤退，頗具苦心，似欲即令清兵撤退，以達其目的。作為延遲我軍撤退之理由，閣下可用最公開而表面上的方法，即派遣公使館館員派至暴動地方進行實地調查。而上述調查，務令其緩慢進行，並使其調查報告書故含適與和平狀態相反的情況。是所至盼！[045]

於此可知，日本政府的策略是一箭雙鵰：既要日軍賴在朝鮮不走，又要想方設法拖住清軍。

6月16日，陸奧宗光邀見中國駐日公使汪鳳藻，告以閣議決定的中日共同鎮壓東學黨及共同改革朝鮮內政方案。至於其本人所附加的兩項條件，則祕而不宣。陸奧宗光要求汪鳳藻致電清政府儘速地同意日本提案，由中日兩國共同研究朝鮮的善後問題。對此，汪鳳藻頗感意外，面有難色，力主中日兩國軍隊應先從朝鮮撤出，然後再從長計議善後辦法。陸奧宗光則聲稱：「觀察目前朝鮮的形勢，深信禍亂潛伏的根源很深，若不從根本上改革其秕政，就絕不可能求得永遠的安寧。目下若只採取各種姑息的辦法，以彌縫一時，那中國政府在領土接近的鄰邦情誼上，實在一天也不能安心。帝國政府非至真正獲得此種安全，不論發生如何情況，也不能撤退目前駐在朝鮮的軍隊。」[046] 會談從當天下午8點持續到午夜1點，汪鳳藻才答應將日本的方案轉報清政府。

[045]　《日本外交文書》，第27卷，第552號。
[046]　陸奧宗光：《蹇蹇錄》，第24頁。

第三節　日本向戰爭方針的轉變

6月17日，日本外務省又送交給汪鳳藻一份政府照會，其內容如下：

> 日清兩國宜勠力以速鎮壓朝鮮亂民。亂民既平，則宜改革朝鮮內政，由日清兩國常置委員若干人，先從事下列事項之處理：一、稽查財政；二、淘汰內部政府及地方官吏；三、使朝鮮政府置警備兵以保持國內安寧。[047]

同時，日本政府電令駐天津領事荒川已次，將該案知照李鴻章；又電訓駐北京臨時代理公使小村壽太郎，將該案送交總理衙門。這個提案是把朝鮮完全置於外國的干涉之中，是中國絕對不能接受的。當天，李鴻章即覆電汪鳳藻稱：「韓賊已平，我軍不必進剿，日軍更無會剿之理。乙酉伊藤與我訂約，事定撤回。又倭韓條約認韓自主，尤無干預內政之權。均難於約外另商辦法。請直接回覆。」[048] 並將此事電告總理衙門。

日本政府一面向中國提出共同改革朝鮮內政方案，一面對朝鮮政府施加壓力。6月18日，陸奧宗光向大鳥圭介發出如下電令：

> 對於我方提出的有關朝鮮問題方案，清國沒有絲毫同意的跡象。因此，在本國政府和公眾的感情沒有得到滿足之時，絕不能從現在的地位後退。並可利用此機會向朝鮮政府提出以下要求：轉讓京城、釜山間的電線；廢止內地對日本人所屬商品的非常課稅；全部廢除防谷令。如果與清國的協議得不到滿意的結果時，為達到各條款所要求的目的，隨後將發出指示，以採取適當措施。對此，請充分考慮，並作好準備。[049]

6月19日，小村壽太郎帶譯員鄭永昌到總理衙門，要求對日本照會速作答覆。當時，參加會見的大臣為孫毓汶、徐用儀、張蔭桓、崇禮四人。在交談中，孫毓汶根據李鴻章電報的主旨，逐條地反駁日本政府所

---

[047]　橋本海關：《清日戰爭實記》，第 2 卷，第 103 頁。
[048]　《清光緒朝中日交涉史料》(997)，第 13 卷，第 17 頁。
[049]　杉村濬：《明治二十七八年在韓苦心錄》，第 18 頁。

第一章　日本蓄謀發動侵略戰爭與挑起戰端的外交策略

提出的三條方案：

貴政府所提之第一條，雖然朝鮮亂民必須鎮壓，但據袁世凱報告，亂民之主力已散，僅於各地有小股出沒，以朝鮮自國之兵力不難平定，故已不仰賴天兵之應援。因此，我兵已暫停進入內地，可見施行此種辦法已無必要。貴國兵員進入漢城，徒使人心動搖，且不無激起事端之患。

第二條、第三條，雖云改革朝鮮內政，整理財政及軍務，但我政府亦斷難表示同意。蓋朝鮮有其自主之權，即使其為屬邦，亦不得對其內政濫加干涉。中韓兩國關係尚且如此，何況日本僅有鄰邦之誼？再者，對於此種干涉，其他國家之意見各異，難免激起意外事端，且有導致兩國間產生種種麻煩之憂。對於此點，務望注意。

小村壽太郎理屈詞窮，一時難以正面置答，只好裝腔作勢說：「我政府始提出此案，願日清韓三國間永遠和好，並無他意。」並提出：「上述各條乃貴我兩國間進行協商之重大事件，故互為保密至關重要。如為外國公使探知，恐釀成種種複雜關係，請勿洩漏。」[050] 對此，總署各大臣也表示同意。

6月21日，汪鳳藻奉命正式照復日本政府，對日本政府提出的方案明確地答覆說：

一、韓亂已平，已不煩中國兵代剿，兩國會剿之說，自無庸議。

二、善後辦法用意雖美，止可由朝鮮自行釐革。中國尚不干預其內政，日本素認朝鮮自主，尤無干預其內政之權。

三、亂定撤兵，乙酉年兩國所定條約具在，此時無可更議。[051]

中國拒絕日本的共同改革朝鮮內政方案，早在陸奧宗光的意料之

---

[050]　《日本外交文書》，第27卷，第575號，附件二。
[051]　《日本外交文書》，第27卷，第576號。

第三節　日本向戰爭方針的轉變

中。因為陸奧宗光自己也根本不相信有此可能性。他後來回憶道：

> 所謂朝鮮內政的改革，畢竟不過為打開中日兩國間難以解決的僵局而籌劃出來的一項政策。後因事態變化，以致形成不得不由中國單獨承擔的局面。所以，我從開始時就對朝鮮內政之改革，並不特別重視，而且對於朝鮮這樣的國家是否能進行合乎理想的改革，尚抱懷疑。但改革朝鮮內政現在既已成為外交上的一個具體問題，中國政府總不能不加以試行。至於中國朝野的議論究竟基於何種原因，已不必深問。總之，有此協同一致，不論對內對外，皆屬便利。因此，我便想藉此好題目，或把一度惡化的中日關係重加協調，或終於不能協調，索性促其徹底破裂。總之，想利用這一問題使陰霾籠罩的天氣，或者一變而為暴風驟雨，或者成為明朗晴天，像風雨表那樣表現出來。[052]

陸奧宗光的自供狀雖然半遮半掩，還是承認了改革朝鮮內政方案只是日本挑起戰端的一種方式。

果然，到 6 月 22 日，陸奧宗光再次照會汪鳳藻：

> 貴政府不容我剿定朝鮮變亂及辦理善後，我政府不能同見，甚以為憾。唯朝鮮朋黨相爭，內變踵起，究其事變，必於全其自主之道有所關如。中國於朝鮮利害關係尤重，終不能將該國慘狀付之漠視，各推而不顧，不啻有乖交鄰之誼，亦揹中國自衛之道。所以百方措畫，以求朝鮮國安。今而遲疑，則該國變亂彌久彌亟，故非設法辦理，期保將來邦安而政得宜，竟不能撤兵。我之不輕撤兵，非止遵照天津約旨，亦善後預防之計。本大臣披瀝意衷如是，設與貴政府所見相違，我斷不能撤現駐朝鮮之兵。[053]

這個照會措辭強硬，充分表明了日本政府絕不從朝鮮撤兵的決心。

---

[052]　陸奧宗光：《蹇蹇錄》，第 29 頁。
[053]　《清光緒朝中日交涉史料》(1020)，第 13 卷，第 22 頁。

第一章　日本蓄謀發動侵略戰爭與挑起戰端的外交策略

所以，陸奧宗光把這個照會稱作是「日本政府對中國政府的第一次絕交書」[054]。

日本政府使用共同改革朝鮮內政的方式實現了留兵朝鮮的目的，但要真正走向戰爭，它還得繼續玩弄別的花招。

二　「獨立」案與「改革」案兩手並用

在陸奧宗光發出對中國政府的「第一次絕交書」的同一天，日本舉行御前會議，以決定政府對朝鮮問題的進一步方針。

諸大臣齊集宮中，明治天皇親臨主持。內閣總理大臣伊藤博文以下諸內閣大臣、樞密院議長陸軍大臣山縣有朋、參謀總長陸軍大將有棲川熾仁親王等出席。御前會議作出決議：「日清兩國相互提攜之事，今已不應由我期望。」[055] 表明今後對中國準備採取決絕的態度和強硬的立場。當天夜裡，陸軍大將小松彰仁親王密訪海軍大臣西鄉從道，有所商談。隨後，陸軍中將川上操六和海軍中將中牟田倉之助亦訪西鄉從道，徹夜密談，室外時聞擊案之聲。6月23日，熾仁、小松二親王進宮上奏。隨後，樞密院即召集臨時緊急會議，議長山縣有朋、副議長伯爵東久世通禧以下各顧問官全體出席。伯爵勝安芳一向不到院，非諮詢非常重要之提案不至；伯爵副島種臣扶重病出席。明治天皇也親臨會議。此諮詢案之重要性可想而知。實際上，從御前會議到樞密院會議，無非是討論如何貫徹對中國挑起戰端的決策而已。

6月22日的御前會議後，日本政府決定將延期出發的第二批部隊增派到朝鮮，使大島義昌少將的混成旅團達到滿員編制，以具備能夠擊敗

---

[054]　陸奧宗光：《蹇蹇錄》，第26頁。
[055]　藤村道生：《日清戰爭》，上海譯文出版社1981年版，第65頁。

第三節　日本向戰爭方針的轉變

牙山清軍的力量。23日，大本營便向第五師團長陸軍中將野貫道津下達命令。第九旅團第二十一聯隊長步兵中佐武田秀山奉命後，即率所部分乘住江丸、和歌浦丸、三河丸、兵庫丸、酒田丸、熊本丸、仙臺丸、越後丸8船，於24日中午由宇品出港，25日清晨抵門司。隨後即在浪速艦的護衛下，於27日抵仁川。28日，全隊登陸完畢。這樣，大島混成旅團已全部進入朝鮮，兵力達7,600多人。於是，大鳥圭介便可憑藉優勢的兵力，脅迫朝鮮就範，進而向中國挑戰了。

御前會議的當天，陸奧宗光特派外務書記官加藤增雄前往漢城，向大鳥圭介傳達政府根據御前會議而制定的方針，以及有關向朝鮮政府提出內政改革的機密訓令。6月23日，陸奧宗光發出等待加藤增雄到達的電報給大鳥圭介：

> 由於和清國政府的談判未能成功，即使將東學黨平定，日清兩國之間的衝突已不可避免，不能單以清兵撤退為理由，使我軍從朝鮮撤退。正如我政府向清國政府提議那樣，不得不單獨採取措施（單獨對朝鮮內政改革提出勸告之意）。有關之詳細命令，由加藤（增雄）書記官帶去，待其到達。[056]

陸奧宗光是恐大鳥圭介向中國提出「必須在日軍撤走之前撤走清兵」的要求，故在加藤到達之前先發這封急電。萬一中國真的撤兵，日本的挑釁計畫豈不全部落空？

因加藤增雄抵達漢城尚需時日，大鳥圭介決定先謁見朝鮮國王，早日利用外交方式轉變局面。大鳥圭介向內務府督辦申正熙請求謁見不下數次，韓廷則盡量拖延。經大鳥圭介不斷督促，才獲准於6月26日謁見。當日下午3點，大鳥圭介率書記官杉村濬及書記生國分象太郎入

---

[056]　杉村濬：《明治二十七八年在韓苦心錄》，第19頁。

第一章　日本蓄謀發動侵略戰爭與挑起戰端的外交策略

宮。謁見前，內務府參議金嘉鎮把杉村濬帶到另一個房間裡，私下囑咐杉村濬說：「如果公使在國王面前提出獨立論來辯論責難時，那就將會使國王感到不安。」金嘉鎮曾任駐日公使，是朝鮮政府內部著名的親日派，或稱之為「日本黨」，經常向日本公使館暗通消息。他的囑咐顯然有一定的效果。大鳥圭介在謁見國王時，沒有直接提出朝鮮獨立自主問題，而主要陳述改革內政的必要性，同時表示確定委員要與他本人商量的意見，並將帶來的漢文意見書上呈國王。朝鮮國王李熙接受了意見書，隨即提出：自日本兵入韓以來，民心惴惴不安，希望日本政府早日撤兵。

當日，大鳥圭介覆上朝王一書，正式提出朝鮮的獨立自主問題：

> 南亂本屬內民，其禍不大。至於清國派兵援之，則禍延入東洋大局，其有事也大矣。故日兵之保護該民，亦事勢之不得已也。次如清國既聞亂民平定，猶屹然不撤其兵，則不啻使其事更大，其意實不可測也。且夫初認朝鮮為自主之國，使與各國訂結平等抗禮之條約者，誰耶？蓋莫非日本之功矣。然則，日本何有敵視朝鮮之理哉？故若有認朝鮮為藩屬，或乘機設亂欲郡縣之者，則拒之斥之，以全朝鮮之自主獨立，蓋我日本所宜任之也。[057]

大鳥圭介打出維護朝鮮獨立自主的幌子，並聲稱以全朝鮮之獨立自主為己任，是為採取進一步的行動作準備。為此，他當天即致電陸奧請求批准他的方案。根據當時的朝鮮形勢，日本毫無派遣大軍進入漢城護館的必要，大鳥圭介對這一點看得很清楚。而利用其他藉口，在外交上也難贏得同情，唯有以維護朝鮮獨立自主為藉口，強令滯留仁川的大軍入京，才可加速挑起戰端。他只等政府批准他的方案後，就要付諸行動。

---

[057]　王炳耀：《甲午中日戰輯》，卷一，第38頁。

第三節　日本向戰爭方針的轉變

　　加藤增雄到達以後，大鳥圭介的挑釁計畫又有了新的變動。原先，陸奧宗光主張實行「改革」案，而大鳥圭介則主張「獨立」案，至此才變為兩手並行，雙方意見趨於一致。

　　6月27日，加藤增雄帶著外務大臣的祕密指令來到京城。祕密指令的大意是：「從當前的形勢發展看，開戰已不可避免。因此，只要在不負開釁責任這個前提下，可以採取任何手段，製造開戰的藉口。此事難以作為訓令用書面指示，故特派加藤前來面陳。」另外，加藤增雄還交出了他抵馬關後陸奧追加的訓令：

　　茲訓令閣下：當以勸告態度與朝鮮政府鄭重談判，促其對朝鮮的行政、司法及財政制度上實行有效的改革和改善，以保證將來不致再行失敗。談判之際，閣下可引用本大臣給清國公使答覆中所闡述的理由，以加強論鋒。此答覆之抄本，將由加藤向閣下傳達。而且閣下亦可用適當的方式展示諸外國公使，藉以向全世界表明日本政府處置之至當。[058]

　　訓令中提到的「給清國公使的答覆」，即指6月22日為拒絕撤兵事致汪鳳藻的照會。加藤增雄口傳的祕密指令，表明日本政府無論如何也要挑起戰端的決心，並賦予大鳥圭介以採取任何方式的權力。

　　於是，大鳥圭介又重新制定挑釁計畫，決定將問題分為「獨立屬邦」案和「內政改革」案，兩手兼而用之。其全部計畫是：

（甲）獨立屬邦案：

　　第一種辦法：將本月6日駐東京清國公使送交我外務大臣的公文抄件出示給朝鮮政府，質問該政府對「保護屬邦」四字是否承認。

　　第二種辦法：如朝鮮政府答稱該國為獨立自主之邦，並非清國屬邦時，我則以清兵聲稱「保護屬邦」而進入貴國國境，此乃對貴國獨立自主

---

[058]　杉村濬：《明治二十七八年在韓苦心錄》，第24～25頁。

第一章　日本蓄謀發動侵略戰爭與挑起戰端的外交策略

權之侵犯，須使清兵撤出，維護日韓條約之條文係貴國政府之義務，迫其迅速驅逐清兵出境。如貴國政府難以為力時，中國願以武力相助，將其逐出。並向清國公使說明：貴國以「保護屬邦」之名出兵朝鮮，我政府堅決反對之。我政府早已承認朝鮮之獨立，因而有保護其獨立之義務。況且朝鮮政府亦公開宣告非貴國之屬邦。如是，貴國之兵確屬師出無名，理應急速撤兵。如其躊躇不決，我方將被迫用武力予以驅逐。

又若朝鮮政府明確承認為清國屬邦，我應面見外務督辦說明利害，令其撤回公文。如彼置若罔聞，我可公開指責朝鮮政府違背修好條約第一款，以及訂約十七年來欺我之罪，以武力迫使該國謝罪，並取得令我滿意之補償。

再則，如朝鮮政府答以彼國自古以來即為清國之屬邦，然內政外交向來自主，與自主之國相同。我即向朝鮮政府指出：平定內亂純屬內政，而清國以「保護屬邦」為名出兵乃干涉內政，以行屬國之實。再根據第一種辦法，逼問韓廷及清使。

（乙）內政改革案：

第一種辦法：已於26日上奏國王。

第二種辦法：向朝鮮政府提出內政改革案，該政府是否接受我之勸告實行改革，應敦促其答覆。

第三種辦法：朝鮮政府如不採納我之勸告，在法理許可的範圍內，採用威脅手段以促其實行。[059]

大鳥圭介這個兩手並用的挑釁計畫，終於被陸奧宗光所接受。

6月28日，大鳥圭介便按照預定的計畫向朝鮮政府發出照會，質問朝鮮政府對中國所稱「保護屬邦」四字是否承認，並限定於29日以前作出答覆。朝鮮政府接大鳥圭介照會後，驚惶不知所措，處於兩難之中：

---

[059]　杉村濬：《明治二十七八年在韓苦心錄》，第25～27頁。又見《日本外交文書》，第27卷，第384號。

第三節　日本向戰爭方針的轉變

如不承認係屬國,則無以對中國;如承認係屬國,則日本必採取武力行動。當天夜裡,袁世凱急電李鴻章報告此事,乞速設法。29 日限期已滿,李鴻章覆電未到。朝鮮政府乃派安駧壽至日本公使館,請求展期一天。30 日上午 10 點,李鴻章電報仍未到,而大鳥圭介已遣書記官杉村濬來外務衙門催問。外務督辦趙秉稷答曰:「朝鮮歷來為自主之邦,清國對我作何稱呼,乃清國決定之事,與我無關。清兵駐我境內,係應中國邀請而來,故不能予以驅逐。」杉村濬對此答覆非常不滿,質問道:「國家主權如係一紙空文,即不能稱之為自主國家,必須在國內有行使主權之實。若他國之主權侵入其國,並在某種程度上為彼之主權所支配,即非自主國家。目下清國以『保護屬邦』之名派兵,其統兵官可隨意命令所在國人民而毫無忌憚,此豈非清國對貴國主權之侵犯?」[060]

杉村濬走後,趙秉稷經過與袁世凱協商,才擬定了答覆大鳥圭介的照會:

查丙子修好條規[061]第一款內載朝鮮自主之國,保有與日本國平等之權一節。本國自立約以來,所有兩國交際交涉事件,均按自主平等之權辦理。此次請援中國,亦係中國自用之權利也,與朝日條約毫無違礙。本國但知遵守朝日定立條約,認真舉行。且中國內治外交,嚮由自主,亦為中國之素知。至中國汪大臣照會逕庭與否,應與本國無涉。本國與貴國交際之道,只可認照兩國條規辦理為妥。[062]

朝鮮政府的照會只稱「內治外交,向由自主」,完全迴避了「屬邦」問題,已在大鳥圭介之預料之中。「獨立屬邦」案的第二種辦法,就考慮到這種可能性。本來,他是要按預定計畫採取進一步行動的。適在此

---

[060]　杉村濬:《明治二十七八年在韓苦心錄》,第 28 頁。
[061]　丙子修好條規,指西元 1876 年日朝《江華條約》。
[062]　《清光緒朝中日交涉史料》(1063),第 14 卷,第 2 頁。

第一章　日本蓄謀發動侵略戰爭與挑起戰端的外交策略

日，接到外務大臣於6月28日發出的電訓。該電訓稱：「要求取消聶布告中『屬國』二字，迫使牙山清軍撤退，與目下的策略相違背。所以，無論朝鮮政府聽從與否，俟加藤到達之後，應立即提出內政改革問題。」[063] 於是，大鳥圭介圍繞著「屬國」這個主題所作的文章尚未煞尾，只好暫時擱筆。

當時，在日本駐朝鮮公使館內，所有人員都是速戰論者，但又不能不執行政府的訓令。於是，議定一面根據外務大臣的指示，迫使朝鮮政府實行內政改革；一面將公使館同人的一致意見上報政府。為此，決定派福島安正、本野一郎於7月3日離開漢城回國，由福島安正負責軍事方面的說明，本野一郎負責外交方面的說明。福島安正、本野一郎帶回的意見如下：

根據今日之形勢，日清衝突已不可避免，而早日開戰對我有利。開戰的口實，除朝鮮自主問題外，別無其他藉口。自主問題光明正大，亦可對列國充分顯示中國之義舉。清國雖地域遼闊，然從其近年來之陸海軍備看，徒具其表，實則極不完備，不足為懼。[064]

福島安正臨行前，又曾與岡本柳之助密議。岡本柳之助與陸奧宗光同鄉，西元1876年訂立《江華條約》時曾以陸軍武官任隨員。不久，晉升陸軍少佐，任東京鎮臺砲兵第一大隊長。後因事連坐奪官，終身停止任用，遂以「志士」之名從事侵略朝鮮和中國的活動。1894年，岡本柳之助來漢城，適東學黨起義爆發，於是勸告臨時代理公使杉村濬請求出兵，又親自致書於陸奧宗光陳述己見。陸奧宗光視岡本柳之助如手足，非常信賴。當大鳥圭介返任時，特託其帶信致意，並謂：「此次大鳥圭介

---

[063] 杉村濬：《明治二十七八年在韓苦心錄》，第28～29頁；《日本外交文書》，第27卷，第385號。按：聶士成所張貼的告示，其一謂「我中朝愛恤屬國」，其二謂「保護藩屬」。（見《日清戰爭實記》，第1編，第63頁）

[064] 杉村濬：《明治二十七八年在韓苦心錄》，第29頁。

公使返任，內線公事一切委託老兄活動。」[065] 可見二人之間不拘形跡的親密關係。在此以前，陸奧曾電示大鳥圭介，要盡量「贏得有影響之朝鮮人」，並告知：「為此事如需經費，可根據申請撥發。」[066] 這項從朝鮮政府內部收買奸細的任務，便落在岡本柳之助的身上。諸如內務府參議金嘉鎮、機器局會辦趙義淵，以及主事俞吉濬、安駉壽等人，都與岡本柳之助拉上了關係。岡本柳之助在此次事件中扮演了一個隱蔽而又非常重要的角色。因此，當福島安正離開漢城之際，岡本柳之助託福島安正向陸奧宗光及山縣有朋進言早日開戰為得策，更加重了公使館意見書的分量。

三　迫朝鮮「改革內政」

大鳥圭介利用「獨立屬國」問題挑起戰端的計畫暫時未被批准，於是便轉而就「改革內政」問題威逼朝鮮政府。

先是在6月28日，日本內閣會議決定單獨迫使朝鮮政府「改革內政」。當天，陸奧宗光一面向大鳥圭介發出電訓，令其暫時放下「屬國」案，立即提出內政改革問題；一面命外務省政務局長栗野慎一郎攜訓令赴漢城，傳達閣議通過的政府方針。此訓令在大談「鄰邦情誼」和「帝國自衛之道」後，又列出應向朝鮮政府提出的七項「改革」建議：

一、明官司之職守，矯正地方官吏之情弊。

二、注重外國交際事宜，職守擇得其人。

三、使審判公正。

四、使會計出納嚴正。

---

[065]　井田錦太郎：〈岡本柳之助小傳〉，《岡本柳之助策論》第 184～185 頁。
[066]　《日本外交文書》，第 27 卷，第 377 號。

第一章　日本蓄謀發動侵略戰爭與挑起戰端的外交策略

五、改良兵制及設立警察之制。

六、改革幣制。

七、謀交通便利。[067]

從表面上看，這些建議似乎並無不合理之處，但醉翁之意不在酒，日本政府只不過想藉此挑起釁端而已。

7月3日，栗野慎一郎尚未到達漢城，大鳥圭介已經急不可待了。這日，大鳥圭介親至外務衙門訪問趙秉稷，向朝鮮政府提交其改革意見書。其中有云：

於貴國最近十數年之經驗中，兵變民亂屢興，國內不穩，其餘響延及鄰國，或竟見招致外國兵之不幸，此為貴我兩國所共憂者也。此究在於貴國缺乏維持獨立之要素，且更缺乏維持國內安寧之兵備。其勢以至於此，此必須判定者也。我帝國與貴國僅隔一葦帶衣，互相鄰接，因而政事及貿易上關係不淺，故貴國變亂影響我帝國之利益實不少。因此，我帝國觀今日貴國之困難狀態，不能聽其自然，固無待論。何則？我帝國此際如視貴國困難若秦越，則不獨背年來之友誼，而且恐因之害我帝國之安寧、有損利益之故也。是以帝國政府前者為貴國計劃善後方策若干條，以之提議於與中國立於略同地位之清國欽差大臣，請求該政府協力。該政府不應此要求，且以冷淡態度斥我協議也。雖然，我政府不變當初目的，務守此趣旨，以勸貴國確立適宜於獨立國之政治。

並提出改革方案五條：

一、改正中央政府及地方制度，並採用人才。

二、整頓財政，開發財源。

三、整頓法律，改正審判法。

---

[067]　田保橋潔：《甲午戰前日本挑戰史》，南京書店1932年版，第117～121頁。

第三節　日本向戰爭方針的轉變

四、設立對於鎮定國內民亂保持安寧上必要之兵備。

五、確立教育制度。[068]

在提交改革意見書的同時，大鳥圭介還要求朝王委派所信任之大臣數名為委員，與之共同商討細目及實行方案。2天後，栗野慎一郎來到漢城，向大鳥圭介傳達外務大臣的訓令。大鳥圭介細閱陸奧宗光的機密訓令，與7月3日送致外務衙門督辦的改革意見書，雖有一定出入，但基本上尚無大的差異。且改革意見書業已送出，無法收回，只好等以後再補充了。

當7月3日大鳥圭介向趙秉稷送至改革意見書時，趙秉稷提出應須撤兵後再議改革，大鳥圭介則力稱改革內政與撤兵無關，表示「非革政不已」[069]。4日，大鳥圭介又派杉村濬催逼朝鮮政府派員議改革事，並限定於5日下午答覆。5日，朝鮮政府派員至日本公使館，請示展限2天。大鳥圭介的高壓方式，引起朝鮮諸大臣的強烈不滿。總理外務大臣金宏集即對大鳥圭介此舉持反對態度。刑曹參議李南珪極力主張：改革內政問題為朝鮮主權範圍之事，斷不容他國置喙。時朝鮮駐日代理公使金思轍剛從東京回國，認為「日兵必不能吞韓，唯在虛嚇構釁」，力勸朝王「以理堅持，不許干預內政」。[070] 到7日，朝鮮政府仍猶豫不決，難作答覆。大鳥圭介照會朝鮮外務衙門督辦，詰問為何至期不復，並限定8日上午作出答覆。朝王事急無奈，於7日晚遣趙秉稷往見大鳥圭介，告其根據日方要求，已任命內務府督辦申正熙、協辦金宗漢、曹寅承3人為內政改革交涉委員；並設校正廳，任命沈舜澤、趙秉世、鄭範朝、金宏集、金炳始等5人為總裁，金泳壽、朴定陽、申正熙、金宗漢、曹寅

---

[068]　田保橋潔：《甲午戰前日本挑戰史》，南京書店1932年版，第115頁，注十六。
[069]　《李文忠公全集》電稿，第16卷，第5頁。
[070]　《清光緒朝中日交涉史料》(1086)，第14卷，第9頁。

第一章　日本蓄謀發動侵略戰爭與挑起戰端的外交策略

承、魚允中、關泳奎、李裕承、金晚植、尹用求、趙鍾弼、沈相薰、李容大、李容植、金思轍等 15 人為委員，商訂內政改革事宜。[071] 實則以此敷衍日本，並拖延時日。同時，電駐天津督理徐相喬，請天津海關道轉懇李鴻章設法干涉。

7 月 8 日，朝王下罪己詔，承認積年弊政，國無以為國，對此表示「誠自慚惡」。並指出今後「凡係政府得失者各令條陳，無或有隱，隨即稟明施行。其或當言而不言，罪在有司；言之而不亟從，亦即予之過也」[072]。既向日本表示改革的「誠意」，也表明開始意識到民族危機的嚴重。在此之前，他即曾對群臣說：「外侮如此，國勢可知，言之可恥矣。」[073]

7 月 10 日，大鳥圭介便要求朝鮮政府派內政改革委員會議。當日下午 6 點，雙方在漢城南山麓的老人亭內舉行第一次會談。朝鮮方面參加會談的三名委員是申正熙、金宗漢和曹寅承；日本方面參加會議的是大鳥圭介、杉村濬及書記生兼翻譯國分象太郎。會議開始前，大鳥圭介先詢問三委員的許可權。申正熙答曰：「奉政府訓令：關於改革，細聽日本國公使意見，附以本人等意見，呈報政府諸大臣之前，與諸大臣一同上奏於大君主陛下，仰求裁斷，權止於此。本人等無取捨折衷公使之勸告斷行改革之權。」[074] 大鳥圭介以朝鮮委員之許可權不充分，本欲拒絕會談，然考慮因許可權問題而拖延時日，對日本不利，於是，不管朝鮮委員的委任許可權而開始會談。大鳥圭介遂交出一份小冊子，上載「釐治綱目」26 條 [075]，並各註明施行期限。其中，6 條「限 3 日內議妥，準於

---

[071]　《日清戰爭實記》，第 1 編，第 59 頁。
[072]　《日清戰爭實記》，第 1 編，第 58 頁。
[073]　朝鮮《高宗實錄》，第 31 卷，第 28 頁。
[074]　田保橋潔：《甲午戰前日本挑戰史》，南京書店 1932 年版，第 131 頁。
[075]　關於大鳥圭介「釐治綱目」，一作 25 條，一作 26 條，幾種記載稍有出入，但大致內容並

第三節　日本向戰爭方針的轉變

10 日內擬定施行」；10 條「準於 6 個月內擬定施行」；10 條「準於 2 年內擬定施行」。[076] 大鳥圭介手指各款一一說明，直到晚上 9 點尚未終了，因而決定於次日繼續會談。

7 月 11 日下午 1 點，雙方代表在老人亭繼續舉行會談。朝鮮首席委員申正熙就日本政府限期改革問題向大鳥圭介提出質問，從而發生了一場爭辯：

申：「此則無以帶去。此是有國大政，豈立談間所可講定也？政府亦有諸大臣會議，以及百僚講論利害便否據理上達，蒙大君主陛下允許，方可舉行。則此豈定限之事？」

大鳥：「若過 10 日，則恐有興亡。」（語畢，日譯員國分跳跟而起，指冊子句句指定。大鳥亦色屬而起。）

申：「豈有兩國談辦而有此脅迫之舉乎？定限責督，便同索債者，豈國體乎？吾輩歸告政府，政府必有措處，豈可督限而迫之耶？傳語官舉止，極無體例，寧有此等談辦也？絕無敢如此相逼也！」

國分：「此是公使所言，只傳之而已。」

申：「吾觀公使氣色，則和而有禮。以吾不知語言，故歸之公使所言，尤極駭嘆！」（言之辭色甚不平。）

大鳥：「實非相迫，此是我政府訓令，不可不即為回答故也。」

申：「貴政府每因此等大事件，有定限之例乎？」

大鳥：「又為姑息，則將必歸於緩晚也。」

申：「公法則聞有不得干預鄰國內政云，果然乎？」

大鳥：「然矣。」

無多大不同。比較一下可知「26 條」係將原「25 條」之第 16 條分為兩項，故多出一條，另外，第 24 條內容有所改變。

[076]　〈日使大鳥分限韓廷克期釐治各節〉，《朝鮮檔》（1929），附件十一。

第一章　日本蓄謀發動侵略戰爭與挑起戰端的外交策略

申：「然則貴國將干預乎？」

大鳥：「何可干預？實無此意，但鄰國相勸也。」

申：「寧有定限相勸者乎？大抵今冊子中諸條，暗合於中國成憲者甚多，中國方欲申明之，此際貴國以此冊督之。則我實修我舊章，而人皆曰貴國干預內政云。則我政府實修內政，而將失權利；若政府失其權利，則國非國矣。然則寧無國名，絕不可失其權利。為今之計，貴國免干預內政之名，我政府之權利自在，然後似為兩國之得體也。」

大鳥：「果然甚好。我何以干預也？貴政府自有權利，兩相便當矣。」

申：「然則更勿為督限也。」

大鳥：「事甚忙迫，幸詳達於貴政府，速速出示為好矣。」

申：「有不然之端，我大君主陛下日前有飭使政府會百工議事，革者革之，罷者罷之。大臣方今收議於各司而非久會議，則先奉敕教舉行後，此冊子伊當更議也。事體然否？」

大鳥：「然則第為通寄好否，好矣。」[077]

大鳥圭介雖在申正熙的再三質問下，理屈詞窮，連忙否認有干涉朝鮮內政之意，卻絕不肯放棄限期議妥施行的要求。

在大鳥圭介向朝鮮政府提出的「釐治綱目」中，最重要的是第一類六款，其內容是：

第一，凡涉內政外交機務，統歸之議政府掌理如故，六曹判書分責司職，期革世道攬權舊制。內府庶務與治國庶務劃然分開，所隸諸官司概不得與聞一切國政。

第二，辦理各外國交涉商務事宜，攸關綦重，須宜慎之。簡一秉重權任重責之大臣掌之。

---

[077]　〈日使大鳥與韓員申正熙等談辦記略〉，《朝鮮檔》（1929），附件十二。

第三節　日本向戰爭方針的轉變

第三，破除歷行格式成例，廣開錄用人才之道。

第四，捐納授官，弊端易生，應痛行禁罷之。

第五，大小官吏索取錢物賄賂惡習，宜設法章嚴禁。

第六，在京城要衝口岸間興修鐵路，以及各道州府郡縣鎮市互聯電線，以利來往而靈消息。[078]

從表面的意義看，各款倒也冠冕堂皇，但其中卻包含著卑鄙的陰謀。[079] 其中，第一、二款是要成立一個在日人控制下的傀儡政府；第三至五款，是藉此名目任用親日派，排斥打擊不同日人合作的朝鮮官員；第六款，則為日軍即將發動戰爭所需求。重要的問題還在於：大鳥圭介要求「限3日內議妥，準於10日內擬定施行」。如果朝鮮政府於3日內實行此六條，則無異於承認日本對朝鮮的全面控制；反之，將此六款予以拒絕，則日本即可以朝鮮政府不具誠意或欺騙日本為藉口，進一步採取新的威脅方式，以至於不惜公開使用武力。

7月12日，朝王曾電徐相喬轉請李鴻章設法解救：「日兵無撤意，威脅日甚。然豈有強施五條事？派員私商，即延拖之計，決非變革之意。亦與袁總理每事密議，亟圖撤倭兵，都下人心可定，奸細可折。望懇乞中堂速示。」李鴻章閱電後，當即令盛宣懷囑徐相喬覆電朝王：

倭因不解，華憤同切。本已備大隊進援，唯恐兩大交爭，以漢城為戰場，韓必大受蹂躪。朝廷念及此，故未遽發。若至無可挽回，斷不坐視不救。各國多謂倭違背條約公法，英、俄、法、德均不願調停。但倭既照約許韓自主，何以獨用兵力勒韓改政？居心可見。乃聞韓廷宵小或

---

[078]　〈日使大鳥分限韓廷厘治各節〉，《朝鮮檔》（1929），附件十一。
[079]　當時代理駐朝總理事務同知唐紹儀致電李鴻章謂：「大鳥圭介擬革韓政各條，多切時弊。」（《李文忠公全集》電稿，第16卷，第21頁）日本學者田保橋潔《甲午戰前日本挑戰史》稱：「即令極端之排日論者，亦不能否認其具有合理的性質焉。」（該書第135頁）這兩種看法皆是不看問題實質的皮相之見。

第一章　日本蓄謀發動侵略戰爭與挑起戰端的外交策略

有勸王從其議者，殆未知干預內政即不止以屬國待韓，禍大莫測，宗社必墟。俄使韋貝亦謂朝鮮舊制恐難驟改，俄廷不願與聞。中堂告以韓政可改者應勸韓廷自改，不應友邦勒逼。韋貝意見頗同。聞倭使小村在總署開談，已請署答以此意。大鳥所索五條，韓須自量，何者斷不能改，何者可酌量議改，何者須從緩議改。應先與袁道臺密商妥貼，再以大意酌復大鳥。仍令撤兵後詳細會議；如其不允全撤，亦須將漢城兵先撤，方能與議。總之，內政只可朝鮮自改，不可聽倭人勒改，以保自己權利，庶免後悔。[080]

李鴻章的意見，使朝鮮政府的態度趨於明朗，即明確表示不同意日本以武力脅迫朝鮮改革。

7月14日，大鳥圭介以3天之期已滿，要求與朝鮮委員會晤，對日本方面的「勸告」作出回答。朝鮮方面答應第二天雙方舉行會晤。15日下午3點，雙方在老人亭舉行第二次會議。申正熙在此次會議上就朝鮮政府的立場作了說明：「關於改革內政問題，本政府數年來已感有此必要，絕無異議。但日本政府現以大軍集結於漢城，並嚴限實行改革的日期，不免有干涉內政之嫌。」[081] 並稱：

朝鮮政府若接受日本國公使之請求時，則其餘締盟諸國必希圖均霑，提出有利於其本國之條件。果如是，則有損害朝鮮國自主體面之虞。加之，外國軍大部隊駐屯於京城之間，民心洶洶，難期改革之實行。故希望日本國公使撤退公使館護衛兵，且撤回附有期限之改革案。」[082]

朝方委員既要求日本撤兵，又駁回日方的「附有期限之改革案」。因辯論未得結果，便約定以16日為期，朝方遞交相關決定的正式回信。

---

[080] 《清光緒朝中日交涉史料》(1116)，第14卷，第16頁。
[081] 陸奧宗光：《蹇蹇錄》，第34頁。
[082] 田保橋潔：《甲午戰前日本挑戰史》，南京書店1932年版，第136頁。

第三節　日本向戰爭方針的轉變

7月16日，朝鮮政府以申正熙等三委員名義致函大鳥圭介曰：

我曆本月初八、初九兩日，在老人亭會同貴公使，暢聆高論，欽佩厚誼。而貴公使慮談議有所未詳，將擬辦綱目及分條規限二冊，前後開示，實出周摯實心，並即帶歸取次閱悉。查該綱目各條與本國憲章既無異同，內或若干條雖創行，亦我通商後擬議事件也。今我政府自有南憂以來，方圖更張。奉有大君主陛下敕旨，修舉舊典，務合時措之宜，期有改觀之效。此際，貴公使帶兵入駐，將此擬辦各節立限相強，不能無礙於體面。況丙子立約以自主平等之禮相待，有不可毫有侵越猜嫌等語。今此各節，得無與立約本旨不符乎？且貴國相勸，固知出於善鄰之誼。我若依準，有約各國皆願均霑，我政府恐無以自立，難保無後弊也。請貴公使深諒本國今日事勢，亟行撤兵，並將開示二冊繳回，以昭明信而全大體。則中國保自主之權而得行更張之政，貴國有勸勉之實而免受干預之嫌，此豈非兩國之大幸也哉？貴政府諒無異見，而貴政府亦無不允從也。[083]

同一天，朝鮮外務督辦趙秉稷也照會大鳥圭介，其大意謂：「該案雖符合我政府之意見，但外國大兵屯駐，有妨於安全。故內政改革一事，須待貴軍撤回之後，我政府可實行之。」[084]

7月17日，大鳥圭介照復朝鮮外務衙門，語氣十分嚴厲：

尊意敬悉。我兵之入京，正如以前所宣告，係根據明治十五年之《濟物浦條約》。我方因認為有出兵之必要，故不能撤回之。內政改革本為整理政務而安人民，不可因民心如何而躊躇其實行。況現今又並無民心不安之景況。要之，貴政府以民心不安為口實，而延遲改革之實行。其實並不同意我方提案，我認為即係斥我之勸告。我政府所以向貴國勸告內政改革者，不外顧慮東洋大勢，願與貴國共同維持和平而已。然而

---

[083]　《日本外交文書》，第27卷，第412號，附件二。
[084]　《日本外交文書》，第27卷，第411號。

第一章　日本蓄謀發動侵略戰爭與挑起戰端的外交策略

貴國既不同意，是與貴國提攜之道已失，今後我政府當唯我利害是視，欲以獨力行其必要之手段。謹此預先通知。[085]

至此，朝日關於改革內政的談判便宣告破裂。

對此，大鳥圭介並不感到意外，毋寧說這剛好是他所希望的結果。這樣，他便可放手實施他所擬定的非常手段的方針。他致朝鮮政府照會中的最後幾句話，已經暗示要施行斷然處置的警告。直到 7 月 19 日，本野一郎和福島安正返回漢城以後，日本方面才最後決定加速挑起戰端的步驟。

四　大鳥方案與陸奧決策

大鳥圭介向朝鮮政府提出內政改革方案後，朝鮮政府懾於日本的兵威，不得不派定內政改革委員，但虛與委蛇，意存延宕。當時，在漢城的外國使節大都對日本的舉動不滿。俄國駐漢城公使館參贊凱伯格（Karl Ivanovich Weber）和法國領事親至日本公使館，敦促日本「履行和清使的前議」[086]，即實行雙方撤軍。不久，根據英國代理總領事嘉託瑪動議，又提出了仁川港作為中立區問題。此問題的提出，使大鳥圭介在 7 月 7 日的各國使節會議上處境甚窘，感到難以應付。在此以前，在仁川登陸的日軍，除住在日本人僑居地外，還住在其他國家僑居地內的日本居民家中。而各國僑民會議決定，拒絕日本軍人在各國僑民區住宿。如果仁川港全部劃為中立區的話，顯然會妨礙日軍的登陸。本來，決定在 7 月 10 日召開第二次使節會議，以討論仁川港作為中立區的問題。但是，大鳥圭介有意地安排這天和朝鮮改革委員申正熙等商談，避開了使節會

---

[085]　杉村濬：《明治二十七八年在韓苦心錄》，第 39～40 頁。
[086]　杉村濬：《明治二十七八年在韓苦心錄》，第 31～32 頁。

第三節　日本向戰爭方針的轉變

議。大鳥圭介深恐曠日持久，導致列強之介入，錯過了挑起戰端的大好時機，故又亟想採取斷然處置，即對朝鮮政府實行高壓手段，以達到預期的目的。同時，混成旅團長陸軍少將大島義昌也屢次催促大鳥圭介，努力製造開戰的藉口。於是，大鳥圭介最後下定挑戰之決心。

同一天，大鳥圭介致電陸奧宗光，報告朝鮮內政改革案實行之可能很小，認為：「我如以尋常手段當之，恐必陷彼等術中，故此際出於斷然處置，注意不留後患，頗為緊要。」並提出甚至不惜採取「用兵威迫之法」，即「派護衛兵固守漢城諸門，且守王宮諸門，以迄彼等承服為止」。[087] 大鳥圭介委派歸國的本野一郎、福島安正二人亦適於當天回到東京，向陸奧宗光及川上操六詳細地匯報了朝鮮的局勢，也反覆申說：「此時如不設何種口實，以兵力威嚇朝鮮國政府，並驅逐清國軍隊於朝鮮國外，則朝鮮國內政改革無望，因而政府所希望獲得之利權亦殆近於不可能者。」[088]

大鳥圭介的建議在日本統治集團內部引起了意見分歧。軍界元老及軍部自始即抱必戰之決心。7月7日，樞密院議長休職陸軍大將山縣有朋在寫給老部下第三師團長陸軍中將桂太郎的信中稱：「現在正絞腦汁想辦法，如何乘歐洲大國尚未介入的機會，採取一切足以引起戰端的手段。」[089] 9日，日本駐華武官海軍大尉瀧川具和從天津報告：「內廷正在舉辦萬壽慶典，原本不好動用干戈。北京政府中不僅有反對和非難李（鴻章）之行為者，而且愈近開戰之際，堪為名將之聲望者愈乏。當然，兵力方面未能穩操勝算，幸寄希望於俄國公使之調停，暗中依賴此種調停下之和平談判。對此，據以往之經歷，我確信無疑。唯中國不變最初

---

[087]　田保橋潔：《甲午戰前日本挑戰史》，南京書店1932年版，第124頁。
[088]　山崎有信：《大鳥圭介傳》，第330～333頁。
[089]　信夫清三郎：《日本外交史》上冊，第267頁。

第一章　日本蓄謀發動侵略戰爭與挑起戰端的外交策略

之決心，斷然行動，終將開戰。」該報告還反映京、津一帶「人民動搖不定，軍隊中也往往聽到有發洩不滿情緒者」。最後提出：「可乘之機就在今日，拖延時日使彼穩固基礎，非為得策。故謂速戰有利。」同一天，日本駐天津的另一名武官陸軍少佐神尾光臣也向參謀本部寄來一份報告，極力誇大中國的好戰傾向，說什麼「清國將大軍集於平壤，似欲與我一戰」[090]。他們的報告有如火上澆油，使軍方更急於挑起戰端。因此，以陸軍中將川上操六為代表的參謀本部，對大鳥圭介建議不但正面支持，而且主張立即開始行動。

以內閣總理大臣伊藤博文為首的大多數閣僚，雖也決心挑起戰爭，促使中日關係破裂，但恐引起外交上的麻煩，對於作為開戰理由的方針方法，一時舉棋不定，認為慎重從事為好。他們擔心採納大鳥圭介的建議，對朝鮮實行高壓外交政策，將會產生以下後果：「第一，實行這種高壓外交政策時，不僅要引起第三者的歐美列強指責日本為故意發動無名戰爭的國家，且恐違背外務大臣曾對俄國政府所作的『不論中國採取任何行動，日本政府亦不先行挑戰』的保證；第二，尚未接到中國確向朝鮮增派大軍的情報，同時駐牙山的中國軍隊也沒有進入漢城的跡象，如果日本使用較多的軍隊先行進攻，不僅曲歸中國，且有表現我方膽怯之嫌；第三，即使我軍企圖進攻駐牙山的中國軍隊，亦應等待朝鮮政府的委託。而使朝鮮政府提出此項委託之前，中國不能不以武力強迫朝鮮屈從我方的意圖。進一層說，我們必須先把朝鮮國王掌握在手中。如果採取這樣過激的行動，就要違背中國一向承認朝鮮為自主獨立國家的宗旨，也不能博得世人的同情。」[091] 這些意見表面上冠冕堂皇，即使反對者也難以提出任何異議。

---

[090]　藤村道生：《日清戰爭》，上海譯文出版社 1981 年版，第 73 頁。
[091]　陸奧宗光：《蹇蹇錄》，第 68 頁。

第三節　日本向戰爭方針的轉變

剛好在朝鮮採取何種外交方式這個關鍵問題上，陸奧宗光和伊藤博文的意見相左。但是，陸奧宗光並不正面反對伊藤博文等的意見，只是主張：「桌上議論不必多費唇舌，除從實際出發，根據朝鮮局勢的演變，採取臨變的措施以外，已經沒有再處理其他問題的時間。」這樣巧妙地把製造中日決裂的決定權歸到自己手中。7月12日，他先電令大鳥圭介：「目前有採取斷然措施的必要，不妨利用任何藉口，立即開始實際行動。」[092] 當天，又續電大鳥圭介：「閣下務須貫徹對於改革之要求，同時應盡力於占有京城釜山間之鐵道及電線、木浦開港一類之權利。」並告知：「本野、福島可於7月13日午後9時45分向京城出發。」[093] 這就是明告大鳥圭介：完全支持他的方案，不論利用任何藉口挑起戰爭，完全歸他自由行事，他有權實行自己認為適宜的方針。並指示大鳥圭介還要進一步採取挑釁的新手段。本野一郎臨行前，陸奧宗光又為之詳細說明上述電令的意旨所在，令其傳達於大鳥圭介，並且指出：「促成中日衝突，實為當前急務。為實行此事，可以採取任何手段。一切責任由我負之，該公使絲毫不必有內顧之慮。」[094]

7月17日，即《英日通商航海條約》簽訂的第二天，在日本軍部的推動下，召開了第一次大本營御前會議。明治天皇釋出特殊指令，樞密院議長山縣有朋列席參加會議。會議決定開戰，並制定了作戰計畫。這份作戰計畫根據海戰的勝負，設計了三種方案：（一）海軍在海戰中大勝，掌握了黃海的制海權，陸軍則在渤海灣登陸，與清軍在直隸平原進行主力決戰，然後長驅直入北京；（二）海戰勝負未決，未能掌握黃海的制海權，艦隊則退而維護朝鮮海峽之海道，以從事陸軍增遣隊的運輸工作，

---

[092]　陸奧宗光：《蹇蹇錄》，第68頁。
[093]　田保橋潔：《甲午戰前日本挑戰史》，南京書店1932年版，第129頁，注十四。
[094]　陸奧宗光：《蹇蹇錄》，第69頁。

第一章　日本蓄謀發動侵略戰爭與挑起戰端的外交策略

而陸軍則驅逐清軍出朝鮮，然後固守平壤，以從軍事上完全控制朝鮮；（三）海軍受挫，制海權為中國所掌握，陸軍則全部撤離朝鮮，海軍則守衛沿海各口。同一天，明治天皇又釋出特殊旨令，撤去中牟田倉之助海軍中將的海軍軍令部長職務，而恢復樞密顧問官休職海軍中將樺山資紀的現役，以接任此職。中牟田從西元1893年5月制定《戰時大本營條例》時就抵制陸軍，主張陸海軍必須平等。此時，又反對艦隊對中國海軍實行進攻，主張採取守勢。他的主張顯然不利於日本實施發動侵略戰爭計畫，故必須搬開這塊絆腳石。樺山資紀則是以主戰論的首領而馳名的。日本《國民新聞》在介紹樺山資紀其人時，興高采烈地宣稱：「誰人不謂樺山氏的就職意味著現內閣對於清韓問題的最後決心呢？」[095] 從樺山資紀就任海軍軍令部部長一事，敏銳地看出了日本軍事當局已經作出了開戰的決定。

到7月19日，即《英日通商航海條約》簽訂的三天後，日本駐英公使青木周藏，急電陸奧宗光曰：「我千方百計，好容易就要把斗大的魚捕入網內，但尚未發射子彈，只有坐待而長太息。」[096] 青木周藏盼望開戰的消息已經急不可待了。顯然，他這封電報也是在催促陸奧宗光早日開戰。可是，在內閣會議上，還有些閣員顧慮重重，認為處理這樣重大的事件，不可不十分慎重，不少人主張現在應電令駐朝公使提高警惕，謹慎從事。陸奧宗光不便違拗閣議的意見，便於當日發給大鳥圭介一份電令：「貴公使可採取自己認為適當的手段。然如前電所示，須格外注意，勿與其他各國發生糾紛。我認為以我軍包圍王宮及漢城，恐非善策，希勿實行。」這實際上只是照顧內閣閣員面子的一份電令，其中儘管說「以我軍包圍王宮及漢城，恐非善策」，但卻又指示大鳥圭介「可採取自己認

---

[095]　藤村道生：《日清戰爭》，上海譯文出版社1981年版，第78頁。
[096]　《日本外交文書》，第27卷，第745號。

第三節　日本向戰爭方針的轉變

為適當的手段」，其真實的意圖是很清楚的。何況陸奧宗光心裡清楚：他向大鳥圭介發出「不妨利用任何藉口立即開始實際行動」的電令已有一週的時間，且假設本野一郎此時當已抵達漢城，「朝鮮的局勢已到不能聽從此訓令改變其方針的地步」[097] 了。

7月19日，朝鮮形勢陡然一變，漢城的氣氛更為緊張。這天，本野一郎和福島安正回到漢城，向大鳥圭介傳達了陸奧宗光的機密訓令和口訓。大鳥圭介得知政府要求迅速促成中日衝突，於是更無顧慮，決定斷然對朝鮮政府採取高壓手段。

當天，大鳥圭介便向朝鮮政府提出了兩項要求：

其一，由日本政府自行負責架設漢城、釜山間的軍用電線。日本的藉口為西元1885年日朝海底電線設置條約續約。按此條約，朝鮮政府有承擔架設京釜及京仁電線的義務，並於1887年完成。由於工程品質低劣，一年之中線路不通之時居多，日本屢次催促朝鮮修理。及至日軍大舉入朝後，軍用電線的修理更為緊迫。當時，根據日本陸軍省的命令，從仁川到漢城的電線作為軍用線已架設完畢，從漢城到釜山的電線也正等待時機著手架設。在京釜線修好之前，日本陸軍省租用小汽船兩艘，以為聯絡釜山、仁川的通訊船。大鳥圭介有鑒於此，乃於7月7日致函朝鮮外務衙門督辦趙秉稷，希望朝鮮政府急速修理舊線或架設新線，並稱：「貴政府不能速議起工，則我政府擬暫行架設別線，以謀貴我兩國通訊之便。且該線僅收發本國官報，對於貴國線並無多大影響。」[098] 9日，趙秉稷復大鳥圭介函，指出日本代架電線乃是對朝鮮主權的侵犯。交涉遂陷於停頓。至19日，大鳥圭介決心對朝鮮政府的反對置於不顧，斷然照會外務衙門督辦，宣告自行架設電線。同時，商請大島混成旅團長，

---

[097]　陸奧宗光：《蹇蹇錄》，第69頁。
[098]　田保橋潔：《甲午戰前日本挑戰史》，南京書店1932年版，第137頁。

第一章　日本蓄謀發動侵略戰爭與挑起戰端的外交策略

命其所轄之野戰電信隊即著手架設。

其二，要求朝鮮政府遵照《濟物浦條約》速為日本軍隊修建必要之兵營。日本的藉口是西元1882年日朝《濟物浦條約》第五項附則「朝鮮國政府對於駐屯朝鮮之日本軍隊所用兵營負設置修繕責任」之明文。據此，大鳥圭介要求朝鮮政府在日本公使館附近修建足以容納1,000多名兵員之兵營。

大鳥圭介之所以提出這樣強硬的要求，其目的是以脅迫朝鮮政府為手段，實現其促成中日決裂之陰謀。至此，日本的侵略者面目已暴露無遺，早無協商的餘地了。當天，袁世凱也在祕密準備回國。早在6月29日，袁世凱見日本撇開中國，決心以獨力脅迫朝鮮政府「改革內政」，即知無力挽回局面，便有離開漢城回國之意。這天，他連發三電，請求李鴻章轉商總理衙門準備調回。李鴻章正在期待俄國勒令日本撤兵，對和局尚存很大幻想，故於7月1日覆電慰勉。總理衙門也認為：「袁若遽歸，倭又將引為口實，似宜先行電止。」[099]2日，袁世凱又電李鴻章，詳細報告朝鮮形勢及本人所見：

> 倭兵萬人分守漢城四路各要害及我陸來路，均置炮埋雷。每日由水陸運彈丸雷械甚多，兵帳馬廠架設多處。觀其舉動，不但無撤兵息事意，似將有大兵續至。倭蓄謀已久，志甚奢，倘俄、英以力勒令，或可聽；如只調處，恐無益，徒誤我軍機。倭雖允不先開釁，然削我屬體，奪韓內政，自難坐視，阻之即釁自我開。倭狡，以大兵來，詎肯空返？欲尋釁，何患無隙？葉軍居牙，難接濟。倭再加兵，顯露無忌。應迅派兵商船全載往鴨綠或平壤下，以待大舉。韓既報匪平，先撤亦無損。且津約倭已違，我應自行。若以牙軍與倭續來兵相持，釁端一成，即無歸路。[100]

---

[099]　《清光緒朝中日交涉史料》(1050)，第13卷，第29頁。
[100]　《李文忠公全集》電稿，第16卷，第4～5頁。

第三節　日本向戰爭方針的轉變

　　此電所謂日本「無撤兵息事意」、「蓄謀已久，志甚奢」、「以大兵來，詎肯空返」云云，均一針見血。尤其是提出撤牙軍的建議，更是頗具見地。然而，李鴻章並未認真考慮他的意見。4日，袁世凱雖接李鴻章轉總理衙門電：「袁道遽欲下旗回國，轉似與國失和，辦法匆遽失體，希速電止，萬勿輕動。」[101] 但袁世凱仍認為留守無益，反徒有害。故於當日繼續電請調回：「凱為使，係一國體，坐視脅陵，具何面目？如大舉，應調凱回，詢情形，妥籌辦；暫不舉，亦應調回，派末員僅坐探，徐議後舉，庶全國體。乞速示遵。再，日載兵十船昨由日開，又遣電工數百分抵釜，絕無息和意。」5日覆電曰：「（倭）絕無和意。我欲和，應速從韓現情與倭商；欲戰，應妥密籌。凱在此無辦法，徒困辱，擬赴津面稟詳情，佐籌和戰。倘蒙允，以唐守代。唐有膽識，無名望，倭不忌，探消息、密助韓較易。乞速示。」李鴻章為所動，乃於6日電總理衙門請准其調回：「查袁歷年助韓拒倭，與倭夙嫌已深，若調回以唐暫代，與下旗撤使有異。可否允其所請？乞速核示。」[102] 當時，朝廷怕貽日人以把柄，仍不允所請。7日，有旨：「現在倭韓情形未定，袁世凱在彼可以常通消息，與各國駐韓使臣商議事件亦較熟習，著勿庸調回。」[103] 14日，袁世凱患感冒，將經手之事託交唐紹儀辦理。16日，便託病乞懇李鴻章准予離任。

　　2天後，袁世凱終於奉旨獲准回國。7月19日，他還找日本醫生古城梅溪幫他看了一次病，並對古城談到他的心情：

　　像你所聞，貴我兩國形勢已緊張到如此地步，真令人慨嘆。余與大鳥公使皆為維持和局而盡力，但我政府不聽余言。大鳥公使之言，似貴

---

[101]　《李文忠公全集》電稿，第16卷，第3頁。
[102]　《李文忠公全集》電稿，第16卷，第4～5頁。
[103]　《清光緒朝中日交涉史料》(1095)，第14卷，第10頁。

第一章　日本蓄謀發動侵略戰爭與挑起戰端的外交策略

政府亦不採納。兩人努力竟全歸泡影。如今已至毫無挽救辦法之地步，真是遺憾之至！余想對貴國當局表明真意，奈近來兩使館又斷絕往來，即經常來之鄭書記生亦不見蹤影。」[104]

直到此時，他還沒有真正意識到大鳥圭介與陸奧宗光沆瀣一氣，而歸咎於中日兩國政府未能採納他和大鳥圭介的意見，可見他始終沒有看清大鳥圭介的真實嘴臉。當天夜間，他便輕裝離開漢城，從仁川搭乘揚威艦回國了。

7月20日，大鳥圭介便送交兩份照會，實是決定和戰的最後通牒：

其一，以維護「自主之權」為名，脅迫朝鮮政府驅逐中國軍隊出境，限三天內回覆。該照會稱：「貴政府容此名義失正之清軍久留境內，是則非但貴國自主獨立之權為所侵損，且將日朝條約所載『朝鮮自主之邦，保有與日本國平等之權』一節視同具文，殊屬不成體統。應由貴政府亟令清軍退出境外，以全守約之責，是本公使切望於貴政府者也。但事關緊急，務須迅速施行，是為切要！並將貴政府如何議定之處，限於明後日、即我曆二十二日內見覆確音。倘或貴政府延不示覆，本公使自有所決意從事。」[105]

其二，脅迫朝鮮政府廢除中朝間的一切條約章程，即《中朝商民水陸貿易章程》、《中江通商章程》、《吉林貿易章程》三個章程。

朝鮮政府接大鳥圭介的照會後，不知所措，急商於唐紹儀。唐紹儀因事關重大，不敢擅行，當即致電請示李鴻章。適因天雨，漢城義州間電線發生阻礙，電報至22日始達，答覆已過限期。朝鮮外務衙門乃不得已起草復照，送唐紹儀閱後，於22日半夜12點送至日本公使

---

[104]　杉村濬：《明治二十七八年在韓苦心錄》，第41～42頁。
[105]　田保橋潔：《甲午戰前日本挑戰史》，南京書店1932年版，第139頁。

第三節　日本向戰爭方針的轉變

館。其文曰：

>中國為自主之邦，保有與貴國平等之權，已載朝日條約，及中國內治外交向由自主，亦為中國所知各節，我曆本年五月二十七日業經照覆在案。此次聶軍門告示一節，本督辦所未及聞知。貴公使既照會袁總理質詢真偽，則仍向袁總理辯論可也。至清軍久在境內，實因中國請援而來，南匪稍平之後，已屢請其撤回，而未即退，亦如貴兵之尚住留也。方更要唐代辦轉請中國政府從速退兵。為此，合行照復貴公使，請煩查照可也。[106]

此復照措辭委婉，亦算是有理有節。其實，無論怎麼回答，都改變不了日本挑戰的決心。據日本公使館書記官杉村濬供稱：「當時我方已經預料到，朝鮮政府不能作出使我滿意之答覆。無論他們如何答覆，或則逾期不答，都要舉事。計畫是23日午前3時左右，待城門打開後，我混成旅團之一個聯隊從西門進城，行軍至王宮前。其中一部從後門入，以顯示我方之威力，並窺探宮內動靜，擁大院君進宮，以圖實現政府之變革。」[107]

7月23日凌晨3點，日軍已準備完畢，只等命令一下即刻行動。於是，大鳥圭介先向朝鮮政府發出最後通牒：

>查清國照會中列入「中國保護屬邦舊例」等語，因前者本公使已發照會，貴政府業已熟知。至於聶軍門之告示，既張貼於牙山至全州一帶各地，此在貴政府亦應知悉者也。然今貴督辦徒以「與本國無涉」或「未及聞知」等語，欲避免其責，此貴國自行墮損其自主獨立之權利，並忽視日朝條約「朝鮮自主之邦，保有與日本平等之權」一節，而為本公使所斷然不能同意者。因此，確信我政府此際為使中國政府遵守條約明文

---

[106]　田保橋潔：《甲午戰前日本挑戰史》，南京書店1932年版，第144～145頁。
[107]　杉村濬：《明治二十七八年在韓苦心錄》，第46頁。

第一章　日本蓄謀發動侵略戰爭與挑起戰端的外交策略

起見，要求滿足之回答為應有之事，故盼急速答覆。如貴政府尚不能予以滿足之答覆時，將於適當時機，為保護我權利起見，勢非出於兵力不可。敬此預告。[108]

到拂曉時，日軍便拋開一切外交的偽裝，而按預定計畫採取武力行動了。

五　演出圍宮劫政的武劇

在大鳥圭介向朝鮮政府送交最後通牒的同時，大島義昌少將的混成旅團也開始出動了。

早在 7 月 20 日向朝鮮政府發出兩份照會之後，大鳥圭介便與大島義昌密議，決計藉口朝鮮政府答覆不圓滿，使用兵力占領朝鮮王宮，劫持國王李熙，誘使大院君李昰應出山，然後以傀儡政權的名義授權日軍驅逐牙山清軍，正式促成中日間的軍事衝突。22 日朝鮮政府復照既至，便開始將計畫各點一一付諸實現。

當 7 月 23 日凌晨 3 點向朝鮮政府致送「勢非出於兵力不可」的照會時，大島義昌即於 4 點命令步兵第二十一聯隊從龍山駐地出發，聲稱進擊駐牙山的清軍。日軍行至漢城牙山的分道時，忽然轉馬向右，向朝鮮王宮景福宮急馳。

5 點左右，日軍混成旅團第二十一聯隊抵景福宮外，當即分為二隊：由大隊長步兵少佐山口圭藏率領第二大隊及工兵一小隊，向彰化門（後門）前進，以突進王城；大隊長步兵少佐森只敬率領第一大隊從迎秋門（西門）進城。

日軍第二大隊抵彰化門時，欲強行入內，守保全士阻止，雙方遂發

---

[108]　《日本外交文書》，第 27 卷，第 422 號，附件三。

第三節　日本向戰爭方針的轉變

生衝突。交戰 15 分鐘後，衛士中彈倒地者 10 幾人，餘者潰退，軍械狼藉委地。日軍擁進宮門，登城樹日旗於彰化門上。日軍第一大隊抵迎秋門時，見宮門緊閉，便發炮轟擊，破門而入。於是，日軍把守王宮四門，並藉口保護而軟禁國王李熙。大鳥圭介在 7 月 25 日致陸奧宗光的密電中說：「本官決定施行斷然處置，一面……照會朝鮮政府，一面與大島旅團長協議之後，命其於翌日（23 日）早上 4 時派兵一聯隊及炮工兵若干，自龍山入京，包圍王城。正向王宮前進時，因彼方發炮，我方應擊，遂逐退之，進入闕內，固守其四門焉。」[109] 隨後，大島義昌下令解除漢城所有朝鮮軍隊的武裝。下午 3 點，駐紮昌慶宮的朝軍壯衛營不服日軍命令，進行反抗，也被鎮壓。此日前後兩次戰鬥，朝兵死 17 名，受傷 70 多名。漢城經這次事變，「王宮金銀財帛」[110] 及「五百餘年中朝御賜印物，日盡收去；兵庫所藏數十年購存洋槍炮火，全行奪去；凡所政令，任自黜陟，非國王所能與知」[111]。日人在朝鮮演出的這幕圍宮劫政的武劇，實在令人怵目驚心！大鳥圭介對他自己的這個「傑作」非常欣賞，寫詩道：

扶弱制強果孰功？兵權掌握覺談雄。
請看八道文明素，在此彈丸一發中！[112]

他靠手中的「彈丸一發」完成了日本自高唱「征韓論」以來多年企求而未竟之功，怎麼不為之得意揚揚呢？

當天，漢城滿城張貼揭帖，皆日人所為。揭帖宣揚日軍圍宮劫政，乃「為朝鮮雪國恥，保朝鮮為自主之邦」，並多方指責中國。日軍還切斷

---

[109]　田保橋潔：《甲午戰前日本挑戰史》，南京書店 1932 年版，第 153 頁，注六。
[110]　許寅輝：《客韓筆記》，光緒丙午長沙刻本，第 10 頁。
[111]　《李文忠公全集》電稿，第 16 卷，第 41 頁。
[112]　黑龍會編：《東亞先覺志士記傳》下卷，列傳，第 143 頁。

第一章　日本蓄謀發動侵略戰爭與挑起戰端的外交策略

電線，毀電報局以為駐兵之所。電報局總辦補用知府李毓森率電報學生數人，先逃往德國領事館，又避入英國領事館。唐紹儀亦偕翻譯蔡樹棠至英國領事館。同時來英國領事館避難的中國商民有數百人。於是，中國駐朝鮮各口領事均於次日下旗。[113] 唐紹儀也於 27 日離開漢城，赴仁川乘輪回國。中國與朝鮮的外交聯絡被迫中斷。

日軍挾王劫政行動，是得到開化黨金嘉鎮、安駉壽、趙義淵、俞吉濬等人的配合的。開化黨人縱有改革朝鮮政治之心，然長期在日人的庇護之下，尤其是在此時出頭，適成為日人手中的侵略工具。金嘉鎮等雖竭誠為日人效力，但其地位低下，不足以維繫人心，難以充當傀儡首領的角色。於是，大鳥圭介看中大院君李昰應。他不是不知道大院君對日人並無好感，且不甘心為日本所利用，但「一般人望集中於大院君」，捨此無其他合適人選。而且大院君頗以一報閔黨之仇為念，「亦並非無登青雲之志」，這剛好是他可以被利用的弱點。[114] 因此，當 7 月 20 日大鳥圭介等議定採取斷然處置時，即決計排萬難以誘大院君出山，並將此重要任務交給日本在朝鮮的志士岡本柳之助。

岡本柳之助是一個出身藩士家庭的日本侵略分子。西元 1875 年江華島事件發生時，曾大力鼓吹「征韓論」。後以志士名義援助開化黨人。金玉均在上海被刺後，岡本柳之助又赴朝鮮待機活動。岡本柳之助曾受大鳥圭介委託，積極物色親日派人士，得金嘉鎮等 10 多人。此時，大鳥圭介又囑他竭力拉攏大院君，以誘其出山。於是，岡本柳之助即與大院君近侍鄭益煥相勾結，時時出入於大院君的府第雲峴宮。岡本柳之助對大院君動以權勢，誘其東山再起。大院君意頗活動，但權衡利害，始終躊躇不決。迄於 7 月 22 日夜，大院君仍無出山的明確表示。為此，大鳥圭

---

[113]　許寅輝：《客韓筆記》，光緒丙午長沙刻本，第 7～8 頁。
[114]　《日本外交文書》，第 27 卷，第 422 號。

第三節　日本向戰爭方針的轉變

介焦慮不安，陷於一籌莫展之中。

適在此時，岡本柳之助所結交的大院君近侍鄭益煥來告：「國太公之內意難以確知，萬一臨事躊躇，恐誤大事。太公有親信鄭雲鵬，言聽計從，若能使彼進言，事無不成。」但鄭雲鵬隨大院君自保定回國後，被囚禁於捕盜廳。大鳥圭介見時間緊迫，怕影響既定的挾王劫政計畫，便命使館書記生國分象太郎率巡查及士兵各10名，夜赴捕盜廳放出鄭雲鵬。鄭起初雖表示「本人雖不料此生得再見大院君，然本人奉國王之命禁錮，經日人之意釋放，殊非本意」，但在國分象太郎的誘說下，終於答應赴雲峴宮勸說大院君出山。

先是在7月23日清晨2點，大鳥圭介再命岡本柳之助至雲峴宮，遊說大院君，並派警士數名隨從。旋又派步兵一中隊到雲峴宮外進行警戒，兼備護衛大院君入宮之用。岡本柳之助先見大院君之孫李竣鎔，說明來意。然後一起進謁大院君。岡本柳之助反覆勸誘，大院君仍不應允。至凌晨3點許，大島混成旅團步兵第二十一聯隊已入城包圍王宮，而岡本柳之助等勸誘尚無結果。大鳥圭介以大院君之入宮刻不容緩，不妨稍加強迫，乃令書記官杉村濬親往勸駕。杉村濬抵雲峴宮時，鄭雲鵬已先在座。大院君經鄭雲鵬和杉村濬勸說後，仍是不允。復經鄭雲鵬反覆曉以利害，杉村濬又以危詞威脅，大院君始為所動，乃問杉村濬：「貴國此舉，若果出於義舉，足下可代表貴國皇帝擔保於事成後不割我寸土乎？」杉村濬回答說：「本人雖不能直接代表中國皇帝，但本人係大鳥圭介的代表，大鳥圭介係我政府之代表，故本人未嘗不可間接擔保。」大院君請杉村濬作書擔保。杉村濬便提筆寫出如下字樣：「日本政府之此舉是出於義舉，故事成之後，斷不割據朝鮮之寸地。」大院君這才感到滿意，又對杉村濬說：「余以臣下之身，如無王命，不能入闕，煩先得韓王

第一章　日本蓄謀發動侵略戰爭與挑起戰端的外交策略

之敕命。」[115]杉村濬派人赴親日派趙義淵家商議辦法。趙義淵便偕同安駉壽、俞吉濬等進宮，請國王詔命大院君出仕。此時，國王已完全處在日兵監視之下。「前後左右無非倭黨，一言一動皆不敢私，其政教號令悉聽倭黨指揮。桎梏之下，何求不得？」[116]遂降密旨至雲峴宮，請大院君出仕。於是，大院君在日兵護衛下，於當天上午 10 點許進宮。

大院君進宮之後，大鳥圭介於 11 點率護衛一小隊繼至，二人晤談約 3 小時始散。據事後大鳥圭介呈給政府的報告中說：「（本官）於 11 點左右始行出館入內。此時大院君亦已入內，久久父子對面，欣悅感泣。大院君怒責國王失政，陛下謝罪，一時竟呈演劇之觀。未幾，大院君出至正堂，對本官陳述云：『本日大君主原擬引見貴公使，實因事忙混雜，故本人代受進謁。』並述本人奉大君主之命，今後統轄政務，故國內改革事宜，容當與貴公使協議云云。本官先祝大君主陛下無恙，次述大院君執政之賀詞而退。」[117]大院君既攝國政，任元老金宏集為議政府議政，親日派金嘉鎮、安駉壽等人均受重用。大鳥圭介復派兵增駐王宮各門，並命日兵密布宮內，嚴密監視。凡無日本公使館所發之入門證者嚴禁進入宮內。以大院君李昰應為首的傀儡政府終於在日軍的槍口下成立了。這的確稱得上是日本政府強權外交的一個「傑作」。

大院君既然在日本人的導演下上了臺，就不可能不把他的角色繼續扮演下去。杉村濬記載：「大院君入宮後，由於有國王『萬機由國太公奏』的御旨，故由大院君總攬一切政務。元老金炳始、鄭範朝、趙秉世、金宏集以及申正熙、朴定陽等重臣在寢殿附近供職。其他稱作改革派或親日派者趙義淵、安駉壽、金嘉鎮、金鶴羽、俞吉濬、權瀅鎮、權在衡等

---

[115]　杉村濬：《明治二十七八年在韓苦心錄》，第 47～54 頁。
[116]　許寅輝：《客韓筆記》，光緒丙午長沙刻本，第 10 頁。
[117]　田保橋潔：《甲午戰前日本挑戰史》，南京書店 1932 年版，第 148 頁。

第三節　日本向戰爭方針的轉變

人集聚一堂，商討善後大計，然眾說紛紜，莫衷一是。彼等之議論，與其謂創立新制，毋寧謂趁此事變之機，佯裝改革派之面目，以撈取高官重職。安駉壽之官職本來甚低，累累晉升，數日內即任命為漢城判尹（一等官）。金嘉鎮雖稍晚，亦接連晉升為上曹判書（同為一等官）。大院君雖有總理萬機之名，實則手中並無行政機關，其政事亦止決定官員之進退。其政令在宮外毫無效力。」[118] 可見，大院君之「總理萬機」，不過徒有其名；親日派之飛黃騰達，只是被人利用一時而已。

大鳥圭介拼湊傀儡政權之目的既達，便要求貫徹 7 月 20 日向朝鮮政府提出的要求。25 日，大鳥圭介進宮，向大院君重新提出廢除中朝商約及驅逐中國軍隊二事。大院君懾於日本兵威，請朝王降旨宣布「從此朝為自主之國」。朝王不敢不允，但密命閔尚鎬易洋服乘輪至天津，向李鴻章哀訴，希望「詳達天朝，俾明此斷斷忠悃，乞賜救援」[119]。李鴻章自顧尚且不暇，亦無可奈何。於是，大院君命外務衙門督辦趙秉稷正式照會唐紹儀，廢除《中朝商民水陸貿易章程》、《中江通商章程》及《吉林貿易章程》。並經過大院君和趙秉稷詳細商議後交出一份委託書，授日軍以驅逐中國軍隊之權。

到 7 月 25 日，在朝鮮成立傀儡政權的問題已經解決，大島義昌覺得遷延時日將會帶來不利，不等朝鮮政府的委託書送到，除留部分守備兵於漢城、龍山、臨津鎮外，立即率混成旅團主力向牙山出發，以進攻駐紮該處的清軍。同一天，日本海軍便在豐島附近海面對中國軍艦實行襲擊，從而引發了甲午戰爭。

---

[118]　杉村濬：《明治二十七八年在韓苦心錄》，第 56～57 頁。
[119]　《李文忠公全集》電稿，第 16 卷，第 40～41 頁。

第一章　日本蓄謀發動侵略戰爭與挑起戰端的外交策略

第二章

清政府乞保和局與列強調停

第一節　清政府和戰不定與中日祕密外交

　　6月22日是中日兩國關於朝鮮問題交涉的第一個轉捩點。這一天，日本外務大臣陸奧宗光照會清朝駐日公使汪鳳藻，以朝鮮「變亂彌久彌亟，故非設法辦理，期保將來邦安而政得宜」為藉口，聲稱「斷不能撤現駐朝鮮之兵」。[120] 陸奧宗光的這個照會蠻橫無理，而暗藏殺機，故自稱為「日本政府對中國政府的第一次絕交書」。[121] 日本政府的戰爭方針已定，那麼清朝政府又採取何等對策呢？

　　正好在同一天，美、俄、法、英四國駐朝外交官員應朝鮮政府之請，致函袁世凱，希望中日兩國「同時撤兵，解現紛難」。當天，朝鮮國王李熙密遣其親信中使見袁世凱，委婉吐露希望「華撤兵，倭自去」。李熙的主意未始不是一個沒有辦法中的辦法。日本政府的目的是拖住駐朝的清軍，以便尋機挑起釁端。如果清政府真能當機立斷撤離駐朝清軍的話，為時尚不太晚。這樣一來，儘管日本當局還會玩弄各種詭計，但在外交上必然更加孤立，在內政上也會更加困難，要發動侵略中國的戰爭也就不那麼容易了。袁世凱只看到李熙平素「謬懦」的一面，而未能洞察其建議有暗合機宜之處，反而讓中使密告李熙要「牢執定見，切毋受愚」[122]，錯過了這次有可能避免日本挑起釁端的機會，這不能不是一次重大的失誤。

---

[120]　《清光緒朝中日交涉史料》（1020），第13卷，第22頁。
[121]　陸奧宗光：《蹇蹇錄》，第26頁。
[122]　《清光緒朝中日交涉史料》（1029、1030），第13卷，第24～25頁。

第一節　清政府和戰不定與中日祕密外交

朝鮮國王李熙

陸奧宗光的照會，使光緒皇帝意識到朝鮮局勢的嚴重性，感到非常大的憂慮。因而有6月25日軍機處密寄李鴻章的上諭：

> 李鴻章迭次電信，均經總理各國事務衙門呈覽。現在日本以兵脅議，唆使朝鮮自主；朝鮮恇怯惶惑，受其愚弄。據現在情形看去，口舌爭辯，已屬無濟於事。前李鴻章不欲多派兵隊，原慮釁自我開，難於收束。現倭已多兵赴漢，勢甚急迫。設脅議已成，權歸於彼，再圖挽救，更落後著。此時事機吃緊，應如何及時措置，李鴻章身膺重任，熟悉倭韓情勢，著即妥籌辦法，迅速具奏。[123]

這道上諭表明，迄於此時為止，清朝統治集團最高層對朝鮮形勢的發展仍束手無策，故寄希望於李鴻章能拿出一套切實有效的相應對策。

面對棘手的朝鮮問題，李鴻章也深感進退維艱。適在6月26日，李鴻章接汪鳳藻電報：「倭之干預，以韓不能自治為詞，查汰貪汙，尤所注意。誠由我切勸韓王，立將內政清理，則釜底抽薪，庶占先手，不獨倭釁可彌，實亦為韓至計。」日本提出所謂「改革朝鮮內政」問題，本是挑起戰端的一種方式，而汪鳳藻卻認為只要勸朝鮮自行釐革內政，便可消

---

[123]　《清光緒朝中日交涉史料》(1032)，第13卷，第25頁。

第二章　清政府乞保和局與列強調停

除日本挑釁的藉口，未免過於天真。李鴻章也無他計可施，因據汪電之意電令袁世凱：「無論倭肯撤兵與否，韓必自將內政整理；除貪獎廉；恤民察吏。庶旁人無可藉口。務隨時切勸之！」袁世凱久駐朝鮮，對朝鮮的內政還是有比較清楚的理解，因此於翌日電覆李鴻章稱：「韓政亂根於閔，斷無從著手。日前苦勸諸閔告退，拔用有名望老臣，已三日，毫無動靜。未便乘危勒逼，驅與倭合。」[124] 勸朝鮮自行釐革內政這一招，顯然是行不通的。

日本駐朝鮮公使大鳥圭介的步步緊逼，而且態度日趨峻急，使局勢有一觸即發之勢。此時，日本一意挑起釁端，已是「司馬昭之心，路人皆知」了。6月28日夜間，李鴻章接袁世凱電稱：「倭續來兵3,000餘人下岸，加千兵來漢。鳥照詰韓係華保護屬邦否，限明日復。據稱備兵兩萬，如認屬即失和。韓恐貳，難持。乞速設法示。」李鴻章似乎胸有成竹，電告袁世凱：「倭添兵不確。逼韓不認華屬，斷不可從。俄在倭議正緊，略忍耐，必有區處。望諄切轉囑！」原來，他一直把希望寄託在俄國的斡旋上。29日，李鴻章接駐英公使龔照瑗來電，謂得西方友人密報：「中日戰爭在即。」這才引起他的高度重視。並轉報總署。30日，又接袁世凱轉來汪鳳藻的電報，提出：「倭逼我至此，恐乏轉圜。如失和，諒須撤使。各口商民共5,000餘，身家財產，應否由署商託與國保護，抑由滬僱船載回？祈商署示遵。」[125] 他雖然認為「汪議似過急率」，但也不得不考慮預籌戰備了。

6月30日，李鴻章上〈酌度日朝情勢應預籌辦理厚集兵餉折〉，其內稱：

---

[124]　《清光緒朝中日交涉史料》（1033、1034），第13卷，第25～26頁。
[125]　《清光緒朝中日交涉史料》（1039、1040、1041），第13卷，第27頁。

第一節　清政府和戰不定與中日祕密外交

體察情形，誠如聖諭，口舌爭辯無濟於事。至俄使喀西尼自認調處，不過因勢利導，原非專恃轉圜。倘至無可收場，必須預籌戰備。……此次外援兼顧內防，更當厚集兵力，需餉實屬不貲。應請飭下戶部先行籌備的餉二三百萬，以備隨時指撥。臣久歷兵間，深知時勢艱難，邊釁一開，勞費無已。但使挽回有術，斷不敢輕啟釁端。當隨時仰秉宸謨，妥為措置。唯倭情叵測，不得不綢繆未雨，思患預防，冀收能戰能和之效。

朝鮮形勢的日趨惡化，使李鴻章覺察到日本調重兵入朝，「是其蓄意與中國為難，全力專注，非止脅韓而已」[126]。這表明他已不再堅持原先「不欲多派兵隊，原慮釁自我開」的觀點，但是否意味著他連依靠列強斡旋的念頭也打消了呢？完全不是這樣。

事實上，李鴻章一直與俄國公使喀西尼保持緊密地聯絡。津海關道盛宣懷和道員羅豐祿身為李鴻章的代表，俄國參贊巴福祿（Aleksandr Tranovich Pavlov）身為喀西尼的代表，一直奔波於李喀之間。喀西尼態度十分正面，表示擬續電俄國政府和俄國駐日公使，「令告倭必須共保東方和局，或請倭派大員來津會議韓善後事宜，方有收場」。對於喀西尼的話，李鴻章感到鼓舞，致電總理衙門說：「如能辦到，於無可設法中，冀有結束。喀意謂俄為韓近鄰，願同會議，只勸韓酌蠲內政之苛暴者，必不更動朝鮮大局。似尚無他覬覦。」[127] 喀西尼提出的中日俄三國天津會議之說，純係一時心血來潮，並未得到俄國政府的支持，後來便不再提起了。何況日本也絕不會同意，是絕對行不通的。而李鴻章聽後都頗為動心，電詢總理衙門是否可行，而且斷定俄國此議「似尚無他覬覦」。

光緒帝對李鴻章的以上電報深感不滿，於7月1日密諭李鴻章：

---

[126] 戚其章主編：《中國近代史資料叢刊續編・中日戰爭》（以下簡稱「《中日戰爭》續編」）（一），第9頁。
[127] 《清光緒朝中日交涉史料》（1043），第13卷，第27～28頁。

第二章　清政府乞保和局與列強調停

前經迭諭李鴻章，酌量添調兵丁，並妥籌辦法，均未復奏。現在倭焰愈熾，朝鮮受其迫脅，勢甚岌岌，他國勸阻亦徒託之空停言，將有決裂之勢。李鴻章督練海軍業已有年，審量倭韓情勢，應如何先事圖維，熟籌措置。倘韓竟被逼攜貳，自不得不聲討致罪，當時倭兵起而相抗，亦在意計之中。我戰守之兵及糧餉軍火，必須事事籌備確有把握，方不致臨時諸形掣肘，貽誤事機。李鴻章老於兵事，久著勳勞，著即詳細籌劃，迅速復奏，以慰廑係。[128]

這道上諭表明光緒帝傾向於加強戰備，對列強之插手調停存有戒心，認為是徒託空言，不會於事有濟。這是他與李鴻章的分歧之處。

李鴻章仍然幻想某一列強會基於自身的利益，制止日本進一步挑釁。他透過英國駐天津領事寶士德（Henry B. Bristow），轉請英國公使歐格訥電本國政府派艦隊赴日，「責其以重兵壓韓無理，擾亂東方商務，與英大有關係，勒令撤兵，再議善後」。這純係不著邊際的奢望。不料又遭到光緒帝的否定：「李鴻章此議非但示弱於人，仍貽後患，殊屬非計，著毋庸議。」並被警告說：「嗣後該大臣與洋人談論，務宜格外審慎，設輕率發端，致誤事機，定唯該大臣是問！」[129]

儘管如此，清政府內部在和戰問題上仍然搖擺不定。光緒帝本人雖傾向於加緊戰備，但一時尚下不了戰的決心。這時，英國公使歐格訥聲稱，奉本國政府之命，願意「從中調停，免致釁端」[130]。日本政府見英國有從中調停之意，不好貿然行事，為敷衍英國和抵制俄國的三國會議之說，還得虛與委蛇一番。7月3日，日本駐華代理公使小村壽太郎訪總理衙門，「談及韓事，願兩國相商，不甚願他國干預」。第二天，總理衙門電告李鴻章說：「尊處與喀使已有三國會議之說，喀與倭曾否商定？證

---

[128]　《清光緒朝中日交涉史料》(1051)，第13卷，第29～30頁。
[129]　《清光緒朝中日交涉史料》(1053、1069)，第13卷，第30頁；第14卷，第3頁。
[130]　《清光緒朝中日交涉史料》(1057)，第13卷，第31頁。

第一節　清政府和戰不定與中日祕密外交

以小村所言：『本國不願他國干預。』是倭並未應允。如此，則三國會議之說，恐靠不住，尚不如小村已得倭外務允信為確。」[131] 小村壽太郎的來訪，使總理衙門的大臣們覺得與日本直接開談有了希望。不僅如此，小村壽太郎還同時致送照會，謂奉有國書，日本天皇令其躬親呈遞中國皇帝。先是在本年 2 月 22 日，日本明治天皇舉行結婚 25 年的銀婚吉期慶禮，總理衙門請旨致送賀書和禮物，以示睦誼。3 月 9 日，由駐日公使汪鳳藻將國書和禮物親自呈遞。事情已經過去近 4 個月，日本政府對此事並無反應，而偏在此時要親呈國書，顯然是有意地製造睦誼的氣氛，以便進一步麻痺中國當局。

一切都按照日本方面的意圖進行。7 月 7 日，總理衙門由慶親王奕劻、兵部尚書孫毓汶等與小村壽太郎第一次會見。小村壽太郎首先提出：「目前自朝鮮撤出兩國兵員，乃談判開始先應議定之事項。」奕劻和孫毓汶不知這是日方的謊話，認為列強調停奏效，異常欣喜，立即應諾。9 日，雙方第二次會見，便圍繞著兩國撤兵問題展開議論。奕劻說：「兩國談判前互將兵員撤回，乃當務之急。」孫毓汶補充說：「第一步先行撤兵，然後兩國就勸告國王改革內政事進行協商。」小村壽太郎答應將此意電告日本政府。奕劻因懷有一線希望，急迫地想知道日本方面的回音，特地囑告小村壽太郎一接到政府的來電即速報知。

在等待日本政府回音的日子裡，儘管朝鮮局勢日趨危殆，而在北京卻似乎出現了一股溫潤和睦的氣氛。經光緒帝硃批，日本代理公使於 7 月 12 日在承光殿覲見。這一天，光緒皇帝坐於承光殿，寶座前呈黃案一件。奕劻先在東旁侍立，總理衙門堂官二人帶領日本署使小村壽太郎及參贊、翻譯各一員，由承光殿東階進中門偏左入門。小村壽太郎進門

---

[131]　《清光緒朝中日交涉史料》（1062），第 14 卷，第 2 頁。

第二章　清政府乞保和局與列強調停

後，先一鞠躬；向前行數步，再一鞠躬；至龍柱間，向上正立，又一鞠躬。小村壽太郎致辭，經譯員翻譯完畢，向前至納陛中階下，捧國書恭候。奕劻由左階下接受國書，仍由左階上，至案前將國書陳於案上。這時，小村壽太郎一鞠躬，光緒帝頷首，以示收到國書之意。小村壽太郎退回龍柱間原先站立處，奕劻跪於案左，聆聽光緒帝傳諭慰問。然後，奕劻由左階下，至小村壽太郎站立處用漢語傳宣。小村壽太郎聽畢一鞠躬，光緒帝以頷首相答。於是，總理衙門堂官帶領小村壽太郎退後數步一鞠躬，退至殿門一鞠躬，仍由原路帶下。整個觀見儀式至此完畢。但是，在這次觀見所帶來的溫潤和睦氣氛之下，究竟隱藏著什麼呢？

有一些清朝官員卻透過日本使臣溫文爾雅的舉止看出其險惡用心。在小村壽太郎觀見的當天，御史張仲炘便指出日本「居心叵測」，主張「速行決戰」、「請嚴旨責成李鴻章，令其一意決戰」。侍讀學士文廷式也指出日本「名為保商，實圖朝鮮」，指責「事涉數月，而中國之辦法尚無定見，北洋之調兵亦趑趄不前」，並建議：「應請旨飭下北洋，無論舊練新募，速調萬人，或由海道以迫漢川，或行陸路以趨王京，務使力足以敵。倭人如有狡然思逞情形，則我軍不妨先發，一切可以便宜從事；唯不得藉口退兵，致干軍法。」[132] 張仲炘、文廷式的上奏代表當時大部分官員的看法。他們洞察到日本之居心叵測，主張及早圖維，這一點還是正確的。

事態的發展果然不出張仲炘、文廷式之所料。7月14日，即日本使臣觀見的兩天後，小村壽太郎便向總理衙門送來日本政府的照會，指責清政府「有意滋事」，並恫嚇說：「嗣後因此即有不測之變，我政府不任其責！」[133] 陸奧宗光將此件照會稱作是「第二次絕交書」。

---

[132] 《清光緒朝中日交涉史料》（1130、1132），第14卷，第21～24頁。
[133] 《清光緒朝中日交涉史料》（1155），第14卷，第32頁，附件一。

第一節　清政府和戰不定與中日祕密外交

日本政府照會的決絕態度，引起了許多官員的憤懣，更激起了主戰空氣的高漲。他們紛紛上書朝廷，或指責前此辦理之失當，或主張急治軍旅，臨以大兵，示以必戰。光緒帝也表示「一意主戰」，並命戶部尚書翁同龢、禮部尚書李鴻藻與軍機大臣和總理各國事務大臣會商對策。7月16日，軍機處電寄李鴻章一道嚴旨：

現在倭韓情事已將決裂，如勢不可挽，朝廷一意主戰。李鴻章身膺重寄，熟諳兵事，斷不可意存畏葸。著懍遵前旨，將布置進兵一切事宜，迅籌復奏。若顧慮不前，徒事延宕，馴致貽誤事機，定唯該大臣是問！[134]

乍看之下，朝廷內外似乎都一致傾向於主戰了。其實事情遠不是這樣簡單。中樞親王大臣並未真正有統一的意見，而且在戰與和的問題上一直瞻前顧後，迄無定議。他們會商的結果，一方面認為「不得不速籌戰事，此乃一定之法」，一方面又認為要「稍留餘地，以觀動靜」、「如倭人果有悔禍之心，情願就商，但使無礙大局，仍可予以轉圜」。[135] 由於中樞內部在和戰問題上始終搖擺不定，缺乏定見，只能決定採取「進兵與和商並行，並以和商為主」的方針，也就很自然了。

在此後的 10 天裡，清政府一則繼續依靠英國調停，一則透過李鴻章與日本駐天津領事進行祕密接觸。

先是李鴻章派伍廷芳和羅豐祿密訪日本駐天津領事荒川已次，他們要求荒川已次將李鴻章希望和解之意電告日本政府。陸奧宗光敏銳地覺察到，李鴻章和總理衙門親王大臣的態度有所不同。陸奧宗光指示荒川已次祕密打聽清楚：「他和親王大臣態度不同，應作何解釋？因為當他表示和解時，親王大臣卻無視英國公使的努力。」7月15日，荒川已次覆

---

[134] 《清光緒朝中日交涉史料》(1164)，第 14 卷，第 35～36 頁。
[135] 《清光緒朝中日交涉史料》(1172)，第 14 卷，第 40 頁。

電稱:「對於天津與北京態度不同一事,我探聽了伍廷芳。在我看來,李鴻章似乎傾向於同意你的看法中的一些原則來解決朝鮮問題,而不去接觸宗主國問題。……伍廷芳告訴我,李鴻章能夠解決朝鮮問題,無須考慮北京的態度。」[136]7月22日,袁世凱回到天津,立即向李鴻章報告了朝鮮的形勢。當天,李鴻章便派羅豐祿密訪日本駐天津領事荒川已次。李鴻章讓羅豐祿轉告荒川已次,他已決定派羅豐祿作為他的祕密特使前往東京,與伊藤博文內閣總理大臣商談事項。他衷心希望能夠和解,並安排好就朝鮮問題開始談判。他還要求日本政府保證在祕密特使到達東京之前,駐朝日軍不採取敵對行動。荒川已次立即以絕密電報報告陸奧宗光。24日,陸奧宗光覆電稱:

儘管到目前為止,中國與日本的敵對行動尚未開始,日本政府也不能保證駐朝日軍放棄敵對行動,因為朝鮮刻下仍不斷發生政治事件。然而,日本政府也不特別反對羅豐祿來日本。[137]

羅豐祿假託駐日公使汪鳳藻相召,正準備東渡之際,豐島海面日本艦隊襲擊中國軍艦的炮聲轟響了,中斷了這次中日祕密外交。

第二節　清政府醉心折衝樽俎

一　乞請俄國干涉落空

早在甲午戰爭爆發之前,著名的「中國通」、在中國海關任總稅務司達30多年之久的英國赫德(Robert Hart)就說過:

---

[136]　《日本外交文書》,第27卷,第594、599號。
[137]　《日本外交文書》,第27卷,第607、608號。

第二節　清政府醉心折衝樽俎

　　總理衙門對外國調停過度信任,並且總認為日本願意談判,因此造成僵局,總理衙門堅持先撤兵後談判,日本堅持先談判後撤兵。日本大軍已湧入朝鮮,增強了他們的地位,並強迫朝鮮國王獨立,改革內政,手段高強,但是很霸道。……各國正勸誘日本撤退軍隊開始談判,但日本現在自負必勝,口頭上對各國的調停連聲感謝,而行動上毫不理睬,大有寧可一戰絕不屈從人意的氣勢。……所有國家均向中國表示同情,並說日本這樣破壞和平是不對的。但……他們所以同情中國,只是因為戰爭會使他們自己受到損失而已。

　　到中日平壤陸戰和黃海海戰之後,他又不無感慨地說:

　　外交把中國騙苦了,因為信賴調停,未派軍隊入朝鮮,使日本一起手就占了便宜。[138]

　　重溫熟悉甲午戰爭時期列強調停內幕的赫德的這些言論,更可清楚地看到,清政府在處理朝鮮問題上一開始就走上了盲目依賴列強調停的歪路。

　　起初,當中日兩國談判共同從朝鮮撤軍之際,李鴻章持有非常樂觀的態度,認為雙方有可能達成協議。他對日本的侵略野心缺乏應有的警惕,一面制止後繼部隊渡海入朝,一面電令葉志超「整飭歸裝,訂期內渡」[139]。沒想到僅僅幾天之後,日本便單方面地中止了撤軍談判,藉口「改革朝鮮內政」而堅不撤兵。李鴻章要保全和局,卻又感到以口舌難以折服日本,於是想借外力壓服之。

　　俄國與朝鮮接壤,並早對朝鮮有垂涎之意,只是力不從心而已。早在西元1888年4月間,俄國相關方面就曾商討朝鮮問題。首先討論的是俄國占領朝鮮的可能性,結論是否定的。其原因為:(一)朝鮮非常貧

---

[138]　《中國海關與中日戰爭》,第49、59頁。
[139]　《李文忠公全集》電稿,第15卷,第40頁。

第二章　清政府乞保和局與列強調停

窮，不能成為俄國有利可圖的商業市場；（二）離俄國的「足夠武力的中心」太遠，鞭長莫及；（三）會破壞與中、英兩國的關係，在外交上造成困難。[140] 儘管如此，它卻並未放棄染指朝鮮的野心。

李鴻章認為日本最忌俄國，但他是有病亂求醫，一開始並不是專求俄國。在求俄國干涉之前，他曾經求過英國。6月中旬，英國公使歐格訥到天津，李鴻章當面請英國勸阻日本出兵朝鮮。歐格訥口頭上答應照辦，但又說恐怕日本政府不聽勸阻。6月19日，英國駐天津領事寶士德持歐格訥函來訪李鴻章，謂：「已電其外部，囑駐英倭使轉知，未知聽勸否？」[141] 其實，當時英國對介入朝鮮爭端態度並不積極，故對李鴻章的答覆帶有一定程度的敷衍性質。李鴻章見英國反應消極，便轉向了俄國。

適在此時，俄國公使喀西尼請假回國，路過天津，於6月20日訪問李鴻章。李鴻章趁此機會請求俄國干涉：「前使那德仁[142] 會議，彼此不侵高麗地界。此次日本派兵太多，似有別意，切近緊鄰，豈能漠視？」並勸告喀西尼：「速電外部，轉電駐倭俄使，切勸倭與我約期同時撤兵，以免後患。」喀西尼出於對俄國自身利益的考慮，對此事表現出異乎尋常的熱心。他對於日本出兵的野心尚缺乏了解，認為只要俄國出面干涉，不難使日本撤兵。這樣，既可不付出任何代價，以加強俄國在朝鮮和遠東的地位，又可避免中國捨俄而求英，致使英國有插手朝鮮問題的機會。尤其是由於西伯利亞大鐵路尚未修成，遠東軍備不足，消弭遠東戰禍是符合俄國利益的。因此，他欣然同意李鴻章的請求：「日內即電致，想外部亦同此意。」李鴻章聞言大喜，立即電總理衙門稱：「素稔倭忌英

---

[140]　《中日戰爭》（七），第209～211頁。
[141]　《清光緒朝中日交涉史料》（1005），第13卷，第19頁。
[142]　那德仁（N. Ladyjenskg），一譯作拉德仁，原俄國駐北京公使館參贊，西元1886年任代理公使。

第二節　清政府醉心折衝樽俎

不若畏俄，有此夾攻，或易就範。」[143]

6月21日，李鴻章至喀西尼寓所回拜，告以：「倭以重兵挾議，實欲干預韓內政，為侵奪之謀，華絕不允。」喀西尼稱：「俄韓近鄰，亦斷不容倭妄行干預。」並謂：「使華以來，唯此件亦涉於俄，關係甚重，務望彼此同心力持。」[144]22日，喀西尼致電外交大臣吉爾斯報告此事，並希望政府同意中國的請求：

> 我認為，中國絕不應錯過目前中國要求我們擔任調停者的機會，況且此事對於我方既無任何犧牲，又能大大增加中國在朝鮮及整個遠東的勢力，並足以消除在朝鮮發生不可避免而對我方甚為不利的武裝衝突之可能。[145]

當天，吉爾斯便將此電上報沙皇，表示同意喀西尼的意見。23日，吉爾斯覆電喀西尼，准其所請，並令暫留天津與李鴻章「商辦倭韓交涉事件」。同時，又電俄國駐東京公使希特羅渥，令其勸告日本政府從朝鮮撤兵。

6月24日，喀西尼再次向外交大臣報告中國對日本所提出的改革朝鮮內政方案的立場，並要求政府採取實際行動：「目下局勢極為緊張，而中國正在急切等待俄國的決定，認為這是和平了結的唯一希望。」[146]25日，喀西尼又派參贊巴福祿訪李鴻章。巴福祿說：「俄皇已電諭駐倭俄使轉致倭廷，勒令與中國商同撤兵，俟撤後再會議善後辦法。如倭不遵辦，電告俄廷，恐須用壓服之法。俄以亞局於彼關係甚重，現幸平安，若任倭人擾亂，華、俄未便坐視。至韓王暗懦，國政貪苛，須令設法更

---

[143]　《清光緒朝中日交涉史料》(1005)，第13卷，第19頁。
[144]　《清光緒朝中日交涉史料》(1009)，第13卷，第20頁。
[145]　《中日戰爭》(七)，第229～230頁。
[146]　《中日戰爭》(七)，第231頁。

第二章　清政府乞保和局與列強調停

改。凡與通商各國均所深慮，鄰邦應妥善協助，斷不得用兵強迫。」[147]李鴻章聞言大喜，立即電告袁世凱，並令其轉囑葉志超：「靜待無妄動。」[148]又斥責丁汝昌過於急躁：「日雖添軍，謠言四起，並未與我開釁，何必請戰？」[149]

俄國駐東京公使希特羅渥的看法卻與喀西尼截然不同。他接到政府的訓令後，即「預料此事有極大困難，因為目下局勢已極嚴重，且日本正在迅速動員軍隊」。而且，他懷疑：「英國顯然正在等待時機，而一旦中國以任何方式表示援助中國時，英國很可能站在日本一邊。」[150]6月25日，希特羅渥帶著這樣的想法與陸奧宗光會面，稱奉本國政府訓令提出詢問：「中國政府已請求俄國調解中日兩國糾紛，俄國政府甚望兩國早日解決。因此，若中國政府撤退其派駐朝鮮之軍隊，日本政府是否亦同意撤退其軍隊？」陸奧宗光回答說：

大體雖無異議，但在目前兩國對立、彼此互抱猜疑之時，欲求渙然冰釋，恐非易事。此種情形，不僅中日兩國如此，即在歐洲列強之間亦往往難免。況且中國一向用陰險手段，干涉朝鮮內政，以口是心非的策略，欺騙日朝兩國之事例比比皆是。故中國政府現下有充分根據不能輕信中國之言行。若中國政府能就下列兩點保證其一而撤退其軍隊，日本政府亦可撤退其軍隊：一、同意由中日兩國共同負責改革朝鮮內政，直至完成為止；二、不拘任何理由，若中國政府不願與日本共同承擔改革朝鮮內政，日本政府則以獨力實行之，屆時中國政府無論直接間接皆不得加以阻礙。

為了解除俄國的顧慮，陸奧宗光又虛偽地向希特羅渥保證兩條：

---

[147]　《清光緒朝中日交涉史料》(1025)，第13卷，第24頁。
[148]　《李文忠公全集》電稿，第15卷，第52頁。
[149]　《李文忠公全集》電稿，第15卷，第52頁。
[150]　《中日戰爭》(七)，第232頁。

第二節　清政府醉心折衝樽俎

「一、日本政府除希望確立朝鮮之獨立及和平外，絕無他意；二、將來中國政府不論採取如何舉動，日本政府絕不作進攻性之挑戰，萬一不幸此後中日兩國間不得不交戰時，日本亦必立於防禦地位。」[151]

希特羅渥聽信了陸奧宗光的謊言，立即向外交大臣報告：

我本人相信：現內閣對於在日本認為非常迫切的朝鮮問題上已做得太過分，所以如果沒有任何漂亮的藉口，或表面的成功，它已騎虎難下。但看來誰也不要戰爭，即使沒有第三方面的調停，戰爭或者也可避免。另一方面，根據很多跡象來觀測，若干其他強國倒很樂於見到我們牽連到遠東問題中去。因此，並且預料到可能的發展，我向閣下請示：是否必須繼續堅持（干涉）？是否應將我們的勸告以書面形式提出，抑或僅作口頭建議？

這個報告對吉爾斯的決心有所影響，積極干涉的想法動搖了。6月28日，他在向沙皇報告此事時提出：為審慎起見，俄國政府對「李鴻章所要求的中國正式調停，只能在衝突雙方同意時才可能進行」[152]。這表明俄國政府已決定放棄干涉政策，以避免捲入中日糾紛的漩渦。

此時，李鴻章還在期待著俄國干涉的消息。6月29日上午，李鴻章派盛宣懷和羅豐祿往喀西尼處催問。喀西尼因自己的建議得不到政府的支持，正處於兩難之中，於是又提出三國會議之說：「尚未接到。擬再電俄廷並駐倭使，令告倭必須共保東方和局。或請倭派大員來津會議韓善後事宜，方有收場。」盛宣懷、羅豐祿則表示：「似可議。但倭現添兵脅韓勒逼，無論韓已答應何項，均應作廢紙。我華方准與會議。」讓日本派大員到天津舉行所謂三國會議，以會談朝鮮善後問題，這本是喀西尼個人的設想，在當時的情況下根本不可能實現。而對李鴻章來說，這卻

---

[151]　陸奧宗光：《蹇蹇錄》，第37～38頁。
[152]　《中日戰爭》（七），第234頁。

第二章　清政府乞保和局與列強調停

讓他燃起一線希望。李鴻章認為：「如能辦到，於無可設法中冀有結束。喀意謂俄為韓近鄰，願同會議，只勸韓酌蠲內政之苛暴者，必不更動朝鮮大局，似尚無他覬覦。」[153]

當天下午，喀西尼派參贊巴福祿及俄國駐天津代理領事來覺福（Alekseev）來見李鴻章，稱：「駐倭俄使電謂，往晤陸奧，不肯撤兵。若無別項緣故，倭兵不先開仗。」李鴻章問：「喀前稱俄皇電諭勒令撤兵，如不肯撤，俄另有辦法。現俄廷意旨若何？」巴福祿答曰：「駐倭使必報知本國或外部，已有電覆在途。喀本日又電請本國，俟回示再通知。」據天津電報局呈報，當天喀西尼的確向俄京打了一份540字的電報。故李鴻章認為喀西尼「似所言不虛」[154]。的確，喀西尼這時還在繼續說服俄國政府介入朝鮮問題，其致外交大臣電有云：

> 局勢已很危急。日本謀取朝鮮內政統治權的企圖已很明顯。中國政府正迫切期待中國在東京所提各項建議的結果。顯然，中國希望避免戰爭，而日本卻似有意尋求戰爭，深以為勝利非己莫屬。危險正來自日本方面，而不是中國方面。李氏曾表示，中國認為朝鮮內政確有改革的必要，並同意此改革問題應由俄、中、日三國全權代表以會議方式調查並解決之。會議地點可在漢城或天津。中國這種讓步，給予中國莫大利益。日本的目的，似在排斥俄國的參加。我請求閣下對此事速予指示。努力堅持日本撤兵一事，極為重要。中國也將同時撤出其派遣軍。日本若一旦取得某種初步的勝利，則決難與之取得協議。鑒於局勢的特別嚴重，帝國政府如有所決定，請儘速示知，我將深為感謝。[155]

外交大臣吉爾斯經過全面衡量，還是決定對日本僅限於「忠告」而已。

---

[153] 《清光緒朝中日交涉史料》（1043），第13卷，第27頁。
[154] 《李文忠公全集》電稿，第15卷，第57頁。
[155] 《中日戰爭》（七），第236～237頁。

第二節　清政府醉心折衝樽俎

先是在 6 月 25 日，俄國駐朝鮮公使館參贊凱伯格電告：「鑒於南方騷亂的終止，朝鮮總理奉國王之命，正式請求外國駐朝代表通知其本國政府，可能因外國軍隊駐此而引起糾紛以及透過中日的協議希望撤退雙方軍隊，總理希望諸友好國家協同促成目前局勢的和平解決。」[156]於是，俄國政府於 6 月 28 日電駐中日兩國公使，以此意勸告中日兩國同時從朝鮮撤兵。在致希特羅渥的電文中，特地加上一句：「提示日本政府：如果它在與中國同時撤退朝鮮軍隊一事上故意阻難，則它應負嚴重的責任。」[157]29 日，俄國外交部亞洲司司長克卜尼斯特（Evgenii Nikolaevich Capnist）在會見日本駐俄公使西德二郎時也指出：「最好的辦法，似乎是從朝鮮王國撤出一切外國軍隊，然後以外交方式進行協商。如果某些國家由於他們的行動而製造出朝鮮問題，或甚至挑起衝突，則他們應負嚴重的責任。」[158]30 日下午 5 點，希特羅渥會見陸奧宗光時，又稱奉本國政府訓令面交照會一件。該照會稱：

朝鮮國政府公開以該國內亂業已鎮定事告駐劄該國之各國使臣，又對於清國及日本撤兵之事件，請求該使臣等援助。因此，本官之君主皇帝陛下之政府，命本官向日本帝國政府勸告容納朝鮮之請求，且致忠告：如關於日本或清國同時撤退駐紮朝鮮之軍隊事加以妨礙時，應負重大責任。[159]

陸奧宗光見此照會措辭強硬，高深莫測，而政府挑戰之心業經決定，呈騎虎之勢，處於兩難之中，心中頗費躊躇。當天晚間，陸奧宗光即至伊藤博文私邸，告以俄國的態度，並出示俄國照會。伊藤博文沉思停良久，始斷然曰：「事已至此，我們怎能接受俄國的勸告從朝鮮撤

---

[156]　《中日戰爭》（七），第 234 頁。按：朝鮮總理，指朝鮮外務衙門督辦趙秉稷。
[157]　《中日戰爭》（七），第 234 頁及第 287 頁注。
[158]　《中日戰爭》（七），第 235 頁。
[159]　田保橋潔：《甲午戰前日本挑戰史》，南京書店 1932 年版，第 16 頁。

第二章　清政府乞保和局與列強調停

兵呢?」陸奧宗光大為欣悅,謂:「尊意正與鄙見相同,將來大局之安危,不容說都由你我二人負其責任。」隨後,陸奧宗光便致電駐英公使青木周藏,令其將日本的意向暗地透露給英國政府,以慫恿英國出來牽制俄國。並電示駐俄公使西德二郎:「對於俄國勸告如何作復,尚未提交閣議,但我與伊藤伯爵認為目前不是接受俄國勸告從朝鮮撤兵的時機。」[160]

7月1日,日本外務省草擬的對俄復照經閣議通過後,又上奏明治天皇裁可。2日,將此復照送交俄國公使。該復照內稱:

鑒於俄國特命全權公使所提照會,極其重要,帝國政府已詳加審閱。然該照會中有朝鮮政府已將內亂業已平定之意通知駐該國之各國使節等語。根據帝國政府最近所接報告,不僅釀成此次朝鮮變亂之根本原因尚未芟除,即促成日本派遣軍隊之內亂亦未完全平復。查帝國政府向該國派遣軍隊,對目前形勢實屬不得已之舉,絕無侵略領土之意。若至該國內亂完全平定、禍亂已無再起之危險時,當然即將軍隊撤回,此則可與貴公使明言者也。帝國政府對於俄國政府友誼的勸告,深表謝意,同時希望俄國政府本兩國政府間現存之信義及友誼,對此保證給予充分信任。[161]

這份照會用婉轉的外交辭令拒絕了俄國政府的「忠告」。

當時,俄國政府雖然對日本所造成的遠東緊張局勢非常關切,但其內部的意見卻很不統一。俄國駐中、日、朝三國的使節也有不同意見。駐日公使希特羅渥與喀西尼不同,他明知日本「繼續在作戰爭準備」、「業已派往朝鮮的人數已不下8,000人,某些租來的商船已經武裝,其他船隻也正在武裝,以作海上巡邏之用」,然而仍不加評論地向外交大臣報告伊

---

[160]　陸奧宗光:《蹇蹇錄》,第39頁。
[161]　陸奧宗光:《蹇蹇錄》,第39～40頁。

第二節　清政府醉心折衝樽俎

藤博文關於「日本毫無奪取朝鮮內政的意圖，其目的係在真正保衛朝鮮實際脫離中國而獨立，只要獲得朝鮮政府能實施必要改革以避免重新發生暴亂與中國再度干涉的某些保證，則日本準備與中國同時撤退軍隊」的騙人鬼話。[162] 駐朝鮮臨時代理公使韋貝表面上態度曖昧，實際上非常敵視中國。李鴻章說他「素袒倭，謂韓當自主，與喀所見稍歧」[163]。他在呈給外交大臣的報告中，為日本出兵朝鮮辯護，並認為：「由於日本採取了嚴重措施，中國行將退卻。」[164] 更為卑鄙的是，他竟然與日本駐漢城公使館杉村濬暗通消息，唆使對中國開戰。他私下囑咐杉村濬：

　　清國雖是古老之國家，然其軍隊守衛力量頗強，不可輕視。如貴國對清開戰，應該從速；若遲延開戰，躊躇不決，則清國軍備將愈益整頓。眼下清國政府對外偽裝希望和平，暗中卻在加緊整飭軍備。」

對於韋貝的可恥行徑，連杉村濬都感到意外，不禁評論道：「無論是韓國政府還是清國公使，都一定預想他們能糾合在一起，得到他有力之援助，並屈指以待。而實際上卻無任何結果。韋貝對他們態度曖昧，卻暗中催促我開戰。」[165]

俄國外交大臣吉爾斯似乎對形勢的發展已有所預感，他認為：「我們擔心朝鮮的改革只不過當作干涉的藉口而已。中日兩國間的誤會正使極東可能發生不希望發生的衝突。」[166] 但是，他既不同意希特羅渥的任其自然的態度，也反對韋貝鼓動日本開戰的推波助瀾的做法。他的基本指導觀念是「維持朝鮮現狀」。他認為這是符合俄國利益的。因為他希望「贏得建成西伯利亞鐵路所必需的時間」，以期「能以具有充分物質手段

---

[162]　《中日戰爭》（七），第239頁。
[163]　《清光緒朝中日交涉史料》（1045），第13卷，第28頁。
[164]　《中日戰爭》（七），第243頁。
[165]　杉村濬：《明治二十七八年在韓苦心錄》，第37頁。
[166]　《中日戰爭》（七），第241頁。

第二章　清政府乞保和局與列強調停

的姿態出現，並將在太平洋事務中占據相應的地位」。俄國財政大臣維特早就狂妄地宣稱：一旦計畫中的西伯利亞大鐵路建成，「俄國就將從太平洋之濱和喜馬拉雅山之巔主宰亞洲以及歐洲的事務」。[167] 但在西伯利亞大鐵路建成之前，俄國政府是不希望遠東局勢有大的變動的。況且英國外交大臣金伯利和美國國務卿格萊星姆（John W. Foster）都已表示無意強迫日本撤兵，不能不使吉爾斯有所顧慮，而且更加謹慎。

7月7日，喀西尼從希特羅渥的密電中獲悉，日本政府已經拒絕了俄國的建議。他立即致電吉爾斯重申積極干涉的意見：

> 日本雖然已對我們作和平的保證，但它的行動明白說明它企圖排除俄國與中國，從而擅自左右朝鮮的命運。中國宣稱：它決定以一切方法進行抵抗，目前所以不訴諸戰爭行動者，無非因為對我們所作努力的成功尚懷有希望之故。我深信，目前已是明確決定我們態度的時候：我們是否能夠容忍日本建立獨占勢力，甚或攫取這個半島？從顯然有惹事企圖的日本政策以及許多其他政治原因上看，日本無疑是我們在大陸上的怨鄰。

當天，喀西尼就接到了吉爾斯堅持對日本撤兵只能進行「勸告」的電報：

> 我們努力的目的在於消除中日兩國間發生衝突的可能性。我們要求日本撤兵是友誼的勸告。我們完全珍視李鴻章對我們的信任，然而我們認為不便直接干涉朝鮮的改革，因為在這建議的背後，顯然隱藏著一個願望，即把我們捲入朝鮮糾紛，從而取得我們的幫助。同時，請宣告我們對中國持有最友好的態度，並將竭盡一切以支持中國的和平願望。[168]

吉爾斯看穿了李鴻章的意圖，並警惕勿「捲入朝鮮糾紛」，這對李鴻章的拙劣「以夷制夷」手法是一個莫大的諷刺。

---

[167]　羅曼諾夫：《俄國在滿洲》，第 63、65、61 頁。
[168]　《中日戰爭》（七），第 245～246 頁。

第二節　清政府醉心折衝樽俎

7月9日，吉爾斯電訓希特羅渥，對日本政府宣告「絕無侵略領土之意」，並「至該國內亂完全平定、禍亂已無再起之危機時，當然即將軍隊撤回」的答覆表示滿意；但以與朝鮮相鄰之故，仍望中日兩國速開會議，進行和商。同日，吉爾斯又致電喀西尼告以「日本政府聲言它並無侵略意圖」云云。[169]喀西尼知道事情已不可挽回，即派參贊巴福祿、領事來覺福往見李鴻章。他們告訴李鴻章：「頃接俄廷電覆，日韓事明係日無理，俄只能以友誼力勸日撤兵，再與華會商善後，但未便用兵力強勒日人。至朝鮮內政應革與否，俄亦不願預聞。」李鴻章詰問：「五月二十二日喀遣爾來告，俄廷要勒令日撤兵再議；日不聽，尚有第二層辦法。是前後語意不符。」巴福祿答稱：「我等亦覺不符，恐俄廷另聽旁人間阻。喀擬將來中日會議，彼亦毋庸參加。」[170]13日，希特羅渥便按外交大臣訓令之意照會日本政府：

俄國皇帝陛下從日本皇帝陛下的政府照會中獲悉日本並無侵略朝鮮意圖，而且一俟朝鮮內亂完全平定，禍亂已無再起危險時，即自該國撤回軍隊之意，甚為滿意。但切望此後日本能在此原則下速與中國進行協議，早日促成和平。而俄國政府以鄰國之故，對於朝鮮事變自不能袖手旁觀。然今日之事，完全出於希望預防中日兩國之衝突，希為諒解。[171]

先是7月6日，李鴻章在致電駐巴黎公使龔照瑗時，還充滿信心，稱：「俄廷命喀使留津專商，如倭不先允退兵，俄必怒，與華約同進兵。俄係近鄰，豈能不准干預？各大國能合催倭撤兵，再與華議善後，此是正辦。」[172]至是，李鴻章才清楚乞請俄國干涉的計畫完全落空。事後，俄國參贊巴福祿密告李鴻章曰：「俄何以不能立刻幫中國辦日韓之事：

---

[169]　《中日戰爭》（七），第248～249頁。
[170]　《清光緒朝中日交涉史料》（1110），第14卷，第14～15頁。
[171]　陸奧宗光：《蹇蹇錄》，第40頁。
[172]　《東行三錄》，第124頁。

第二章　清政府乞保和局與列強調停

一、因武備、水師未能速為備齊；二、俄不要催中國到開仗地步，若俄立允相助，恐中國辦事太驟，應先試探能否講和；三、俄要使天下皆知不因此機會在韓插手，仍有意約同別國催勸東洋撤兵。」[173] 巴福祿的話雖多掩飾之詞，但俄國政府之所以不敢貿然採取積極干涉的政策，除在軍事、外交方面的處境不利外，還擔心此舉將招致增強中國力量的結果，這也是俄國非常不願意看到的。俄國參謀總長奧布魯乞夫（Nikolai Nikolayevich Obruchev）即直言不諱地聲稱：「中國變得愈弱，對俄國就愈有利。」[174] 它當然不會做積極干涉的蠢事了。當然，俄國實行不干涉政策，並不表明它已經放棄在遠東擴張的野心，只是因為時機不到而已。

二　英國調停的前後

李鴻章在乞請外國介入朝鮮問題時，首先找的是英國。6月上旬，適英國公使歐格訥路過天津，李鴻章便請英國勸告日本從朝鮮撤兵。歐格訥口頭上答應轉告英國政府，囑駐日公使將此意轉致日本政府，但態度並不正面。

英國對遠東局勢最為關切，為什麼對此持消極態度呢？因為早在1個月前，英國就和日本開始修改條約的談判。當時，英國政府願意早日達成協議，利用日本來對付俄國。而日本政府則擔心英國與中國結盟，使它侵略朝鮮及中國的野心難以實現。5月2日，日本駐英公使青木周藏在與英國外交副大臣柏提（Francis Bertie）會談時，就流露這種擔心。柏提則甚害怕日本和俄、法聯合，對英國不利。彼此交了底，都想作出

---

[173]　《李文忠公全集》電稿，第16卷，第17～18頁。
[174]　羅曼諾夫：《俄國在滿洲》，第65頁。

第二節　清政府醉心折衝樽俎

一定的妥協，以換取對方的支持。在這種情況下，除非出現俄國占領朝鮮的可能，否則英國對於朝鮮問題是不會那麼熱心的。

後來，歐格訥見李鴻章與俄國公使喀西尼接洽甚力，始恐俄國先我著鞭，有損於英國在遠東的利益，便一改先前的消極態度，企圖插手中日交涉，頻至總理衙門調處，但開始曾被「婉卻」[175]。7月1日，即日本閣議通過復照俄國拒絕其「忠告」的當天，歐格訥即命駐天津領事寶士德，以答覆李鴻章前請其勸阻日本出兵一事為名，持其函往訪，告以：「屢電外部與駐英俄使商令撤兵再議善後，再電駐俄英使與說，皆未允。」寶士德又探問：「俄廷出為排解有諸？」李鴻章答稱：「有之。」既而又激之曰：「然俄雖韓近鄰，未能無故動陸兵。英水師雄天下，如我前在煙臺看大鐵甲船，實為東海第一。應請歐轉電外部，速令水師提督帶十餘鐵快船徑赴橫濱，與駐使同赴倭外署，責其以重兵壓韓無理，擾亂東方商務，與英大有關係，勒令撤兵，再議善後，諒倭必遵，而英與中倭交情尤顯。此好機會，勿任俄著先鞭。」寶士德答應將此意轉告歐格訥。隨後，李鴻章又遣人密囑海關總稅務司赫德慫恿此事。並電總理衙門商催歐格訥、赫德出面調停，認為「如英肯出力，以後添一會議，更可牽制俄，似為勝算」[176]。

但是，光緒皇帝根本不同意借外國兵力勒日撤兵的意見，降旨嚴責曰：

前據總理各國事務衙門呈遞李鴻章二十七日電信與英領事言及應由英外部令水師提督帶鐵快船赴倭責問，勒令撤兵一節。倭人肇釁，挾制朝鮮，倘致勢難收束，中朝自應大張撻伐，不宜藉助外邦，到異日別生枝節。即如英國處此時勢，如出自彼意，派兵護商，中國亦不過問；若

---

[175]　《東行三錄》，第115頁。
[176]　《清光緒朝中日交涉史料》（1053），第13卷，第30頁。

第二章　清政府乞保和局與列強調停

此議由我而發，彼將以自護之舉，託言助我，將來竟以所耗兵費向我取償，中國斷不能允。李鴻章此議非但示弱於人，仍貽後患，殊屬非計，著毋庸議。嗣後該大臣與洋人談論，務宜格外審慎，設輕率發端，致誤事機，定唯該大臣是問！[177]

歐格訥接寶士德電告，以派兵赴日之說與英國調停之意相違，難以考慮，亦未電本國。

7月2日，歐格訥通知總理衙門：英國外交部已回電同意「從中調停，免致啟釁」，並提出「整理朝鮮內政」和「同保該國土地勿令他人占據」兩個問題，詢問是否願意就此和日本商談。如果中國同意，他即電覆英國外交部「令駐俄英使催倭商辦，諒亦願意，各國亦可責備日本促令撤兵」[178]。歐格訥之所以提出這兩個問題，其用意至為明顯：第一個問題完全是為了迎合日本而提出的，第二個問題則係出於英國防俄的需求。李鴻章看出了這一點，指出：「所謂整理內政，與英待埃及相似。韓國不願，中國向辦不到，何能遽允？連日與俄使商論，只允會議，勸令韓自行整理，未便預定條款。至勿占據韓土地一節，俄已允載入會議款內。英最忌俄，蓋指俄言，無足慮也。」[179] 歐格訥知道中國不會接受改革朝鮮內政方案，再也不提這個問題了。

英國駐日公使巴健特（Hugh Fraser）接本國訓令後，即往訪陸奧宗光，詢問日本政府對中日商談的態度。陸奧宗光迴避不談此事。經數次交換意見後，陸奧宗光提出了中日開議的先決條件：「如清國政府承諾為朝鮮內政改革之故任命共同委員，則帝國政府當不拒絕再開會議。帝國政府既力求不論及朝鮮獨立之事，故清國亦不可對於宗屬關係發議。又

---

[177]　《清光緒朝中日交涉史料》(1069)，第14卷，第3頁。
[178]　《清光緒朝中日交涉史料》(1057)，第13卷，第31頁。
[179]　《清光緒朝中日交涉史料》(1059)，第14卷，第1頁。

第二節　清政府醉心折衝樽俎

撤兵事件可於開談之初商議。且帝國政府要求：在朝鮮境內，政治上以及通商上與清國立於均等地位。」[180] 隨後，陸奧宗光又以此意電示駐中國代理公使小村壽太郎。

7月4日，小村壽太郎根據陸奧宗光的訓令至總理衙門，聲稱：朝鮮事「願兩國相商」，但「本國不願他國干預」。同一天，歐格訥亦至總理衙門稱：英外交部已電駐日公使，商允日本外務大臣與中國和商，「一開議先商撤兵」。日英兩國公使同日來訪，所談之意甚值得玩味，看來他們之間已達成某種默契。總理衙門聽出小村壽太郎所稱「本國不願他國干預」，是針對俄國而言，故據此推斷：「如此，則三國會議之說，恐靠不住。」尤值得注意的是，小村壽太郎稱「願兩國相商」，歐格訥則謂「一開議先商撤兵」，卻閉口不談陸奧宗光所提出的開議的先決條件。顯然，這絕不是他們兩個人的偶然疏忽。但是，此時總理衙門還在等待俄國的回音，認為「倘現在與倭開議，深慮俄有異言」[181]。因此，對中日兩國會議採取暫拖的辦法。直到7月7日，慶親王奕劻等才和小村壽太郎舉行了第一次會談。9日，又舉行了第二次會談。會議間，中國主張兩國先應從朝鮮撤兵，然後再就勸告朝王改革內政事進行協商；日本則堅持在事情未定之前絕不撤兵。會後，歐格訥暗告小村壽太郎：「既然如此，除待他日尋找機會再談外，別無他法。」在日本政府看來，歐格訥的話似乎表明英國要停止調停。陸奧宗光後來回憶當時的心情時寫道：

我對此事原來就懷疑中國的誠意，只因沒有相當理由不便立即拒絕英國公使的調停，所以採取了暫觀其演變的態度。我認為中國使英國公使的調停歸於失敗，反而可使中國在將來的行動上漸得自由，值得可喜；而且朝鮮近來的局勢已經十分緊張，不容因中日兩國之會商而拖延時

[180]　田保橋潔：《甲午戰前日本挑戰史》，南京書店1932年版，第170頁。
[181]　《清光緒朝中日交涉史料》(1062)，第14卷，第1～2頁。

第二章　清政府乞保和局與列強調停

日,莫如乘此機會與中國斷絕關係為上策。」[182]

這說明日本政府與中國斷絕關係之策是早就定了,但何時斷絕關係卻要等待一個合適的時機。

7月14日,歐格訥至總理衙門探詢中國有無再與日本商談之意。當時,歐格訥和奕劻有如下一段對話:

歐格訥:「日本既出多兵,恐所求不遂,不能和商了。此事須早定主意,若再遲延,實在無益。」

奕劻:「我們與小村商量撤兵,原說是撤兵後還有商議,並不是撤兵後便不商量。小村何以不給我們回信?總而言之,此刻以撤兵為第一要端,必須明定日期,使各國周知,餘事乃能定議。」

歐格訥:「我欲電知本國四端:一、改革朝鮮內政,允否?(奕劻:「此事只能勸他,不能逼勒他。」)二、派大員赴朝鮮商辦,允否?(奕劻:「此係各事商定後的話,此刻不必先提,將來自有辦事之人去。」)三、兩國共保朝鮮,不許他國占其土地,允否?」

奕劻:「中國之保護朝鮮,無須再說。今日本允不令人占其土地,中國豈有不允之理?」

歐格訥:「我係詢明貴衙門的意思,好電本國;並可會同歐洲各國,以此詰催日本撤兵。如貴衙門以我所說為然,我即可發電。」

奕劻:「『撤兵後可以商量』此一句話,可以說定,此外一概不能預定。因將來議論時,可允則允,萬不能允者自不能答應。」

歐格訥:「尚有一款,日本商民與在朝鮮中國商民一律看待,貴衙門允否?」

奕劻:「日本與朝鮮立約宣告平等之國;豈能與中國一律?此條無須商量,朝鮮自有向來辦法。爾既是為好,此可不說。」

---

[182]　陸奧宗光:《蹇蹇錄》,第42頁。

第二節　清政府醉心折衝樽俎

歐格訥：「如此說，貴衙門即係不願商量，我算白費話了。」

奕劻：「我們並非不願商量，但須視事之可否。」

歐格訥：「貴衙門如不答覆這一條，我想小村必無回信。」[183]

這番談話表明，英國既想迫使中國向日本讓步，以滿足日本的侵略欲望，又擔心弄不好把朝鮮局勢打亂，俄國從中渾水摸魚，故又有「兩國共保朝鮮」的想法。這就是英國以後建議在朝鮮劃分中立地帶的張本。但是，總理衙門又不肯對日讓步，這又是歐格訥所深為不滿的事，從「我算白費話了」一句看出，其憤然之情溢於言表。

英國公使在北京調停之日，剛好是英日改約談判在倫敦順利進行之時。7月13日，青木周藏急電報告陸奧宗光：「本公使可於明日在新約上簽字。」陸奧宗光接電後，激動得忘卻連日的疲勞，便電令小村壽太郎第二天即向清政府遞交措辭嚴厲的「第二次絕交書」。同時，又向大鳥圭介發出訓令：「因英國在北京之調停已失敗，今有施行斷然處置之必要。故閣下可注意擇不招世上非難之某種口實，以之開始實際運動。」[184] 就是要大鳥圭介在朝鮮尋找一個藉口挑起戰端。

可是，就在英日商訂簽約的7月14日，發生了一起小的波折。金伯利接到英國駐漢城代理總領事嘉託瑪報告：日本駐朝鮮公使大鳥圭介要求朝鮮政府解僱僱用的英國教官海軍上尉考威爾（William Henry Callwell）；日本在仁川外國人居留地內架設軍用電線，侵犯中立國的權益；日軍挑釁侮辱嘉託瑪及其夫人。金伯利要求日本方面作出令他滿意的解釋，否則將拒絕條約的簽字。青木周藏立即致電陸奧宗光說：

一切準備就緒，原定今日可以簽字，不料英國外交大臣突然嚴予拒

---

[183]　《清光緒朝中日交涉史料》（1148），第14卷，第29～30頁。
[184]　田保橋潔：《甲午戰前日本挑戰史》，南京書店1932年版，第173頁。

第二章　清政府乞保和局與列強調停

絕。原因是接得駐朝日本公使向朝鮮政府要求解僱該政府英人海軍教師考威爾的電報，以及接到日本架設之軍用電線穿過仁川外國僑居地的報告。英國外交大臣特別要求對考威爾的問題給予滿意的說明。貴大臣如不迅速撤銷上述對朝鮮政府之要求，則新條約當難簽訂。英國政府並限期在星期一（7月16日）以前，希望對此照給予答覆。

陸奧宗光突接此電，既是失望，又是焦急，只怕功敗垂成。他接到此電時已是15日，只剩一天的時間了。後來，他在回憶此事時寫道：「就事之輕重而論，不論在朝鮮方面辦理如何方便，也毫無理由因解僱一個英國人而使目前在倫敦行將垂成的大業趨於破裂。加之答覆英國的限期非常急迫，無論如何也沒有和大鳥圭介公使往返電報查明真相的時間。因此，我認為此事即使真是事實，也可以使大鳥圭介再採取別種手段，這時不如毫不躊躇地對英國聲言並無此事。」於是，他便立即致電青木周藏：「帝國政府並未向朝鮮政府要求解僱考威爾⋯⋯英國外交大臣接到的電報可能有很多是虛構的傳聞。」並電示大鳥圭介：「對朝鮮的改革，不論採取如何途徑，務必注意不損害第三者的歐美各國的感情。」直到電報發出之後，陸奧宗光「仍想修改日英條約的事業，或將功虧一簣，甚為悵然」[185]。英國政府主要是不能放棄聯日抗俄的立場，故終於7月16日簽訂了新約，即《英日通商航海條約》。金伯利在條約簽字儀式上發表賀詞時，聲稱：「此約之性質，對日本來說，遠勝於打敗清帝國之大軍。」[186] 英國政府為了討好日本，不久又免去代理漢城總領事嘉託瑪的職務。[187] 日英新約的簽訂，使日本政府可以放手去做了。

此後，英國政府因怕局勢失控，對自己不利，並未放棄調停活動。

---

[185]　陸奧宗光：《蹇蹇錄》，第 61～62 頁。
[186]　信夫清三郎：《日本外交史》上冊，第 267 頁。
[187]　許寅輝：《客韓筆記》，光緒丙午長沙刻本，第 14 頁。

第二節　清政府醉心折衝樽俎

英國駐日代理公使巴健特往訪陸奧宗光，告以接北京英國公使來電：「中國政府接到小村公使本月14日的照會，非常憤慨。倘日本政府尚有意於和平，中國非無再開談判之願望。願聞日本政府之決意如何。」日本已決定馬上採取軍事行動，當然無意再進行任何外交上的會商，但又不便於公然拒絕英國政府的調停，故有意地提出中國所不能接受的條件，使之自然中止。於是，陸奧宗光便向巴健特宣告如下：

> 朝鮮問題今已大有進展，局勢絕非昔日可比，日本政府已不能依據先前與中國約定會商之條件，即使中國政府同意互派改革朝鮮內政之委員，亦須約定對於日本政府迄今以獨力進行之事項，不容置喙干涉。而使朝鮮局勢達到如斯緊張，完全由於中國政府採取陰謀手段、因循方法使諸事稽延所致。故對中國此次提議，中國政府如不能自本日起於五日內以適當手續表明態度，日本政府將不再與中國進行會商。此外，中國如在此期內再向朝鮮增派軍隊，日本政府即認為是威脅之行為。中國政府如能本此宗旨與日本會商，日本政府當不拒絕。[188]

並限定中國於7月19日前答覆。

當此同時，歐格訥在北京的調停還正在進行之中。7月17日，歐格訥至總理衙門稱：「歐洲各國勸和之意，明日中國家當有電來。」[189] 18日，歐格訥再至總理衙門。適英國公使館送來電報，歐格訥看畢曰：「我政府向龔大臣說：先令日本撤仁川、漢城之兵，紮在漢城之南；中國之兵紮在漢城以北，彼此不至見面。這時候便商議整理朝鮮內政之事。貴國可以答應否？」奕劻等答稱：「此說尚公道。俟我們公商再復。但不知日本肯聽與否。且俟龔大臣電來再說。」[190] 19日，總理衙門接李鴻章轉

---

[188]　陸奧宗光：《蹇蹇錄》，第44～45頁。
[189]　《清光緒朝中日交涉史料》（1168），第14卷，第37頁，附件一。
[190]　《清光緒朝中日交涉史料》（1173），第14卷，第41頁，附件一。

第二章　清政府乞保和局與列強調停

來龔照瑗的電報，告知英國外交大臣金伯利提出在朝鮮劃分中間地帶的建議：

> 金頃云：「中要倭退兵再議，倭要議定再退。茲欲再作一調停法：倭駐韓（漢）城兵退紮淺莫坡，中兵請酌駐何處，空韓（漢）城，兩兵駐離韓（漢）城遠近相埒，再和商。」囑先電中堂酌商總署，可速電覆，密轉達，即公出此議。[191]

日本政府已決定開戰，當然不會接受從漢城撤退的建議了。

7月19日為日本政府限定中國答覆之日。歐格訥派人至天津與李鴻章會商，對日本作出一定讓步。最後，提出以下六條，由巴健特轉致日本政府：

一、「各派兵平韓亂」；

二、「與倭商辦在韓商務，兩可利益」；

三、「各派大員商辦韓興利除弊各事，勸韓王照行，但不能勉強」；

四、「立約兩國不占韓地」；

五、「遇韓大典，倭不能與中平行」；

六、「韓本係中屬國，無庸商議」。

日本政府不管中國是否讓步，都要挑起戰端，但礙於英國從中調停，便提出一個中國絕難接受的修正案：

> 一切可允商辦。唯倭前訂25條，已告韓照行，不能改毀。如中有添數條，則若遇韓有大典，倭與中平行；韓有不遵數條處，須兩國勒令行之。此議請中國於5日內自向本國言之。如5日中添兵到韓，即作殺倭人論。[192]

---

[191]　《清光緒朝中日交涉史料》(1178、1179)，第15卷，第4頁。按：「淺莫坡」，是濟物浦 (chemulpo) 由西文回譯之訛，亦即仁川。

[192]　《清光緒朝中日交涉史料》(1209)，第15卷，第14頁。

第二節　清政府醉心折衝樽俎

此修正案無疑一份宣戰書，與英國之意相違。因此，金伯利於7月20日電令巴健特，向日本政府提出詞意嚴厲之照會，以提醒日本政府慎重行事。

7月21日，英國代理公使巴健特向日本政府遞交照會。該照會稱：

日本政府此次對中國政府之要求，不僅與日本政府曾經明言作為談判基礎之處相矛盾，而且超越其範圍之外。今日本政府已單獨進行此事，且絲毫不許中國政府過問，實係蔑視《天津條約》之精神。因之，如果日本政府堅持此項政策，以致發生戰爭，日本政府應對其後果負責。

陸奧宗光推測，英國照會表面上非常嚴厲，實際上並無斷然採取最後手段的決心。翌日便復照巴健特辯解日本的立場，其大意是：

日本政府所要求中國政府之條件，絕非如英國外交大臣所詰問者。此次要求並未超越過去說明作為談判基礎的範圍，只因中國之提議已與日本政府過去提出之條件有不少大不相同之點。且《天津條約》除規定中日兩國向朝鮮出兵時之手續外，並無其他約束。故英國政府若謂由此糾紛所產生之後果，由日本政府獨負其責，日本政府敢信為不當。因為當國中國政府若容納日本之提議或駐華英國公使之調停，與日本政府再開會議商討，事態當不至如此嚴重。[193]

朝鮮形勢的發展已經到了千鈞一髮的地步。2天以前，英國駐美大使龐士福特（Julian Pauncefote）又從華盛頓傳來了美國國務院所得到的密報：「日本急於同中國開戰，以把公眾的注意力從對國內安定極為不利的政治分歧上轉移開來。對此，日本駐美公使未加否認，事實上是承認了。」[194] 金伯利非常擔心戰爭爆發，便在向日本政府發出照會的同時，

---

[193]　陸奧宗光：《蹇蹇錄》，第45頁。
[194]　British Documents on Foreign Affairs-Reports and Papers From The Foreign Office Confidential Print, Part Ⅰ, Series E, Vol. 4, Sino-Japanese War, 1894, P.61. （以下引用此書時簡稱《中日戰爭（1894）》）

第二章　清政府乞保和局與列強調停

透過其駐俄大使霍華德（Henry Howard）照會俄國外交部：「如不立即向中國及日本政府施用壓力以求解決朝鮮問題，就會發生戰爭。請將我們的請求轉告帝國政府，我們請求貴國政府儘速命令駐北京及東京公使與英國公使合作，竭力防止戰爭。」[195] 金伯利向俄國外交部發出這樣的照會，顯示一種準備進行干涉的姿態，說明他已經被弄得慌亂無計了。英國首相羅斯伯里（Rosebery）反對英國與其他國家聯合進行公開干涉：「如果日本沒有超出《天津條約》所給予它的權利，那麼就沒有對日本進行武裝干涉的充分理由。」、「如果我們採取行動的話，那麼這實際上就等於是針對日本，而對於我們來說，這樣做是否是明智的政策呢？」他強調指示：「這是不合時宜的。我們不能削弱在東亞的海洋上具有能夠成為防範俄國屏障的偉大力量的強國，不應該與之不和。」[196]

7月23日，巴健特又奉本國政府訓令遞送一份照會。該照會稱：

今後中日兩國若發生戰事乃至妨礙上海交通，因該港為英國利益之中心，其關係頗大，希望取得日本政府不在上海及其通路為戰事之運動的保證。[197]

據此，日本政府知道中國和英國之間並不存在所傳的《英清密約》，而且英國實際上默許了日本發動這場侵略戰爭。日本政府當即答應了英國的要求：「無論如何，日本絕不攻擊上海及赴上海經行水路。」[198]

當天，日本軍隊便開始在漢城行動，演出了圍宮劫政的武劇。2天後，日本海軍又在豐島海面襲擊中國軍艦，導致了甲午戰爭的爆發。

---

[195]　《中日戰爭》（七），第 261 頁。
[196]　藤村道生：《日清戰爭》，上海譯文出版社 1981 年版，第 81 頁，注①。
[197]　《日本外交文書》，第 27 卷，第 734 號。
[198]　〈英國公使歐格訥致總理衙門函〉，《朝鮮檔》（1995）。

三　美奧義的「勸告」和法德的觀望政策

在俄、英兩國調處的同時，美國也準備勸告日本。先是在 7 月上旬，美國臨時代理公使田夏禮（Charles Denby Jr.）即與李鴻章有所接觸，詢問應否電美國國務院建議。李鴻章表示同意。7 月 12 日，駐美公使楊儒電李鴻章報告：「在田夏禮來電之前，美國政府『已飭駐倭美使，告倭政府，勸早退兵，勿干韓政』。」李鴻章巴不得各列強皆參加調停，故即復楊儒電說：「倭兵萬二千，圍漢城內外，勒逼韓改革內政。俄、英力勸照約撤兵再商，未允。望告謝外部，仍電催駐倭使，會各使力勸，共保和局為要。否則勢將決裂。」[199]

其實，早在 7 月 9 日，美國國務卿格萊星姆已先主動電駐日公使譚恩（Edwin Dun），向日本政府提出以下勸告：「朝鮮變亂雖已平定，而日本政府與中國均拒絕由該國撤回其軍隊，且對於該國內政實行激烈的改革，美國政府對此深表遺憾。美國政府對日本及朝鮮兩國均有深厚友誼，因此希望日本尊重朝鮮之獨立和主權。若日本興無名之師，使防禦薄弱的鄰國化為兵火戰場，合眾國大總統當深為惋惜。」陸奧宗光認為美國是一向對日本「抱有深厚友誼和善意的國家」，而且也「不願干涉在遠東地區所發生的問題」，所以不用擔心美國會進行干涉。[200] 於是，便於同日以照會的形式答覆說：

帝國政府目下對朝鮮國所謀者，非敢啟釁，實專為期待該國秩序安寧及國政善良而已。且帝國政府絕無取不尊重該國之獨立及主權之處置。此本大臣可向閣下保證之焉。例如違反朝鮮國安寧之心思，帝國政府毫無懷抱。因之，兩國間發生衝突之事，亦可無慮。且帝國政府對於

---

[199]　《東行三錄》，第 129～130 頁。
[200]　陸奧宗光：《蹇蹇錄》，第 48 頁。

第二章　清政府乞保和局與列強調停

其鄰邦不獨更不希望招釁，反而期待預防將來發生以前屢起之內訌變亂，而此種希望信為如不芟除該國人民受苦之主因，即官場之弊竇、貪婪、秕政，則不能實行也。帝國政府所向朝鮮政府勸告之改革，在於期望改善政治以增進人民福利。然一任朝鮮國政府自行審思，則此等改革不能實行，殆無容懷疑者。……然今日清國政府以該變亂業已鎮定為口實，提議日清兩國同時撤兵。據帝國政府之所見，不僅該變亂之發生原因尚未全除，且現在之變亂亦尚未歸於鎮定。帝國政府觀察以下形勢，意有未安，故確信此時無撤兵之理由，且撤兵亦非得策。但看朝鮮國情形，如果我兵能全行撤回之時期到來，則帝國政府欣然以待之焉。[201]

儘管日本政府的照會滿紙謊言，極盡詭辯之能事，但美國政府並不置辯。看來，美國政府對日本的「勸告」只是做樣子而已。因為直到西元1899年占領菲律賓之前，美國在遠東還沒有一個立足的基地，它看到「日本正迅速躋於東亞的領導地位」、「持有開啟東方的鑰匙」，很需要像日本這樣的國家替它在遠東的侵略政策打開一條道路，所以一直視日本「不亞於一個同盟」。[202] 美國政府本來就無意進一步干涉，接到日本政府的所謂「保證」，也就順水推舟，對日本的侵略野心表示默許了。

在此期間，其他一些歐洲國家也都在注視著朝鮮局勢的動向。奧地利作為德、奧、義三國同盟的成員國，對俄法同盟的首腦國俄國是反對的，故採取離間中俄關係而支持日本的立場。奧斯馬加（奧匈帝國）駐日公使即曾勸告汪鳳藻，希望中國對日本讓步：「中日失和，適資俄利。俄出調停，殆難得力。就大局論，方當聯倭防俄，應稍遷就，不宜開釁，以致兩傷。干預弱小，西國事所恆有。」[203] 這實際上是英國政府的立場，不過由奧斯馬加駐日公使說出來而已。

---

[201]　田保橋潔：《甲午戰前日本挑戰史》，南京書店1932年版，第180～181頁。
[202]　丹涅特：《美國人在東亞》，第387、408頁。
[203]　《清光緒朝中日交涉史料》（1079），第14卷，第9頁。

第二節　清政府醉心折衝樽俎

　　法國亦想趁機插手，因涉及和英、俄兩國的關係問題，故一時還拿不定主意。直到 7 月 3 日，法國外交部長阿諾託（Gabriel Hanotaux）才試探中國駐法代辦慶常的口風說：「法頗願調停，不知中願意否？」俟慶常作出「足徵睦誼」的正面回答後，阿諾託又稱：「但須兩處立言，其輕重即往請總統酌定，準明午面告。」[204] 翌日，阿諾託則一改原先的態度：「已請示總統，即勸與中和商。英、俄先出調停者，緣商務、界務有關，皆議院喜與聞。法出於睦誼。一面探商英、俄，再作辦法。請勿宣！」即表示暫時採取觀望的態度。7 日，阿諾託向中國駐法公使龔照瑗重申法國的立場說：「如英、俄強勸，倭亦不聽。現英、俄相忌，倘法言過激，恐不利中。英、俄有關韓商界，望和結，語甚激。法若出公議，當隨英、俄後。」[205] 法國既想插手，又不願開罪英、俄任何一方，左右為難，只好暫不公開出頭，隨英、俄之後伺機行動。德國也是在伺機而動。7 月 10 日，李鴻章致電駐德公使許景澄，請德國出面調停：「德在東方，商務攸關，似未便坐視。望商德外部，電飭倭、韓各使，力勸倭撤兵，再與華商辦善後。否則將開釁，恐擾大局。」[206] 德國政府看時機未到，也不願挑頭。據陸奧宗光自述：「德、法兩公使最初在表面上雖有『迅速尋求妥協辦法，解決中日兩國爭議，實為維持東亞和平之良策』云云，但在與我私人會見時卻說：『為使中國從過去的迷夢中覺醒過來，到底非有人給以當頭一棒不可。』云云，以暗示傾向中國之意。尤其是法國公使阿爾曼（Armand de Saint-Genis）曾說：『將來有以日法同盟維持東亞大局和平之必要。』」此外，義大利雖在起初試著勸告日本政府，「但義公使始終支持英公使」[207]，採取偏袒日本的態度。

---

[204]　〈龔大臣中英法往來官電〉，《中東戰紀本末三編》，第 2 卷，第 36～37 頁。
[205]　《清光緒朝中日交涉史料》（1089、1106），第 14 卷，第 9、13 頁。
[206]　《李文忠公全集》電稿，第 16 卷，第 12 頁。
[207]　陸奧宗光：《蹇蹇錄》，第 48～49 頁。

第二章　清政府乞保和局與列強調停

由此可知，美國等列強雖然在表面上不偏不倚，但無論「勸告」也好，觀望也好，都是為了自身利益伺機而動。這也就無形中支持了日本。正如赫德指出：「外交把中國騙苦了。因為依賴調停，未派軍隊入朝鮮，使日本一起手就占了便宜。」[208] 清政府醉心於折衝樽俎，到頭來卻吃了大虧。

第三節　英國對中日衝突的實際方針

一　勸說日本避免與中國衝突

英國對遠東的基本政策是十分明確的，為了維護英國在遠東的既得利益，它不願意破壞遠東形勢的現有格局，相反還要極力維持這一格局。但是，野心勃勃的沙皇俄國使英國不得不格外提高警惕。英國當權者唯恐俄國南下，在遠東與英國爭雄，從而使英國既得的利益和地位受到衝擊和挑戰。儘管英國的遠東基本政策不會改變，但在防俄的大前提下，它對中日衝突的不斷升級仍要進行策略上的調整，並採取一些相應的實際方針。

中日兩國在朝鮮的衝突來得十分突然，這是英國當權者始料不及的。尤其是「英國原來沒有預見到會打仗，因而政府不知道採取什麼態度才合適」[209]。所以，當英國政府得到朝鮮東學黨起義的報告後，在很長一段時間內並未產生應有的注意和重視。

先是在 5 月 11 日，英國駐朝鮮代理總領事嘉託瑪致電其駐華公使歐

---

[208]　《中國海關與中日戰爭》，第 59 頁。
[209]　楊國倫：《英國對華政策》（1895～1902），第 16 頁。

第三節　英國對中日衝突的實際方針

格訥，報告東學黨起義和朝鮮政府派兵鎮壓的情況。其後，他又多次向歐格訥報告起義軍的活動。如稱：「義軍組織良好，紀律嚴明，不騷擾百姓和毀壞莊稼。其行動計畫似如派出之別動隊，奪取衙門的物資和軍火，扣押地方官員，然後退據易守難攻之處所，嚴陣待官軍來攻。」、「洪啟薰將軍率援軍趕到，遭東學黨起義軍猛攻，雖奮力抵禦，終於敗北，被追出 20 里之遙。京城派來的援軍人生地疏，處境艱難，無法擋住義軍的進攻。」[210] 並附上了東學黨起義軍的布告和檄文。

半個多月過去了。直到 5 月 29 日，歐格訥在煙臺度假期間，才覆電給嘉託瑪，告訴他發來的幾封急件都已收到。同時，向外交大臣金伯利報告說：

這次起義與去年的東學道起事密切相關，皆出於官員壓迫，勒索無度，致使農民極端貧困，鋌而走險。即使起義僅限於南方數省，由於中日兩國業已商定，不經對方同意，任何一方也不得向朝鮮派兵，因而可能會導致中日政治上的矛盾，從而難以達成聯合行動的協議。如果起義蔓延到北方，勢必要引起大亂，導致俄國出兵干涉。

並建議命嘉託瑪「利用其影響，提醒朝鮮國王，改良政治」，以「消除亂源」。[211]

朝鮮東學黨起義一事開始引起英國政界的關注。6 月 5 日，日本根據戰時條例，成立了包括參謀總長、參謀次長、海軍軍令部長、陸軍大臣、海軍大臣等在內的參謀本部，以作為指揮侵略戰爭的最高領導機構。並經明治天皇批准，向朝鮮派出一個混成旅團。剛好在這一天，英國眾議院會議，議員波威爾（Henry Du Pré Labouchère）詢問外交副大臣柏提：「關於此次起義的矛頭是指向外國人的說法是否真實？為了維護英

---

[210]　《中日戰爭（1894）》，第 21 頁。
[211]　《中日戰爭（1894）》，第 20、23 頁。

第二章　清政府乞保和局與列強調停

國的利益,英國艦隊是否已赴朝待命?」柏提表現得非常輕鬆,或者是有意地淡化事態,回答說:「英國政府尚未接到這樣的報告,報紙的報導可能誇張。艦隊司令及6艘戰艦尚在中國北部,還不知道是否有艦隻開赴朝鮮海面。」[212]

儘管如此,朝鮮局勢的發展與英國在遠東的利益直接相關,不能不引起英國政府的關注。6月8日,日本大本營派步兵一大隊及工兵一小隊組成的先遣隊赴朝,從宇品登船待發。同一天,英國外交部發表了由柏提簽署的備忘錄,其中追述西元1883年11月26日英國與朝鮮簽訂的《濟物浦條約》和1885年4月18日的《中日天津會議專條》的相關內容。並重提當年英占巨文島事件和後來英軍撤離該島的經過,最後強調說:「中英互換了照會。中國照會載有俄國作出的許諾,即我們撤離巨文島後,俄國在任何情況下都不侵占朝鮮領土。」很顯然,英國政府開始意識到,朝鮮國內局勢的混亂必然要引起中日之間的衝突,而俄國很可能會火中取栗,獲得巨大利益。後者才是英國政府最為擔心的。柏提所簽署的備忘錄雖內容較為隱晦,但還是反映出英國政府的這種心態。於是,由金伯利電令英國駐日本代理公使巴健特,「隨時了解日本對朝鮮採取的任何行動」[213]。

起初,英國還摸不透日本出兵朝鮮的真實意圖所在。6月10日,巴健特按金伯利的指令,覆電說:「日本已據條約規定將出兵朝鮮的意圖通報中國。並一再宣告,他們派兵只是為了維護日本的在朝利益。如朝鮮國王向日本求助,迫於形勢需要,他們也可能在對抗中採取主動。」[214] 巴健特的回電未加任何分析和判斷,似乎成了日本政府的傳聲筒。後來

---

[212]　《中日戰爭(1894)》,第23頁。
[213]　《中日戰爭(1894)》,第24頁。
[214]　《中日戰爭(1894)》,第24頁。

第三節　英國對中日衝突的實際方針

的事實證明，巴健特經常將日本的官方宣告當成情報向國內報告，以致往往模糊了上司的視聽。歐格訥則有所不同，陸奧宗光稱他是「一位精明的外交家」、「當然更不是不關心本國利益和名譽的迂闊者」。[215] 的確，他觀察問題比較敏銳，而且能及時地提出自己的建議。12日，他向金伯利報告與李鴻章會見的情況，說：「總督擔心，若日兵進入漢城，情況開始變得複雜，希望英國憑藉其影響予以阻止。我讓他相信，您會利用一切機會，提出可行性建議，以防止兩國關係破裂。」[216] 歐格訥從與李鴻章的交談中已經看到中日兩國關係破裂的陰影，故建議金伯利採取切實可行的防止辦法。

當天，金伯利便約見日本駐英公使青木周藏，有所交談，並流露自己的擔心。他祕密地告訴青木周藏，英國政府對俄國的插手未必毫無顧慮。從這次談話中，青木看清了英國對朝鮮問題的基本立場：「英國政府希望，日清兩國在朝鮮問題上不作出不利於英國的決定。日本之此次行動，若直接或間接出於預防俄國入侵之需，則無不可。東方兩大國避免發生戰爭，誠為英國政府之所望。」[217] 青木周藏在會見後呈給外務省的報告，使陸奧宗光心裡有了底，並在以後制訂外交策略時有了依據。

不過，當時英國還過分地相信自己對日本的影響，並未完全料到朝鮮局勢會失控，日本真的會不顧一切地發動對中國的戰爭。6月13日，金伯利再次約見青木周藏，向他出示歐格訥的電報，其內稱：「朝鮮亂民業已潰散，清國欲撤其兵，日本亦應同時撤兵。望閣下為之斡旋。」[218] 隨後，金伯利向青木周藏表示英國政府對日軍長駐朝鮮易生糾葛的憂慮。

---

[215]　陸奧宗光：《蹇蹇錄》，第41頁。
[216]　《中日戰爭（1894）》，第25頁。
[217]　《日本外交文書》，第27卷，第612號。
[218]　《日本外交文書》，第27卷，第613號。

第二章　清政府乞保和局與列強調停

　　陸奧宗光根據青木周藏的幾次電報及和俄國駐日公使希特羅渥的談話，判斷出俄國出兵朝鮮「目前似無須擔心」。6月15日，向其駐朝公使大鳥圭介發出電令稱：「即使目前平定暴亂，恢復和平，今後日清間仍將發生紛議，且有不可避免之勢，因此閣議應採取斷然措施。」並特地指示：「不惜以任何藉口使我軍留駐京城，此乃極為重要之事。」同時，又於16日透過青木周藏向英國政府表示：「朝鮮變亂情況至不需要駐兵時，日本當即撤回其兵員。然迄今未接到叛軍潰散之確報，卻有擾亂不止的情況。日本政府將充分注意以避免糾紛。」[219] 日本政府所採取的兩面手法，在一個時期內的確很好地掩蓋其出兵朝鮮的真實意圖。

　　英國外交部於6月16日發表的備忘錄，便反映英國當局對日本的戰爭企圖尚缺乏應有的了解。備忘錄將日本政府內部分為穩健派和激進派，認為內閣總理大臣伊藤博文「一貫主張在外交事務中要盡量持審慎態度」、「在這次新的危機中，會再度採取穩健政策，盡力避免與中國關係破裂」。但又擔心他「無力抵擋來自沙文主義者和激進派的壓力，而這些人可能會利用高漲的公眾情緒對內閣施加壓力」。備忘錄還特意地宣揚青木周藏的觀點，即：西元1885年中日簽訂的《天津條約》「不過是權宜之計」、「要促進朝鮮的和平程式，緩和中日在朝鮮半島上的對立，並阻止俄國人南犯，那項條約是遠遠不夠的」、「而俄國正是看準了日、朝兩國——姑且不提中國——政局動盪的弱點，才伺機南犯的」。最後，備忘錄還將朝鮮的緊張局勢歸咎於中國，指責中國「把日本對朝鮮事務的任何干涉看成是對其宗主權的非難」，認為「日本參與迫使朝鮮對外開放，應對由此發生的一切複雜情況負主要責任」。[220] 可見，這次中日爭端開始不久，英國出於防俄的需求，其遠東政策便明顯地傾向於日本。

---

[219]　《日本外交文書》，第27卷，第552、614號。
[220]　《中日戰爭（1894）》，第25～26頁。

第三節　英國對中日衝突的實際方針

並不能由此得出結論說英國是支持日本發動戰爭的。正好相反，英國以防俄為大局，不希望中日兩國關係破裂，以免讓俄國有南下的可乘之機。金伯利曾提醒青木周藏說：「防止中日衝突是至關重要的，兩國在一切對朝事務中都應當盡可能地協調行動。」[221] 歐格訥也曾向小村壽太郎提出忠告，認為日本派兵駐朝「實為下策，且無必要」，中日之間糾紛不已，「唯恐俄國有所舉動」。[222] 日本已經完全掌握了英國政府的態度，並看準了它的弱點，便一面按既定方針加緊走向戰爭的步伐，一面繼續對英國採取應付和矇混的方式。於是有 6 月 20 日青木周藏對英國政府的正式通報：

一旦朝鮮的事態發展允許，日本將隨時撤軍。但迄今為止，我們尚未接到起義軍被擊潰的確切報告。相反，騷亂看來還在繼續。請英國政府相信，為防止事態的惡化，我們採取了各種預防措施。另外，即使目前朝鮮的騷亂得到和平解決，仍需要維持和平和治安，因而我們正設法就此同中國達成協議。[223]

日本當局的謊言很快便被戳穿。各方面的報告紛至沓來，都表明日本正在走向戰爭。6 月 21 日，巴健特報告：「據傳聞，日本正在大批集結部隊，但尚未得到確切消息。」22 日，歐格訥報告：「日本拒絕與中國同時從朝鮮撤軍，並繼續增兵，還多方購置煤炭，並租借或購買輪船。儘管變亂已經結束，但日本仍在進行上述不友好的、威脅性的準備工作。」同一天，英國遠東艦隊司令斐里曼特（Edmund Fremantle）報告：「日軍繼續行動，朝鮮局勢嚴峻。日本大約派出了 5,000 人的軍隊，並將繼續增兵。還調集了 2,500 人的遠征軍。全羅道的變亂無足輕重，不過是個藉

---

[221]　《中日戰爭（1894）》，第 25 頁。
[222]　《日本外交文書》，第 27 卷，第 615 號。
[223]　《中日戰爭（1894）》，第 26 頁。

第二章　清政府乞保和局與列強調停

口而已。」[224]

面對棘手的朝鮮局勢，英國政府深感束手無策。在英國當權者看來，防俄和中日關係破裂二者是互不相容的。金伯利認為，中日兩國必須協調行動，是防俄的需求；中日兩國為朝鮮問題而訴諸武力，正使俄國得漁人之利。他於6月23日與青木周藏會見時，可算是極盡勸說之能事了。金伯利說：「中日兩國軍隊發生衝突將是最不幸的。我擔心這會導致戰爭。在我看來，訴諸武力對兩國都沒有什麼好處，俄國可能會來從中調停。」青木周藏聽到這裡，接著說：「為了保證朝鮮不受來自北方的威脅，急需全面改革政治。統治朝鮮半島，日本必須有份。不能默許中國在那裡稱霸，中國是無力與俄國抗衡的。如果朝鮮要落入俄國手中，日本將不惜代價來保衛朝鮮。」青木的口口聲聲抗俄，當然是很中聽的。但金伯利還是繼續勸說道：「不管日本期望以什麼新的方式治理朝鮮，向中國宣戰都不是解決問題的有效辦法。當務之急是防止中日發生衝突，因為這兩個鄰國的根本利益是一致的。希望向日本政府轉達我真誠的建議：避免衝突。」[225]

英國外交大臣對日本方面的勸告，是否發揮作用呢？看來是言者諄諄，聽者藐藐，根本沒產生一點效果。6月28日，倫敦《泰晤士報》登載了李鴻章關於朝鮮問題的宣告，略謂：朝鮮叛亂已經結束，中國希望日本撤兵，不能由別國強迫朝鮮改革內政。[226]當天，金伯利還收到了歐格訥從北京發來的密電，其內稱：「總督已向俄國提出了請求。如果事情順利，俄國也許會從別處，而不是從中國得到些什麼，作為其對日本施加壓力的交換。」[227]他更加地著急，認為更證實自己的推測，所擔心的

---

[224]　《中日戰爭（1894）》，第27頁。
[225]　《中日戰爭（1894）》，第28頁。
[226]　《日本外交文書》，第27卷，第626號。
[227]　《中日戰爭（1894）》，第29頁。

第三節　英國對中日衝突的實際方針

俄國插手竟成為事實。於是，金伯利立即發出電令給巴健特，指示他與日本政府進行交涉：

> 總理衙門已請求俄國從中斡旋，朝鮮爭端已將俄日連繫在一起。請你向日本政府轉達英國政府善意的警告：他們堅持目前的態度可能會導致嚴重的後果，引起與中國的激烈衝突，只能使俄國從中漁利。⋯⋯戰爭一旦爆發，東亞將出現各種嚴重問題，而這是有損於日本利益的。

同時還約見青木周藏，提出了進一步的勸告：

> 由於總督請求俄國斡旋，俄國有機會插手朝鮮事務。這會帶來最危險的後果。我必須提醒，日本因同中國衝突而可能會遇到危險。英國政府擔心日本會在似乎妥協的態度的掩護下，突然向中國軍隊開火。中日戰爭帶來的問題不但影響到朝鮮，而且影響到整個東亞的局勢，對中日雙方都不利。同時，還會干擾通商口岸的貿易往來。歐洲列強經濟受到影響，自然不會無動於衷。請向日本政府轉達英國政府真誠的建議，不要讓中日分歧發展成戰爭，而要盡量透過友好協商來完成原先所期望的對朝鮮政治的改革。[228]

青木周藏把金伯利談話中的「不會無動於衷」理解為「英國不能袖手旁觀」，這引起日本政府的重視。青木周藏也很了解英國絕不會真的介入日本的行動。他隨後即電告陸奧宗光說：「你應當相信英國外交大臣，他早就傾向於你。」[229] 由於得知在青木周藏與金伯利之間存在著一種若明若暗的默契，陸奧宗光感到有恃無恐。6月29日，他約見巴健特，假惺惺地說：「由於中國拒絕了日本的建議，日本無法再作任何努力了。如果中國政府提出在朝鮮獨立的基礎上進行談判，保證朝鮮的政治安定，日

---

[228]　《中日戰爭 (1894)》，第 30 頁。
[229]　《日本外交文書》，第 27 卷，第 627、632 號。

第二章　清政府乞保和局與列強調停

本也願意予以考慮。」[230] 並暗示，希望英國駐北京公使向中國提出這一建議。

陸奧宗光狡猾地把球踢給中國，果然奏效。於是，英國便變勸說日本為勸說中國。6月30日，金伯利致電歐格訥，要他詢問中國「是否願意考慮與日本共同重建朝鮮政治的建議」。並轉達英國政府的勸告說：「英國政府認為，如果中國宣布願意談判，日本將有意達成協議。中國有必要持調和態度，以防止與日本發生衝突，從而危及全面和平。衝突可能會為俄國提供某種機會，那將損害中國在朝鮮的特權。」7月2日，歐格訥覆電，認為「朝鮮獨立」的提法不妥當，告知中國「同意以共同保障朝鮮的領土完整，重建朝鮮政治為前提進行談判」，但認為：「兩國不同時撤軍，談判大概不會成功。」金伯利同意歐格訥的觀點，也認為中國堅持兩國同時撤軍是有道理的。日本卻死咬住不能撤軍這一條，便形成了僵局。為打破僵局，促成中日兩國談判，他想出了「逐步撤軍」的折中方案。並電令巴健特：「極力說服日本政府接受上述條件，避免戰爭，防止問題複雜化，那對中日雙方都是非常不幸的。」[231]

當巴健特代表英國政府向陸奧宗光發出警告：「中日爭端激化可能導致嚴重後果」時，陸奧宗光卻裝著一副十分坦誠的樣子，先讓巴健特轉告金伯利：「請外交大臣閣下放心，日本政府會盡一切努力友好地解決這個問題，並無任何交戰的意圖。」然後卻提到日本政府視「朝鮮獨立」為談判前提之一，因此「進行談判的主要阻力在於中國對朝鮮的宗主權問題」。7月3日，金伯利針對巴健特電報所反映的問題，覆電說：

來電說中國抓住對朝鮮的宗主權不放是談判的主要障礙。你當祕密地向日本政府說明，日本最好不要作為先決條件要求中國放棄在朝的特

---

[230]　《中日戰爭 (1894)》，第33頁。
[231]　《中日戰爭 (1894)》，第33～34頁。

第三節　英國對中日衝突的實際方針

殊地位，因為中國在宗主權以外的一些更重要的問題上反而更容易作出讓步。當然，雙方都克制而不提這些問題更好。讓朝鮮獨立，必定會削弱中日兩國對朝鮮的控制和保護的許可權，只能為別國干涉提供更多的機會。在中日共同保證朝鮮領土完整、重建朝鮮政治的前提下開始和平談判，刻不容緩。兩國同時從朝鮮撤軍是談判的先決條件，但如有必要，撤軍可逐步進行。

覆電還特地指出：「日本必須與中國立即開始談判，否則俄國肯定會聯合西歐各國進行調停。」[232]

日本政府當然不會放棄其既定方針，英國的多次勸說也就白費了。正在這時，傳來了俄國出面調停的消息。為了應付這一新的局面，英國政府不得不放棄單純勸說日本避免衝突的辦法而採取新的調停方針了。

二　倡議五強聯合調停

英國政府之所以要採取新的調停方針，是俄國的舉動引起的。

先是李鴻章請求俄國斡旋後，俄國駐華公使非常積極，主張干涉進行。但俄國政府經過權衡後，決定放棄干涉政策。可是，喀西尼並不甘心，於6月29日向李鴻章的代表盛宣懷和羅豐祿提出了三國會議之說，即中、日、俄三國派大員到天津會議，以商談朝鮮善後問題。俄國外交大臣吉爾斯雖然未採納喀西尼關於三國會議的建議，但還是決定「忠告」日本。30日，俄國駐日公使希特羅渥奉本國訓令向陸奧宗光面遞措辭強硬的照會：「本官之君主皇帝陛下之政府，命本官向日本帝國政府勸告容納朝鮮之請求，且致忠告：如關於日本或清國同時撤退駐紮朝鮮之軍隊事加以妨礙時，應負重大責任。」[233]7月6日，日本政府復照希特羅渥，

---

[232]　《中日戰爭 (1894)》，第35～36頁。
[233]　田保橋潔：《甲午戰前日本挑戰史》，南京書店1932年版，第16頁。

第二章　清政府乞保和局與列強調停

一面對俄國政府的「友誼的勸告」深表謝意，一面又謊稱：「查帝國政府向該國派遣軍隊，對目前形勢實屬不得已之舉，絕無侵略領土之意。若至該國內亂完全平定，禍亂已無再起之危險時，當然即將軍隊撤回，此則可與貴公使明言者也。」[234] 實際上婉言拒絕了俄國政府的「忠告」。

喀西尼的三國會議說和俄國政府的「忠告」，不過是俄國為消除中日衝突而周旋過程中的一段小小插曲，卻引起英國的警惕。因為英國擔心俄國一旦插手，會使朝鮮局勢變得複雜，英國在遠東的傳統地位也會受到影響。7月3日，歐格訥致電金伯利稱：「俄國可能再度照會日本，要求朝鮮請求聯合調停的各國在外交上與之合作。這會使它爭取主動，因為任何有助於中國的舉動都會取得中國的信任。」此電促成了金伯利的決心：與其讓俄國聯合各國，使英國陷入孤立的處境，毋寧由英國親自出面，以打亂俄國的既定步驟。於是，金伯利立即電告歐格訥，如日本不肯坐到談判席上來，「就通電俄國政府，聯合西歐共同行動」[235]。

由於英國的再三敦促，日本不得不再敷衍一番，裝出並不拒絕談判的樣子，但卻提出了談判的幾項先決條件，其中有清政府礙難接受的條件，即「在朝鮮境內，政治上以及通商上與清國立於均等地位」[236]。英國勸說清政府答應日本的談判先決條件。金伯利致電歐格訥：「中國最好接受這些建議，因為這些建議似乎也合乎道理。」日本做出願意談判的姿態，完全是一種假象。這一點，歐格訥看得很清楚。他致電金伯利說：「我剛收到巴健特先生的一封來電，從中感到日本佯作同意談判，只不過是為了贏得時間而已。」並建議「由五國進行聯合調停」，以取代俄國提出的「三鄰國（中日俄）聯席會議」。[237]

---

[234]　陸奧宗光：《蹇蹇錄》，第39～40頁。
[235]　《中日戰爭（1894）》，第35～36頁。
[236]　田保橋潔：《甲午戰前日本挑戰史》，南京書店1932年版，第170頁。
[237]　《中日戰爭（1894）》，第38～39頁。

第三節　英國對中日衝突的實際方針

金伯利非常贊同歐格訥關於「五強聯合調停」的意見，決定試一試。他先後通電德、法、美、俄各國政府，建議聯合調停中日爭端，以使其達成和平協議。從7月9日金伯利和德國駐英大使哈慈菲爾德（Paul von Hatzfeldt）的談話中，便可知道英國關於「五強聯合調停」的計畫內容。當時，哈慈菲爾德問：「這將是一次什麼性質的調停？」金伯利回答說：「首先，我們應該聯合建議中日兩國從朝鮮撤軍。英、俄都已提出過這一建議。我想這一步會達到預期目的。一旦此舉受挫，將要採取何種必要措施，現在考慮為時尚早。我希望德國參加我們的調停，因為它與中朝兩國貿易往來都較多，而一旦中日戰爭爆發，將嚴重破壞經濟往來。所以，進行聯合調停，防止戰爭，我們的利益是一致的。」[238]

乍看之下，這個「五強聯合調停」計畫似乎是向著中國的。其實，並不完全是這麼回事。日本也曾建議英國出面調停，其目的是讓英國勸中國對日妥協。陸奧宗光即於7月7日向巴健特表示，希望英國從中斡旋，勸中國盡快地提出日本所謂的「合理的提案」[239]。「五強聯合調停」計畫實際上濫觴於陸奧宗光7月7日的建議。請看7月12日青木周藏發給陸奧宗光的電報：

英國外交大臣今再以對我友誼之情，密告本使曰，該大臣於星期六（本月7日）接受貴大臣之提議，欲要求俄、法、德、美各國與英國共同勸誘清國。[240]

可見，英國的「五強聯合調停」計畫出籠之前，是與日本互通聲氣並商量過的。很明顯，這個計畫就是要聯合五個強國迫使中國讓步，以滿足日本的侵略野心。日本已經事先知道了這個計畫的底細，為盡量滿

---
[238]　《中日戰爭（1894）》，第44頁。
[239]　《中日戰爭（1894）》，第41頁。
[240]　《日本外交文書》，第27卷，第658號。

第二章　清政府乞保和局與列強調停

足其無厭的貪欲，必然得寸進尺，更加毫無顧忌了。不過，英國不願意中日之間爆發戰爭也是真的，它是想用犧牲中國的辦法來阻止日本發動戰爭。應當承認，從客觀上說，這個計畫對中國也有某些有利的因素，因為它若能真阻止戰爭，總是比日本迫使中國打一場毫無準備的仗要好得多。

從英國勸說日本避免衝突到倡議五強聯合調停，可以看出英國政府對調處中日爭端的方針發生了微妙的變化。起初，它看得很清楚，朝鮮局勢緊張的主要原因在於日本堅持不肯撤軍，因而從防俄的大局出發，勸說日本避免衝突，恢復朝鮮的和平，以不使俄國有乘虛而入之機。後來，又看到朝鮮局勢的發展更加複雜化了，俄國似在躍躍欲試，其公使力倡三國會議之說，日本看來又不會無所得而撤軍，而要防止俄國趁機單獨插手，只有聯合列強迫使中國及早對日妥協，以滿足日本的侵略要求，從而換取朝鮮的和平。金伯利和青木周藏談到五國聯合調停時有一句悄悄話：「此舉實為防禦俄國單獨干涉之手段。」[241] 便透露了英國倡議亞強聯合調停既是防俄單獨插手，又帶有英日交易性質的內情。

還應當看到，英國政府調停方針的這一變化，與日本的一系列活動也是相關的。為影響英國的調停方針，日本政府進行了許多活動，甚至做了不少小動作。

其一，極力渲染俄國的干涉勢力，激起英國的恐俄想法，並極力宣傳日本拒俄的堅決態度，以贏得英國的好感和同情，從而促使英國的調停方針向日本方面傾斜。6月下旬俄國勸說日本從朝鮮撤軍一事倒替日本政府提供一個大做文章的好機會。7月3日，小村壽太郎首先向歐格訥透露：「日本政府不允許俄國在朝鮮問題上對它指手畫腳，已決定拒絕

---

[241]　《日本外交文書》，第 27 卷，第 658 號。

第三節　英國對中日衝突的實際方針

撤軍。」同一天，巴健特又從日本外務省獲悉：「俄國政府已要求中日兩國軍隊立即撤走。日本政府表示，拒絕服從一切帶有威脅性質的要求。」與此同時，日本政府有意地散布有關俄國試圖插手中日糾紛以從中漁利的謠言。朝鮮即傳出消息說：「俄國駐日公使在慫恿日本達成一項相當優惠俄國的祕密協定。」這顯然是日本所為，明眼人一看便可知道純屬無稽之談。然而，青木周藏卻不惜添枝加葉，對英國外交部煞有介事地說：「俄國公使希特羅渥曾勸日本與其簽訂政治協議，說作為交換條件，俄國可以根據日本的意願簽訂經濟條約或修改條約。在朝鮮問題上，中國比日本更有可能與俄國達成某種協議。」他不但言之鑿鑿地曝光俄國的侵略野心，而且巧妙地將話鋒轉向中國，又加重了英國對中國的疑心。這下英國政府沉不住氣了，急忙由外交部發表備忘錄，聲稱：「如果中俄之間，或中俄與日本之間簽訂任何協議而置英國政府於不顧，英國就將考慮並採取必要的措施來保護自己的利益。」並擬指示巴健特向日本政府重申：「在朝鮮問題上，日俄、中俄或中日俄三方無論簽訂什麼協議，英國都不會視而不見。」英國首相羅斯伯里立即在備忘錄上簽字並批示：「同意。發電指示。」[242] 這就讓英國的「五強聯合調停」計畫蒙上了一層不祥的陰影。

其二，施展各種外交方式爭取英國政界人士對日本的同情，甚至不惜採取賄賂的卑劣辦法來收買英國官員和報紙，以製造有利於日本的政治氛圍和輿論。在這段時期內，日本的駐外公使館人員十分活躍，使出渾身解數，或在政界遊說，或套取情報，或向外務省提出建議。其駐英公使館表現尤為突出，並有計劃地展開了收買活動。6月間，青木周藏就向陸奧宗光報告說：「我以前便同《泰晤士報》建立了聯繫。」青木周藏請

---

[242]　《中日戰爭（1894）》，第35、36、39、40頁。

第二章　清政府乞保和局與列強調停

外務省繼續匯寄「供政治上和私人之用的額外經費」。所謂「額外經費」，就是用於賄賂的費用。日本的收買發揮作用，使公正的天秤傾斜了，英國的輿論一邊倒地倒向了日本。7月6日，青木周藏發給陸奧宗光的電報說：「英國大多數有影響的報紙都發表了社論，其觀點與我們一致。認為《天津條約》也表述了日本在要求朝鮮改革和保護朝鮮領土完整方面的權力。公眾輿論使英國政府傾向於我。」[243]不僅如此，日本透過收買手段還竊取到英國機密的外交文件。如7月3日金伯利發給巴健特關於日本不要以中國放棄宗主權為談判先決條件，改「朝鮮獨立」為「中日共同保證朝鮮領土完整及重建朝鮮政治」、中日兩國「撤軍可逐步進行」等為內容的密電，青木周藏當天便得到並發回國內。[244]

從以上鮮為人知的內幕中，可以知道，日本政府為促使英國政府的調停方針轉向有利於日本方面，的確是費盡心思的。日本的「把英國政府拉向我們一邊」活動，終於發揮作用。當然，日本此舉之所以成功，是它看準了英國的主要利害關係所在。青木周藏自己供稱：「我採取了一些審慎的辦法，向英國政府指出來自俄國的威脅，中國對朝鮮的保護是靠不住的。而中國能夠保護朝鮮以阻止俄國南下，恰恰是英國對中國態度友好的主要目的。以此把英國政府拉向我們一邊。」[245]

那麼，列強對英國倡議的聯合調停又持什麼態度呢？請看：

俄國——對英國的倡議遲遲不作答覆。7月4日是俄國外交部接見外國使團日，英國大使拉塞爾斯（Frank Cavendish Lascelles）前往外交部聽取回話，但既沒有見到外交副大臣基斯敬（Nikolai Karlovich Giers），也沒有見到亞洲司司長克卜尼斯特。拉塞爾斯不禁感慨地說：「遇到熱點

---

[243]　《日本外交文書》，第27卷，第626、645號。
[244]　《日本外交文書》，第27卷，第641號。
[245]　《日本外交文書》，第27卷，第626號。

第三節　英國對中日衝突的實際方針

問題時，他們兩位，尤其是基斯敬先生，總不在外交部，以免遇到不便回答的問題。」6 天之後，拉塞爾斯才好不容易見到了克卜尼斯特。這位亞洲司司長告訴英國大使，外交大臣吉爾斯已將英國建議呈送沙皇，而沙皇現正在芬蘭，難以即時得到答覆。又說：「俄國政府真誠希望朝鮮不要發生衝突。您可能已經知道，俄國已命令斯臺爾（Egor Egorovich Staal）先生（俄國駐英大使）詢問中日兩國是否已請求英國調停，以及英國在贊成的情況下可望作出怎樣的回答。」[246] 很明顯，俄國對英國的倡議是抱有懷疑態度的，所以寧可暫時觀望，保持獨立的行動，以避免被英國拖入中日爭端的漩渦之中。

法國──一開始就對英國倡議採取迴避的態度。7 月 8 日，英國駐法大使杜佛黎（Lord Dufferin）拜訪法國外交部長阿諾託。在交談中，阿諾託說，法國駐朝鮮領事目前好像還在國內。他裝出對幾個月來朝鮮所發生的一切事情一無所知的樣子，但答應將研究英國的聯合調停建議。12 日，阿諾託致函杜佛黎，說法國「已經向中日兩國提出了穩妥的建議」、「如有必要，原則上只能隨其他國家行動」。翌日，法國外交部正式照會英國大使：「儘管法國在這個問題上沒有直接的利益關係，但已命其駐東京和北京公使向日中兩國提出了和解的建議。當然，如果其他各國都聯合行動，一旦需要，法國將跟隨其後。」[247] 法國以俄法同盟之故，當然不會拋開俄國而另做一套，對英國的倡議只好婉言謝絕了。

德國──暫時採取觀望政策。先是在 7 月 7 日，金伯利致電英國駐德大使馬來特（Edward Baldwin Malet），命其徵詢德國政府對英國聯合調停建議的意見。9 日，金伯利又親自和德國駐英大使哈慈菲爾德會見，表示邀請德國參加聯合調停。10 日下午，德國外交副大臣羅登漢（Her-

---

[246]　《中日戰爭（1894）》，第 42、44、45 頁。
[247]　《中日戰爭（1894）》，第 47～48 頁。

mann von Radowitz）即通知馬來特：「德國將命其駐北京和東京代表與其同事一道，迫使中日兩國接受調停建議。並本著這個原則，對其同事們可能採取的任何措施提供協助。」[248] 用含糊其辭的外交辭令拒絕了英國的邀請。

美國——明確地表示不參加聯合調停。7月9日，英國駐美大使龐士福特（Julian Pauncefote）致電金伯利，轉達了美國政府的答覆：「美國業已敦促日本透過仲裁解決中日爭端。並於本月7日通電日本，強烈抗議其對朝鮮的態度。抗議書副本已付郵。」據龐士福特推測，從目前看來，美國總統「不願讓美國參加英國所建議的聯合調停」[249]。

由於缺少響應者，英國在聯合調停的問題上成為孤家寡人。7月11日，金伯利向歐格訥致電通報各國對聯合調停建議的答覆時說：「俄國政府稱，他們已向中日兩國建議平定叛亂後立即從朝鮮撤軍。……德國駐北京、東京代表已奉命協同其同事們促成調解。美國目前無意參加聯合調停。……法國政府儘管無意正式干預，但將跟隨英、俄兩國採取行動。」[250] 實際上承認了五強聯合調停計畫的失敗。

三　提出中日在朝劃區占領的建議

五強聯合調停計畫失敗後，英國的遠東政策一度似乎要明確地向日本傾斜，即完全滿足日本的侵略要求，並迫使中國屈從。試看7月12日英國外交副大臣柏提簽署並經外交大臣金伯利批閱過的一件備忘錄，其全文如下：

---

[248]　《中日戰爭（1894）》，第45頁。
[249]　《中日戰爭（1894）》，第44頁。
[250]　《中日戰爭（1894）》，第46頁。

第三節　英國對中日衝突的實際方針

即使日本政府同意從朝鮮撤軍，公眾輿論也不會答應。何況他們也不會這樣做。根據西元1885年的中日條約，日本已經出兵朝鮮，中國也同樣派出了軍隊。日本希望同中國達成協議，共同維護各自在朝鮮的利益，抵制俄國的計畫。在達成這樣的協議之前，日本要保留駐朝軍隊，並有可能繼續增兵，除非遇到中國和其他國家的抵制。看來，兩國都不會訴諸武力。中國恐怕沒有力量把日軍趕出朝鮮，因而最好根據日本提出的條件與日本達成協議。[251]

這件備忘錄完全站在日本政府的立場上為其侵略行徑張目，而且與英國政府原先所表述的觀點自相矛盾，說明英國政府的立場開始向日本靠攏了。

英國政府在調整對中日衝突方針的急轉彎時卻突然剎了一下車。因為7月14日這天，金伯利收到巴健特從東京發來的電報：「中國似乎希望透過俄國，迫使日本從朝鮮撤軍。」同時，金伯利收到歐格訥從北京發來的電報：「中國很有可能全力求助於俄國。」[252] 這兩封電報及時地提醒了金伯利，他怕真的一下子把中國推向了俄國的懷抱，所以在日本向清政府發出「第二次絕交書」的當天，便提出了在朝鮮建立中間地帶，即中日劃區占領的建議。

7月14日，金伯利將他的這一建議電告了歐格訥：「從目前看來，中日兩國從朝鮮撤軍是沒有希望了。請你向中國建議：作為防止兩國衝突，為談判爭取時間的應急措施，兩國可以都不撤軍，但雙方須分開各占一方，從而避免衝突。」[253] 並向青木周藏提出了這一建議，請其立即電告日本政府。

---

[251]　《中日戰爭（1894）》，第46頁。
[252]　《中日戰爭（1894）》，第49頁。
[253]　《中日戰爭（1894）》，第50頁。

第二章　清政府乞保和局與列強調停

　　事實上，金伯利此項劃區占領方案，其藍本原是來自李鴻章的一項建議。根據俄國外交部亞洲司司長克卜尼斯特簽署的備忘錄，可知早在6月下旬，李鴻章即透過駐英公使龔照瑗和駐俄公使許景澄，向英俄兩國政府提出中日兩國在朝劃區占領的建議。該備忘錄稱：

　　英國大使來訪，據告中國駐倫敦公使曾給金伯利勳爵一項照會，其內容與中國駐聖彼得堡公使代表李鴻章交與我們的完全相同。該照會涉及中日兩國軍隊為避免衝突起見撤離漢城後應撤往的地點。然而，李鴻章認為，須向倫敦附加說明一點，即喀西尼同時已促使希特羅渥向日本政府宣布，諸列強正在商議，萬一東京內閣拒絕他們的勸告，他們將採取的適當步驟。金伯利勳爵答稱：「英國絕對不願採取威脅手段。」並且他認為，李鴻章關於雙方兵力分布的建議並不公平，因為指定給日本方面的釜山，較平壤離朝鮮首都遠得多。[254]

　　起初金伯利對李鴻章的建議並不滿意，如今卻認為將其加以修正後未始不是一個防止中日衝突的辦法。至於中日軍隊應撤向何方，金伯利在電報中卻未實際說明。

　　就在這一天，英國外交部收到從朝鮮傳來的一些不愉快的消息，像日本駐朝公使要求朝鮮政府辭退英國海軍教官考威爾上尉、日本在仁川的外僑居留地架設軍用電線等，引起金伯利對日本政府的非常大的不滿，要求青木周藏轉向日本政府立即作出解釋。

　　這時，日英兩國正在商談新的《日英通商航海條約》，談判一切順利，只等履行簽約手續，卻不料發生這樣的意外事故。青木周藏心急如焚，還沒來得及請示外務省，便於當天去拜訪金伯利，詢問簽約的事，以便窺探動靜。金伯利對青木周藏說：「剛收到英國駐華公使來電，說日

---

[254]　《中日戰爭》（七），第235～236頁。

第三節　英國對中日衝突的實際方針

本駐朝公使要求辭退英國海軍教官考威爾上尉,我對此感到驚訝。我很不解,這一顯然不友好的舉動,究竟緣何而來?儘管我知道日本方面會作出充分的解釋,但在此之前,簽約之事還是推遲一些為好。請立即將此意見電告東京。」青木周藏立即答應照辦,但解釋說:「我相信,日本不可能做出這樣的舉動,因為日本政府無意同英國唱對臺戲。」他從交談中知道金伯利正在推行那個劃區占領的方案,便投其所好,用贊同的口吻提議:「鑒於中日兩國已不可能達成從朝鮮撤軍的提議,最好的方案是兩國商定繼續共同占領,但必須分頭駐紮,間隔一段距離。雙方軍隊全部撤出漢城和仁川,日軍占領朝鮮半島南部,中國占領其北部。這樣,不僅可以完全避免雙方衝突的危險,還可以逐步實現改革朝鮮內政的談判。」金伯利一聽大喜,氣氛頓時變得緩和。他說:「鑒於中日兩國不可能達成立即撤軍的協議,我認為貴公使的提議最有希望避免衝突。為此,我要馬上致電歐格訥先生,要他詢問中國政府是否願意考慮此項提議。」[255]

　　為什麼金伯利對劃區占領方案這樣熱衷呢?因為他感到這可能是防止中日衝突的最後一張王牌了。用他的話來說,這是一個「最有希望避免衝突」的方案。在他看來,既將中日兩國軍隊隔離,就不容易發生軍事衝突了。此外,與此相關的直接結果是,由於中日兩國軍隊分別占領朝鮮北部和南部,俄國就不可能乘虛而入並從中漁利。

　　7月16日,金伯利應龔照瑗的要求,雙方進行交談。金伯利問:「中國是否同意中日劃區占領朝鮮再商討改革朝鮮內政問題?」並對其方案作了實際的說明:漢城皆不駐兵,中日兩軍駐離漢城遠近相等;日本軍隊退紮仁川,中國軍隊酌量駐於何處。龔照瑗答應即刻致電本國政府。

---

[255]　《中日戰爭(1894)》,第 50～51 頁。

第二章　清政府乞保和局與列強調停

18日，歐格訥到總理衙門，提起英國政府關於在朝鮮劃區占領的建議。隨後，總理衙門又接到李鴻章轉來龔照璦的電報，與歐格訥所述內容基本相同，唯有小的出入。如歐格訥說「日本撤仁川、漢城之兵紮漢城之南」，龔照璦電報則說「倭駐韓（漢）城兵退紮淺莫坡（仁川）」。當時，奕劻等對此建議頗感興趣，連稱：「此說尚公道。」[256] 同一天，金伯利便通知青木周藏說：

總理衙門願意接受我的建議，即在商討朝鮮改革之前，由中日兩國共同占領朝鮮，雙方都撤出漢城和仁川，日本占據漢城以南地區，中國占領以北地區。

並鄭重宣告：「時局已到了危急時刻，我急切盼望日本政府接受我的建議，迅速與中國達成協議。」[257]

這一次，和上次倡議五強聯合調停一樣，英國也是重點瞄準俄國。金伯利首先說服俄國大使斯臺爾向其政府轉達此項建議。斯臺爾極力慫恿俄國政府接受金伯利的建議，他說：「我認為，我們在命令中國駐北京及東京公使依金伯利勛爵建議的意思，照會英國代表一事，並無困難。」亞洲司司長克卜尼斯特的意見卻大相逕庭。他認為，對於英國的方案，「造成混亂的罪魁日本可能接受，因為無可抗辯的日本軍隊早已占領漢城，而中國軍隊駐紮在遠離京城的叛亂發生地區，也就是說，金伯利勛爵的建議無非使有利於日本的現有軍隊位置成為合法而已」[258]。從而否定斯臺爾關於接受金伯利建議的意見。

日本政府對金伯利的建議則採取拖延的辦法，等看準機會再作答

---

[256] 《清光緒朝中日交涉史料》(1178、1179)，第15卷，第4頁；《中日戰爭 (1894)》，第56頁；《清光緒朝中日交涉史料》(1173)，第14卷，第41頁，附件一。
[257] 《中日戰爭 (1894)》，第60頁。
[258] 《中日戰爭》(七)，第258～259頁。

第三節　英國對中日衝突的實際方針

覆。7月19日，巴健特拜訪陸奧宗光時，說明就雙方軍隊劃區占領問題與中國達成協議是極為必要的。而陸奧宗光竟裝糊塗，好像對劃區占領建議毫無所知似的，說日本政府尚未接到駐英公使來電，因而不能即時作出答覆。直到21日，陸奧宗光才覆電青木周藏稱：

> 你透過俄國線路發來的關於劃區占領計畫電已於21日收到。現在達成協議的時機已經過去。我曾透過英國駐華公使向中國提出修改提議，並要求五天內給予最終答覆。現在五天已過，我們不會再接受其他方案了。[259]

所謂「修改提議」，是指7月19日日本提出的包括「若遇韓大典，倭與中平行」[260]等條在內的修正案而言。當時聲言限中國5日內答覆。可是，從7月19日到21日，才2天的時間，陸奧宗光卻硬說「五天已過」。可見其拒絕英國劃區占領建議以儘速對中國開戰的心情是多麼迫切！

最可笑又可嘆的是，當金伯利的劃區占領方案都已經被俄日兩國明確拒絕之後，李鴻章還矇在鼓裡，仍在饒有興趣地和俄國公使探討此方案的實施辦法。

7月26日，即豐島海戰爆發的第二天，李鴻章和喀西尼會見時，喀西尼問：「中日應各退何處？須離漢城稍遠。」李鴻章答稱：「宜令倭兵退釜山，華兵退平壤，各離漢500里。」喀西尼說：「此最公允。」29日，龔照瑗奉李鴻章之命，前往拜訪金伯利，告以擬定的劃區占領的實際實施意見。金伯利則稱：「查圖，平壤離漢城近，釜山較遠。如此言，恐倭以偏袒藉口。」[261]龔照瑗碰了釘子，還不知道其中究竟是什麼緣由。

英國政府關於中日在朝劃區占領的建議還是行不通，而且知道日本

---

[259]　《中日戰爭 (1894)》，第65頁。
[260]　《清光緒朝中日交涉史料》(1209)，第15卷，第14頁。
[261]　《東行三錄》，第146、148頁。

的戰爭決心已經下定了。這時，英國外交部透過海軍情報處提供的情報已掌握了中日軍事力量對比情況。海軍情報處的報告說：「儘管從噸位和大砲門數上來說中國勝於日本，但在編制、紀律和訓練上日本要大大優於中國，因而可以認為日本海軍力量較強。」至於陸軍，該報告說：「不管從哪個角度講，中國軍隊都是前途未卜的。……他們缺乏訓練，沒有嚴密的組織，沒有合格的指揮官。因此，在現有條件下，如果中日一旦開戰，只能是一種結果。」並且認為：「中國要想戰勝日本，只能透過大幅度的拖延時間，譬如說兩年或者三年，同時抓緊按歐洲模式重新編制軍隊。不過，即使日本能給中國時間，中國也不一定會這樣做。」[262] 據此，英國已經預料到即將爆發的中日戰爭的前途，但為了維護自身在遠東的商業利益，便決定犧牲中國，變調停中日爭端的方針為要求日本對上海中立區的安全作出保證，實際上默許了日本挑起戰爭的行動。

事實證明，儘管英國政府從主觀上說起初不希望中日之間爆發戰爭，且為達此目的採取了一些措施，但它的主要立場是偏袒日本的，一直採取綏靖的政策，甚至不惜用犧牲中國的辦法來滿足貪得無厭的日本，這就決定它的一切調停努力都必定要歸於失敗了。

四　巴黎《晨報》署名文章：〈論朝鮮危機中的英國政策〉

7月30日，即豐島海戰爆發的5天後，法國巴黎出版的《晨報》刊載了一篇署名文章，題目：〈論朝鮮危機中的英國政策〉。這篇文章論及英國政府在朝鮮危機中的外交政策，並進行了猛烈的抨擊，因而受到國際上的廣泛注意。英國駐法大使館當天就將報紙寄回國內，供外交部參閱。

---

[262]　《中日戰爭（1894）》，第54～55頁。

第三節　英國對中日衝突的實際方針

　　文章的作者站在俄法同盟的立場上，一面吹捧法國和俄國才是中國「最好的朋友」、「才最能決定事態的發展和保證他們的領土完整」，一面諷刺英國說：「長期以來，英國一直把法國和俄國說成是中國的敵國。而它自己，從中國手中奪取了整個緬甸和西藏南側的山脈地區，更在天天威脅著四川和雲南，反倒自稱是中國唯一的真正朋友。誰會相信呢？……英國奉行的是利己主義政策，只想把對待土耳其的那一套辦法來對待中國，也就是說，總在伺機奪取中國的某些省分。」拋開作者對俄法同盟的吹捧不談，單就揭露英國對中國的侵略野心來說，都是很明顯的事實，也是眾所周知的老生常談。那麼，這篇文章為什麼會引起各國這麼多的注意呢？不是別的，而是它把英國與日本發動這次戰爭聯想在一起，認為「英國似乎在有意無意地希望、甚至促成了中日戰爭的爆發」。

　　對此，作者從以下三個方面來加以說明：

　　其一，「在西元1884～1885年的中法戰爭中，英國威脅日本不要干涉中國的事務，當時日本是在雖存在危機而卻很有利的時機接受了英國的建議。而這一次，英國剛好為日本提供一個非常好的機會去侵犯朝鮮。那時候，中國無力阻止日本向朝鮮派兵，而不管怎樣，日本若能派兵赴朝總會發揮一定作用的。英國正巴不得中法關係越來越緊張，遂從外交上對日本的行動加以反對。由此可見，如今日本發動這場戰爭，就是因為得到了英國的許可，且不說進行慫恿了」。

　　其二，「英國之所以聽任和促成戰爭的爆發，是因為它可以從中撈到不少好處。它把自己的中國盟友推向絕境而不必感到遺憾，相反地倒還能乘機獲益。譬如修改雲南的邊界線、入侵西藏，尤其是重新占據渤海灣咽喉旅順港和朝鮮海峽要塞巨文島」。

　　其三，「英國毫不掩飾地表明它要牽制俄國的意圖。因為俄國一直在

第二章　清政府乞保和局與列強調停

日本海和中國海不聲不響地慢慢擴大影響，這使英國感到擔心。它希望讓俄國眼睜睜地看著中日兩國瓜分朝鮮，或者激起俄國的一時衝動而對中國的邊境全線出擊」。

作者在作出以上分析之後用激憤的語氣指出：「英國感到，它可以為所欲為而不用擔心受到制裁。英國政府顯然是在玩火！」[263]

看來，這篇〈論朝鮮危機中的英國政策〉的寫作意圖，除了極力美化法國和俄國外，主要是抨擊英國的遠東政策，對法國的宿敵德國也間有微詞，而唯對日本的侵略行徑卻並無片言隻語涉及，這當然不是偶然的疏忽。該文章的立論頗有偏頗之處，把戰爭爆發的責任完全歸咎於英國，也是不夠公允的。

儘管如此，巴黎《晨報》文章的內容還是包含了若干合理的成分。尤其是它明確指出英國在促使戰爭爆發上應承擔一定程度的責任這一點，是確鑿不移的。對此，本書在前幾節中已有所分析。但不能簡單地認為，英國「支持」、「慫恿」日本發動了這場侵略戰爭。英國政府基於自身的利害關係，既要維護其在中國乃至遠東的既得利益，又要阻止俄國乘機插足遠東而與英國爭衡，所以它主觀上要想方設法制止中日戰爭的爆發。由於中國的軟弱，顯然無力擋住俄國的南下。英國政府有鑒於此，便將日本視為防禦俄國的戰略夥伴，這就使它必然要處處遷就日本，在制定調處方針時越來越向日本傾斜。日本政府也摸準英國當政者的心態及恐俄的弱點，便以此為理由牽著英國的鼻子走，甚至將其玩弄於股掌之上，一步一步地把中日唇槍舌劍之爭引向真槍實彈的辯論——戰爭。主觀上的和平願望，在客觀上反而促使戰爭的爆發。這恐怕是金伯利等人始料不及的吧。

---

[263]　以上引文均見《中日戰爭（1894）》，第 84～85 頁。

第四節　列強調停聲中的日本外交策略

一　對俄國採取暫時穩住的方針

當日本藉口朝鮮問題而準備發動一場大規模的侵略戰爭時，面對的是一種異常複雜的國際形勢。尤其是由於英俄的對峙成為遠東國際形勢的基本格局，日本既要實施其既定的戰爭方針，又要周旋於英俄兩大強國之間，確乎沒有高明而巧妙的外交方式是不行的。

在日、英、俄的三角關係中，英俄的對立自不待言。日本對英俄兩國採取了不同的外交策略。日俄兩國之間，由於在主要利益上存在著嚴重的衝突，其關係是很微妙的。早在西元 1893 年 10 月，日本樞密院議長山縣有朋即上奏明治天皇說：

> 如今默察東洋大勢，實有令人不堪憂慮之處。蓋論及東洋形勢，不可不察與東洋關係極大之歐洲諸國即俄、法、英三國之政略與國勢。試就俄國而言，是以侵略為對外政策。……而俄國之所以尚未下手者，是因為運輸道路尚未具備，缺乏交通之便。果然如此，則自今十年以後，……如現今之朝鮮，很難預料何日將發生事端。從任何一點觀察，東洋終究不會長久保持太平。這樣，可料定東洋之禍機將不出今後十年，預先作好應付的準備，豈非國家之百年大計？[264]

可見，從長遠看，日本早就把俄國視為最大的潛在敵人，準備有朝一日與之較量一番。

日本當時的策略是先避開強手而打擊弱手。它的主要侵略矛頭是指向中國，而對俄國則採取暫時穩住的方針。大致說來，從日本出兵朝鮮

---

[264]　德富蘇峰：《山縣有朋公爵傳》，第 99～104 頁。

第二章　清政府乞保和局與列強調停

開始，迄於戰爭爆發，日本在三次關鍵時刻都是採取狡猾的應付辦法而穩住了俄國。

第一次：當6月間日本開始向朝鮮派兵之初，俄國覺得事態嚴重，急於得到日本政府的解釋。俄國駐日公使希特羅渥往見陸奧宗光，陸奧宗光信誓旦旦地保證：日本派兵「是純為保護僑居朝鮮的日本居民以及日本公使館與領事館人員的生命和財產」。並企圖使俄國的視線轉向中國，聲稱：「日本政府擔心因朝鮮暴動而可能與中國軍隊發生衝突，因為中國軍隊無論如何不會滿足於對暴動的鎮壓與平定，而可能企圖留住朝鮮，並控制朝鮮。有鑒於此，中國能不派兵至朝鮮監視中國的行動嗎？」聽了陸奧宗光的解釋，希特羅渥感到滿意，便向外交大臣吉爾斯報告說：「將以上事實呈請閣下審查，暫時我將不作任何解釋。」

以後，日本卻陸續派大軍進入朝鮮，引起各國的關注，尤其使俄國感到不安。希特羅渥極為不滿地對陸奧宗光說：「帝國政府為朝鮮事件感到憂慮。帝國政府懷著和平的目的，希望此事不致發展為戰爭，並希望中日兩國在撤兵問題上速即達成協議。同時，我不能不向陸奧先生表示遺憾，因為帝國政府已屢次證明其不自私的好意，而日本政府在採取重要決定時，卻並不預先通知帝國政府。」陸奧宗光在回答時卻轉移話題，則首先「埋怨中國背信棄義」，指責「中國政府迄今仍想強調它在朝鮮奪得的宗主權」。對俄國來說，這些話是很容易引起共鳴的。然後，陸奧宗光向希特羅渥作了「最肯定的保證」：「日本絕不想占有朝鮮，並準備隨時與中國同時撤兵。……除非中國直接挑釁，日本在任何情況下都不首先採取軍事行動。」他這番花言巧語竟使這位俄國公使信以為真，急忙向外交大臣報告說：「看來誰都不要戰爭，即使沒有第三方面的調停，戰爭或者也可避免。」

就這樣，在日本出兵和留兵朝鮮的問題上，日本政府靠謊言暫時穩

第四節　列強調停聲中的日本外交策略

住了俄國。

第二次：到6月底，由於日本拒絕與中國同時從朝鮮撤軍，各國紛紛猜疑，俄國尤不放心，特地照會日本提出「忠告」：「如果日本有意阻礙而不與中國同時自朝鮮撤兵，則日本應負嚴重責任。」陸奧宗光一面堅決認為朝鮮「騷亂並未平息」，一面聲稱：「如騷動確已平息，則當然無須再有軍隊留駐。」2天後，日本內閣總理大臣伊藤博文進一步向希特羅渥明確宣布：「日本毫無奪取朝鮮內政的意圖，其目的係在真正保衛朝鮮實際脫離中國而獨立，只要獲得朝鮮政府能實施必要改革以避免重新發生暴亂與中國再度干涉的某些保證，則日本準備與中國同時撤退軍隊。」希特羅渥聽後，立即電告吉爾斯：「我自外務大臣處獲悉的一切，業經伊藤伯爵證實。」他再次相信了日本政府的彌天大謊。

所謂朝鮮「獨立」，不過是日本投給俄國的釣餌。俄國早就想插足朝鮮，但遇到了中國「宗主權」的障礙，現今日本留兵朝鮮的目的既是要拆除這道障礙，那當然是求之不得的了。何況日本不肯撤兵也有它的理由，就是朝鮮「騷亂並未平息」。朝鮮的「騷亂」真的並未平息嗎？幾天後，俄國駐朝鮮代理公使韋貝卻另有見解：「在我看來，中國人過分誇大了有關朝鮮騷亂的消息。他們以朝鮮政府的危急無援為藉口，出兵行使其假定的宗主權。……他們宣稱騷亂業已平定。我相信，由於日本採取了嚴重措施，中國行將退卻。」韋貝本是朝鮮「獨立」論者，早就和日本駐朝公使館杉村濬等人沆瀣一氣，他的以上電報暗示，日本留兵朝鮮有其必要性，而且有助於朝鮮的「獨立」，對俄國是大有好處的。

隨後，對於俄國政府的照會，日本政府復照重申：「一俟日本政府確信朝鮮的和平業已恢復，新的騷亂已無再起危險時，日本軍隊即可撤離朝鮮。」對此，吉爾斯十分滿意，致電希特羅渥：「請以友好態度告知日

第二章　清政府乞保和局與列強調停

本政府，我們很高興從其照會中獲悉日本並無侵略目的。」俄國駐華公使喀西尼主張對日本採取強硬態度，認為：「日本無疑是俄國在大陸上的怨鄰。」喀西尼的主張未為外交大臣所樂聞。吉爾斯反而告誡他說：「我們完全珍視李鴻章對我們的信任，然而我們認為不便直接干涉朝鮮的改革，因為在這建議的背後，顯然隱藏著一個願望，即把我們捲入朝鮮糾紛，從而取得我們的幫助。」

俄國政府從民族利己主義的立場出發，心甘情願地吞下了日本投下的釣餌。這樣，日本政府再次靠謊言暫時穩住了俄國。

第三次：7月中旬日本駐朝大使大鳥圭介向朝鮮政府提出限期改革內政案以後，俄國政府開始覺得日本的所謂「朝鮮獨立」似乎是一張空頭支票，這才開始著急。韋貝電告吉爾斯：「大鳥圭介先生規定三日內討論如何完成下列改革：於十日內著手改組行政機關，修建鐵路與電訊；於六個月內整理財政及海關；於兩年內重新組織司法、軍隊、警察與國民教育事業。」吉爾斯發現，日本在朝鮮猶如太上皇，任意發號施令，完全排除了俄國在朝鮮存在的可能。於是，他致電希特羅渥：「請探詢日本向朝鮮人要求什麼讓與，並使日本政府注意：任何讓與，如果違背獨立的朝鮮政府所簽訂的條約，均為無效。」對於俄國政府的警告，陸奧宗光還得靠謊言應付，於7月22日聲稱：「日本並無理由將它向朝鮮所提各項要求保守祕密，因為這些要求並不違背朝鮮的獨立。」[265] 吉爾斯念念不忘的是朝鮮的「獨立」，日本既宣告「並不違背朝鮮的獨立，」他一時也就難有置喙的餘地了。

3天之後，日本海軍便在豐島海域襲擊中國軍艦，挑起了戰爭。日本對俄國所採取的暫時穩住的外交策略，終於達到了既定的目的。

---

[265]　以上引文均見《中日戰爭》（七），第 224～263 頁。

二　「將英國拉向我們一邊」

「將英國拉向我們一邊！」這是日本駐英公使青木周藏經常掛在嘴邊的一句口頭禪。他在呈給外務大臣陸奧宗光的報告中多次強調地提到它。這句話並不那麼簡單，它實際上反映了當時日本外交策略觀念的基本方面。

在日、英、俄三角關係中，由於各自的利害關係不同，日英之間與日俄之間並不是等距離的。如前所述，日俄之間存在著基本的利害衝突，它們的關係是比較疏遠以至敵視的。相反，日英之間卻有著共同的利益，它們的關係是較為接近的。日本為了發動這場侵略戰爭，認為僅僅和英國保持接近的關係還是遠遠不夠的，還必須把英國拉到自己一邊才行。為達到此目的，日本政府採取了「打俄國牌」的外交策略。

當時，英國政界普遍患著一種「恐俄症」，幾乎是談俄色變。6月8日，在得知日本決定派兵入朝的消息後，英國外交部曾用備忘錄的形式追述占領朝鮮巨文島事件：「西元1885年，考慮到可能與俄國發生衝突，我們占領了巨文島。……最後，中英互換了照會。中國照會載有俄國作出的許諾，即我們撤離巨文島後，俄國在任何情況下都不侵占朝鮮領土。有中國擔保的俄國的這一許諾，我們便撤離了巨文島。」[266] 這反映了中日出兵朝鮮伊始，英國首先最為擔心的問題卻是俄國的趁機派兵。[267]

日本是深知英國當局的懼俄想法的，便在防俄問題上大做文章。青木周藏親自到英國外交部遊說，大講「阻止俄國人南犯」的問題。青木周

---

[266]　《中日戰爭（1894）》，第24頁。
[267]　英國政府的擔心並非過慮。俄國外交部亞洲司司長克卜尼斯確曾建議：（一）以保護漢城俄國公使館為名，將一小支部隊派往漢城；（二）暫時占領永興灣。只是他的建議未被採納罷了。當時，英國艦隊也曾泊巨文島以防之。（見《中日戰爭》（七），第260、266頁）

第二章　清政府乞保和局與列強調停

藏稱：「中國是無力與俄國抗衡的。如果朝鮮要落入俄國手中，日本將不惜代價地保衛朝鮮。」除了口頭遊說之外，日本還以擔任駐英公使館祕書的德國人西博爾德（Alexander von Siebold）的名義提出一份備忘錄，進一步勸誘英國政府。備忘錄首先引用已故帕克斯爵士（Sir Harry Parkes）的預言：「東方問題最終要透過戰爭來解決。不是在歐洲，也不是在印度，而是在東亞，在中俄之間。」繼之攻擊中國出兵「是為了尋找藉口干涉朝鮮內政」，而日本根據條約也派出了軍隊，「結果阻止了中國占領朝鮮港口的計畫」。並詳細地剖析俄國的南下政策：

鑒於目前的政局，朝鮮絕對無力抵抗俄國的進攻，而且如果不確立俄國保護國的地位，它只要向朝鮮施加壓力，就能奪取部分領土。現在之所以尚未出現這種局面，只是因為俄國忙於建設西伯利亞大鐵路，還騰不出手來實施它的東亞政策。……一旦這條鐵路開始通車，俄國將在漫長的國境線上向中國全面推進，在中國殖民系統人造防線或是戰略防線上打開突破口。……

還有一個問題：當中國自顧不暇之際，還能顧及俄國入侵朝鮮嗎？譬如永興灣，俄國早已覬覦多年。對俄國來說，占領該港是一項巨大的收穫。它常年不凍，因而俄國艦隊冬季也可寄泊該港，而海參崴一年卻有好幾個月是封凍的。……俄國在日本海奪得一個良港，將給它開闢怎樣的軍事和商業前景是不言而喻的。

然後將筆鋒一轉，詆毀中國說：

無疑，中國會把永興灣甚至更多的朝鮮領土讓給俄國，而不會拿大清帝國的江山去冒險。中國對交趾支那和安南事件的處理以及坐視暹羅受侵略的事實，都證明它會這樣做。但對日本來說，俄國占領朝鮮卻是個至關重要的問題。……在這一點上，英國和日本的利益可以說是一致的。……而眾所擔憂的是，俄國已決意攻占中國本土、臺灣和朝鮮，而

第四節　列強調停聲中的日本外交策略

且可能還有法國的支持。且不說中國在物質上是否有力量抵擋，單就外交上來說又是否靠得住呢？

最後鼓吹只有讓日本參與保護朝鮮，憑藉其軍事實力足以擋住俄國的南犯：

> 如果日本參與保護朝鮮，問題就完全不同了。從日本對馬島的外圍軍事哨所到朝鮮南部港口，輪船數小時便可到達。由英國人幫助組建起來的日本海軍，等裝備上威力巨大的維多利亞型戰艦建成（尚在英國建造），將在太平洋上獨霸一方。[268]

這篇洋洋灑灑數千言的備忘錄，可謂極盡勸誘之能事了。

西博爾德備忘錄中所談的一些問題，的確是抓住了英國當局的想法，有很強的說服力。金伯利基於英國自身利益的考慮，聯想到遠東的現狀，不能不接受其中的主要論點。在一段時間裡，他一下子勸日本避免與中國衝突，以不使俄國「有機會插手朝鮮事務」並「從中漁利」，一下子勸中國「有必要持調和態度，以防止與日本發生衝突」，從而「可能會給俄國提供某種機會」。[269] 在英國看來，防俄是主要問題，其他都是次要問題，都要服從防俄的需求。在這一點上，日本和英國的利益的確是一致的。其後英國又倡議「五強聯合調停」和中日在朝鮮劃區占領，也都是針對俄國的。所以，是日英在基本利益上的共同性，才使日本的「將英國拉向我們一邊」計畫有了實現的基礎。

與日本的日英俄三角關係相互關連，在中國面前則擺著一個中英俄三角關係問題。如何處理好這個問題，關係到當時清政府外交的成敗。但是，對於這個問題，清政府內部還沒有一位官員能夠從戰略的高度發

---

[268]　《中日戰爭（1894）》，第 26、28、31、32 頁。
[269]　《中日戰爭（1894）》，第 26、28、33 頁。

第二章　清政府乞保和局與列強調停

現並加以理解,當然更談不上像日本那樣應付裕如了。清政府是有病亂求醫,在外交政策上根本沒有統一而周密的計畫,一下子由總理衙門求英,一下子由李鴻章求俄,這只能引起英國對中國的猜疑,以致發出警告:「給第三國(俄國)以干涉的機會實屬下策!」[270] 正由於清朝當局昧於世界大勢,制定不出一套處理當時國際關係的正確外交政策,因此反而無意地將英國向日本推去,為日本實現其「將英國拉向我們一邊」計畫創造了有利的條件。

日本「將英國拉向我們一邊」計畫之能否實現,其關鍵還在於中日英三角關係的如何發展。在中日英三角關係中,無論是中英之間還是日英之間,就防俄這一點來說,本來其利益都有著共同的一面。儘管日本拚力地拉英國,但英國考慮到防俄的大局,也不會輕易地就捨中而就日的。

在很長的一段時間內,從英國的防俄戰略來看,它和中國有著廣泛的利益一致性。「對於垂涎滿洲和印度的俄國,中國的利害關係正好和英國是一致的。而且,為了不使法國向印度支那擴張其版圖,中國所關注的問題亦與英國相同。另外,關於中國和緬甸的邊境,或者在新加坡、婆羅洲和香港,中國不僅認為有必要使中國人服從英國之規定以維護和平,而且只要和中國建立了和睦關係,對於移民事件,中國都會給英國移民部方便,它和加拿大、澳洲等強大的殖民地一樣,都不會出現危險的爭鬥。」[271] 按照英國殖民主義者的觀點,中國與它的殖民地加拿大、澳洲一樣,中國的存在是它防俄戰略計畫的一個重要部分,當然要與中國暫時保持和睦穩定的發展關係。因為英國既要防俄國自北方南下,又要防法國自南方北上,只有維護中國的

---

[270]　《中日戰爭(1894)》,第43頁。
[271]　《日清戰爭實記》,第14編,第80頁。

第四節　列強調停聲中的日本外交策略

存在，才能夠在介於遠東俄法兩大侵略勢力之間有一個巨大緩衝國。此外，俄國的南下，首當其衝的是朝鮮。而英國產業資本在朝鮮的活動，又主要是透過中國的商業資本進行的。所有這些，都促成了英國的遠東政策就是要維護該地區的穩定與和平。[272] 所以，連陸奧宗光也認為，英國「因從來的歷史關係，不能不產生重視中國的傾向」、「始終總是希望東亞和平不致破壞」。[273]

由於上述中英關係的歷史情況，歷來就有關於訂立中英同盟的倡議。西元 1885 年，當英國占領巨文島而遭到俄國抗議時，英國曾向當時的清朝駐英公使曾紀澤暗示與中國結盟的意思。其後，著名的《時報》特派記者柯爾克豪（Kirchhoff）也倡議英中同盟。他說：「俄國是所有政治家的噩夢。在將來尤其如此。俄國又是當前滿洲排除不掉的煩惱。中國將會熱情歡迎與英國結成同盟以對付俄國。這種同盟將使中國把對陸海軍的實質性的管理權付予英國，庶可以較小的費用和責任在維護英國遠東地位方面發揮作用。」[274] 甚至到甲午戰爭期間，英國傳教士李提摩太（Timothy Richard）還向李鴻章提出一個締結英中同盟密約的計畫。[275] 這說明長期以來，有不少英國人士對於訂立中英同盟是頗感興趣的。怪不得日本發動甲午侵華戰爭之前，伊藤博文和陸奧宗光還一直擔心中英之間曾締結過某種密約。甚至對於中國對朝鮮的宗主權，英國從防俄的前提出發，也是持認同態度的。海關總稅務司英國人赫德說過：「關於朝鮮的一切問題，可以成為其前提的一點，就是朝鮮是中國的屬國。」曾於西元 1890 年前後來遠東考察過並於後來成為英國外交大臣的格雷（Edward

---

[272]　清夫信三郎：《陸奧外交》，第 123 頁。
[273]　陸奧宗光：《蹇蹇錄》，第 41 頁。
[274]　清夫信三郎：《陸奧外交》，第 126 頁，注①。
[275]　British Documents on Foreign Affairs-Reports and Papers From The Foreign Office Confidential Print, Part Ⅰ, Series E, Vol. 5, Sino-Japanese War and Triple Intervention, 1894-1895, P. 244. （以下引用此書時簡稱《中日戰爭和三國干涉（1894～1895）》）

第二章　清政府乞保和局與列強調停

Grey）寫道：「我確信，朝鮮作為一個國家繼續存在的希望，就在於維持與清國的關係，這是歷史、政策與自然的共同要求。而且只有如此，才能為維護和平提供保障。」[276] 赫德和格雷的話，也反映了英國政府的觀點。7月間英國試圖促成中日談判時，就勸說日本不提「宗主權」問題，「不要把中國放棄在朝鮮的特殊地位作為談判的先決條件」。同時，還反對日本關於「朝鮮獨立」的提法，因為這「必會削弱中日兩國對朝鮮的控制和保護的許可權，只能為別國（俄國）的干涉提供更多的機會」，堅決主張改為「中日共同保證朝鮮領土完整」的提法。[277]

從上述情況看，在中、日、英三角關係中，中英之間與日英之間起初似乎是接近於等距離的。應該說，當中日爭端初起時，英國的行動表明了這一點。金伯利曾多次對青木周藏說：「當務之急是防止中日發生衝突，這兩個鄰國的根本利益是一致的。」[278] 也確係由衷之言。針對英國的態度，日本一方面繼續「打俄國牌」，對英宣傳中國絕抵擋不住俄國的南犯，一方面故意不斷地向中國提出一些難以接受的條件，使中日談判陷入僵局，然後將談判失敗的責任推給中國，以向英國證明調停難以奏效。在這種情況下，英國又反過來勸說中國對日本讓步和妥協。這時，英國也的確覺得中國無力抵禦俄國的南犯，為了防俄的戰略需求，只有用犧牲中國的辦法來滿足日本的侵略欲望，便開始將其遠東政策的重心逐漸移向日本。於是，在中日英三角關係中，日英之間的距離拉近了；與之相反，中英之間的距離推遠了。

7月22日，金伯利一面通知青木周藏，對日本政府的「不妥協態度」表示「十分遺憾」，一面命巴健特轉告日本政府：「英國希望日本政府作

---

[276]　清夫信三郎：《陸奧外交》，第107、125頁。
[277]　《中日戰爭（1894）》，第35～36頁。
[278]　《中日戰爭（1894）》，第28頁。

第四節　列強調停聲中的日本外交策略

出保證，與中國開戰時不對上海及其通道採取軍事行動，因為通訊中斷會大大影響英國的經濟利益。」[279] 這實際上是默許日本發動這場侵略戰爭。第二天，日本政府便密令日本常備艦隊從佐世保軍港出發，伺機襲擊北洋艦隊；同時，其駐漢城的混成旅團也按既定計畫演出了舉世震驚的圍宮劫政武劇。陸奧宗光後來說：「與其說是英國政府有堅決採取一切手段維護東亞和平的決心，毋寧說是英國政府認為中日兩國的戰爭已經不可避免，而抱著無從制止的看法。」[280] 日本「將英國拉向我們一邊」的計畫基本上得到了實現。

---

[279]　《中日戰爭 (1894)》，第 65～66 頁。
[280]　陸奧宗光：《蹇蹇錄》，第 46 頁。

第二章　清政府乞保和局與列強調停

第三章

戰爭爆發後的國際外交

第三章　戰爭爆發後的國際外交

▍第一節　從發端到決戰的清廷

一　聲敘日本無理挑釁之舉

　　西元 1894 年 7 月 25 日發生的豐島海戰拉開了中日甲午戰爭的帷幕。那麼，究竟誰是豐島海戰的挑釁者呢？事情本來是很清楚的，是日本挑起了釁端。日本當局卻有意地把水攪渾，使人莫窺底蘊，以便顛倒黑白，混淆國際視聽。這當然是一切侵略者慣用的手法。

　　本來，7 月 26 日，即豐島海戰發生的第二天，李鴻章就接到日本襲擊中國軍艦的消息。當天下午，他致電駐日公使汪鳳藻告知此事：「二十三（陰曆），日兵船在牙山口遇我兵船，彼先開炮接仗。」同時，還電令北洋海軍提督丁汝昌「即帶九船開往漢江洋面遊巡迎剿，唯須相機進退，能保全堅船為妥。仍盼速回。」[281] 這說明儘管日本已經挑起戰端，李鴻章當時尚未下定應戰的決心。

　　7 月 27 日早晨，李鴻章收到濟遠管帶副將方伯謙報告豐島海戰的電報。該電報稱：

　　二十一、二十二日，英輪愛仁、飛鯨裝兵抵牙，均陸續上岸。二十三號，突有倭兵船多只在牙山外攔截我兵船，彼先開炮聚攻。濟遠等竭力拒敵，鏖戰四點鐘之久。濟遠中彈三四百個，打在望臺、煙筒、舵機、鐵桅等處，致弁兵陣亡十三人，受傷二十七人。幸水線邊穹甲上有鋼甲遮護，只一處中彈，機器未損。倭船傷亡亦多。午時我船整理炮臺損處，倭船緊追，我連開後炮，中傷其望臺、船頭、船腰，彼即轉舵逃去。但見廣乙交戰，中敵兩炮，船已歪側，未知能保否。又遠送軍械

---

[281]　《李文忠公全集》電稿，第 16 卷，第 31～32 頁。

第一節　從發端到決戰的清廷

之操江差船適抵牙口,被倭船擊掉。英輪高陞裝兵續至,在近牙山島西南,亦被倭船擊中三炮,遂停輪而沉。

在此電報中,除對於操江、高陞的敘述不夠準確,以及「鏖戰四點鐘之久」等語有所誇大外,基本上是符合事實的。李鴻章讀此電文後,一時也非常氣憤,謂:「華倭現未宣戰,倭船大隊遽來攻撲我巡護之船,彼先開炮,實違公法。」他卻寄希望於英國干涉,認為「高陞」號「上掛英旗,倭敢無故擊毀,英國必不答應」[282]。

豐島一戰,敵我強弱懸殊,濟遠艦隻是被迫應戰。它雖安全返航威海,但受傷頗重,因駛至旅順船塢修理。據日本間諜鍾崎三郎報告:「濟遠日前為中國軍艦擊傷,7月30日午後3點鐘到本港船塢修繕,日夜均不停工,大約15日始可修好,因其所受破壞甚為嚴重。」[283] 當時,濟遠以一艘弱艦而向三艘強於自己的日艦挑戰,這原是不可能的事。連日本歷史學家亦指出:「唯須注意者,為開戰之責任究屬何者之問題。濟遠管帶方伯謙不獨並未如日本海軍方面所言整頓戰鬥準備,且對於數倍於自己之優勢的敵艦隊而謂為具有戰意,亦屬難於憑信。」[284]

日本當局卻千方百計地推卸其罪責。豐島海戰發生後,上海已有電訊頻傳,消息迅速傳至東京。7月28日,日本政府尚未接到正式戰報,即致函英、法、德、俄、美、義等國公使,控稱中國海軍在「牙山附近炮擊帝國軍艦」[285]。同一天,青木周藏致函英國外交部,亦稱:「朝鮮最近傳來消息:日本軍艦在受到挑釁的情況下,在豐島附近與中國海軍

---

[282] 《清光緒朝中日交涉史料》(1241),第15卷,第27頁。按:方伯謙海戰報告中「在近牙山島西南」一句,原作「在近牙寸峻西南」,此從《李文忠公全集》校改。
[283] 《宗方小太郎報告》,第12號。
[284] 田保橋潔:《甲午戰前日本挑戰史》,南京書店1932年版,第188頁。
[285] 《日本外交文書》,第27卷,第685號。

151

第三章　戰爭爆發後的國際外交

交火。」[286] 29 日，日本海軍省始收到聯合艦隊司令官伊東祐亨發來的戰況報告：

> 25 日午前 7 時，濟遠、廣乙自牙山出航，操江及懸掛英國旗之運輸船「高陞」號（印度支那輪船公司的輪船）滿載清國兵，自大沽向牙山駛來。此時，吉野、浪速、秋津洲三艦向牙山航進。雙方於豐島海面長安堆處相遇。二艦不僅不向司令官鳴放禮炮，反而作戰鬥準備，向我表示敵意。因該處範圍狹窄，三艦轉舵駛向外海。此時，浪速立即迫近濟遠，濟遠在桅桿上掛起日本海軍旗，又加懸白旗，故浪速暫停炮擊。……濟遠進至浪速艦尾約 300 米處，突放其尾部魚雷向我襲擊。浪速發側舷炮擊之，並數次迴旋射擊。吉野亦發炮攻擊。敵艦遂向威海衛遁去。[287]

該報告中本來並沒有「濟遠進至浪速艦尾約 300 米處，突放其尾部魚雷向我襲擊」這句話。當時接閱電報的海軍省主事海軍大佐山本權兵衛，認為報告裡沒有明寫誰是戰爭挑釁者，便私自加上這句話，企圖把挑起戰爭的責任強加在中國身上。[288] 山本權兵衛儘管費盡心思地修改伊東祐亨的報告，謊稱濟遠突放魚雷襲擊日艦，但卻忽略了報告前面還有「浪速暫停炮擊」一句，若非日艦首先開火，何來「暫停炮擊」之說？可見，經過山本權兵衛修改的伊東祐亨報告，仍然是破綻百出，剛好是欲蓋彌彰。

陸奧宗光讀了伊東祐亨的報告，看出其中的破綻，於是又加以修改潤色，於 7 月 31 日通報各駐外公使，轉致所在國外交部。該報告稱：

> 7 月 25 日，中國軍艦「濟遠」號、「廣乙」號駛離牙山，「操江」號

---

[286]　《中日戰爭（1894）》，第 78 頁。
[287]　《日本外交文書》，第 27 卷，第 712 號，附件。
[288]　日本海軍大臣官房編：《山本權兵衛和海軍》，第 86 頁。

第一節　從發端到決戰的清廷

同運兵船從大沽前往牙山。日本軍艦「吉野」號、「浪速」號、「秋津洲」號也向牙山駛來，在豐島附近與這兩艘軍艦相遇，中國軍艦未向日艦致意，反作交戰準備，態度極不友好。濟遠艦在浪速艦後面不遠處，浪速艦突然衝向濟遠艦。濟遠艦後退，並升起白旗。「浪速」號於是暫不開火。這時，運兵船從「浪速」號一旁經過，浪速又發空彈，示意其停船拋錨。運兵船照辦了。與此同時，濟遠艦接近了浪速艦尾部，在距離約300公尺處向「浪速」號發射了魚雷，但未命中。「浪速」號遂向「濟遠」號開火，「吉野」號也一起開火。最後，濟遠艦向威海衛逃去，日艦追了一陣，沒有追上。[289]

將浪速「暫停炮擊」改為「暫不開火」，從字面上看似乎「合理」一些，可這更進一步暴露其所述內容的虛假性。因為以上的一些說法和日方的其他記載完全是自相矛盾。

首先，按伊東祐亨的報告和陸奧宗光的通報，豐島海戰是由於中國濟遠艦在距離300公尺處先發射魚雷而後日艦「浪速」號開火才引起的。究竟濟遠艦是否向「浪速」號發射了魚雷？日本海軍軍令部編的《二十七八年海戰史》則稱：「7時52分彼我相距3,000公尺左右距離時，濟遠首先向我發炮。」一個說濟遠在300公尺處發射魚雷，一個說濟遠在3,000公尺處開炮，自己否定了自己。事實上，濟遠當時根本沒有發射魚雷，是浪速向「高陞」號「發射了魚雷，但未命中」，反嫁禍到濟遠身上。

其次，按伊東祐亨的報告和陸奧宗光的通報，「浪速」號開火在前，「吉野」號開火在後。而《二十七八年海軍史》則稱：「濟遠首先向我開炮，旗艦吉野立即應戰，以左舷炮向濟遠轟擊。接著，秋津洲在55分，浪速在56分，亦以左舷炮向濟遠猛射。」[290] 日本第一游擊隊三艦的「游

---

[289]　《中日戰爭(1894)》，第86頁。
[290]　日本海軍軍令部：《二十七八年海戰史》上卷，第88頁。

第三章　戰爭爆發後的國際外交

擊順序」是事先早已確定好的，是以吉野、秋津洲、浪速的縱隊陣式航進的。所以，日方只能是吉野先開炮，然後秋津洲、浪速隨之開炮。伊東祐亨和陸奧宗光說浪速先開火；吉野隨之開火，不僅不合乎情理，也與事實相違背，連日本軍方所編的戰爭史都無法為之掩蓋。這當然是有意作偽，以掩飾旗艦吉野的責任，好讓人們覺得豐島襲擊並非日方的預謀，而是偶發的，並且日方是被迫自衛還擊。這個謊撒得太離奇了，有誰會相信呢？

再者，按伊東祐亨的說法，雙方軍艦相遇時，中國軍艦「不僅不向司令官鳴放禮炮，反而作戰鬥準備」。陸奧宗光也重複這種說法。這是企圖用濟遠先「作戰鬥準備」來證明濟遠首先攻擊日艦的合理性。事實上，後來發表的日本浪速艦長東鄉平八郎的日記明確無誤地記述：7月23日各艦長會議結束後，日艦便「進入戰鬥準備狀態」；24日，吉野等3艦向北搜尋中國軍艦；25日，「午前7點52分，在豐島海上遠遠望見清國軍艦「濟遠」號和廣乙艦，即時下戰鬥命令」。[291] 這說得再清楚不過了，先作戰鬥準備並在雙方相距尚遠時下達戰鬥命令的是日本艦隊自己，而不是中國軍艦。

最後，還回到正題上：在豐島之戰中究竟是誰先發起攻擊的呢？《二十七八年海戰史》指出濟遠是在7點52分時開了第一炮。東鄉平八郎日記只說是7點20分下達戰鬥命令，7點55分開戰，既不提濟遠首先開炮，也迴避了吉野何時開炮的問題。對這兩個至關重要的問題，按理說東鄉平八郎不應該不記。看來，他之所以不記，是有原因的。幸好保存下來的〈濟遠航海日誌〉彌補了東鄉平八郎日記的缺漏：「七點，見三艘倭船前來。一刻，站炮位，預備禦敵。四十三分半，倭督船放一空

---

[291]　《中日戰爭》（六），第32頁。

第一節　從發端到決戰的清廷

炮,……四十五分,倭三船同放真彈子,轟擊我船。我船即刻還炮。」[292] 由此可見,豐島海戰打響的時間是 7 點 45 分,而不是日方所說的 7 點 52 分;首先開炮的是日艦,濟遠只是被迫還擊而已。

伊東祐亨的報告也好,陸奧宗光的通報也好,都是滿紙的謊言,完全不足憑信。日本政府也明知謊言瞞不了多久,但它的重要目的是為發動這次大規模侵華戰爭尋找藉口,只求能夠矇混一時也就夠了。

其實,豐島海戰並不是一個偶然事件,而是日本當局預謀的結果。當時,日本的國際法學者有賀長雄,即曾提出「以西元 1894 年 7 月 23 日聯合艦隊以交戰目的出佐世保港之日為開戰期」。這不是沒有一點道理的。因為日本聯合艦隊出佐世保港駛向朝鮮西海域,是根據海軍軍令部長樺山資紀傳達的大本營關於襲擊北洋艦隊的命令,所以在 7 月 23 日就預定這次海戰將要發生了。正如有的日本歷史學家指出:「在無線電極尚未發明海上通訊機關之最不完整的時代,向一旦發動之艦隊變更當初所下之命令,實近於不可能。且思及艦隊目的地群山浦為陸上電報所未到達之地點,則日本國政府當艦隊出港之際,同時已預期開戰。此無待說明者也。」並由此得出結論:「發炮時間孰先?亦不成重要問題。開戰的責任在於日本艦隊。當時日本國稱濟遠首先發炮而開戰端,努力將開戰責任轉嫁於清國政府者,大概欲努力將『日本國起於被動的』之概念傳布於各國之故歟?……在日本國內暫置不論,但在第三國內全然不信此說。」[293]

日本大本營在 7 月 23 日下令向中國開戰的另一個證明,就是在命令聯合艦隊出佐世保港襲擊北洋艦隊的同時,又命令駐朝鮮的大島混成旅團向中國陸軍發動進攻。杉村濬在回憶 7 月 23 日圍宮劫政事件時寫道:

---

[292]　戚其章:《中日甲午戰爭史論叢》,山東教育出版社 1983 年版,第 168 頁。
[293]　田保橋潔:《甲午戰前日本挑戰史》,南京書店 1932 年版,第 188～189 頁。

第三章　戰爭爆發後的國際外交

「當時，混成旅團長大島少將已接到大本營發來的討伐駐紮牙山清兵的命令。即將出發時，由於京城事件緊急，向牙山的進軍便推遲了一兩天。」[294]日本軍隊雖然推遲了進攻牙山中國軍隊的時間，卻於23日拂曉對中國駐漢城總理公署「圍守攻掠」，代辦唐紹儀慌忙「率同各員差由後院韓民宅內逃移至英國總領事署暫避」。[295]同時，毀漢城電報總局「為駐兵之所」。委員知府李毓森亦率電報學生數人先避入德國領事館，又移往英國總領事館。可見，事實上，日本已在7月23日對中國採取軍事行動。不僅如此，大鳥圭介還於7月24日向中國「下戰書」，託英國總領事嘉託瑪「代寄天津」。嘉託瑪「作函婉卻之」，並將「公文兩角繳還」。[296]

豐島海戰後，李鴻章認為日本挑起釁端一定會引起各國的公憤，於7月28日致電總理衙門：「倭先開戰，自應布告各國，俾眾皆知釁非自我開。似宜將此案先後詳細情節據實聲敘。」並提出：「汪使應撤回。」[297]29日，軍機處令李鴻章轉電駐日公使汪鳳藻撤令回國；30日，總理衙門照會各國公使譴責並聲敘日本無理挑釁之舉：

（日本）在牙山海面突遣兵輪多只，先行開炮，傷我運船，並擊沉掛英旗英國高陞輪船一只。此則釁由彼啟，公論難容。中國雖篤念邦交，再難曲為遷就，不得不另籌決意辦法。想各國政府聞此變異之意，亦莫不共相駭詫，以為責有專歸矣。[298]

31日，又諷令日本公使小村壽太郎下旗歸國。同一天，日本政府也

---

[294]　杉村濬：《明治二十七八年在韓苦心錄》，第47頁。
[295]　〈代理朝鮮交涉通商事宜唐守紹儀稟〉，《朝鮮檔》(2103)。
[296]　許寅輝：《客韓筆記》，光緒丙午長沙刻本，第7～8頁。
[297]　《李文忠公全集》電稿，第16卷，第34頁。
[298]　《清光緒朝中日交涉史料》(1262)，第15卷，第34頁，附件一。

第一節　從發端到決戰的清廷

宣布：「帝國與清國現進入戰爭狀態。」[299] 到 8 月 1 日，中日兩國皆發表宣戰詔書，宣告甲午戰爭的正式開始。

二　御日策議

中日兩國正式宣戰後，朝野上下的主戰議論占了壓倒性的地位。但是，主戰論者的觀點並不是完全一致的。大致有如下三種觀點：

第一種，是速戰論。持此論者，其根據有如下四點：

其一，日本是小國，與中國無法相比。如謂：「以倭奴彈丸小國，狡詐無信，年來諂事歐洲，襲其毛滓，詎敢夜郎自大，棄好尋仇」，應「認真揀選英銳，奮力一戰，誓掃倭奴，以為跋扈不順者警」。「想天戈所指，不難指日蕩平。」[300]

其二，日本人力財力有限，外強中乾。如謂：「考日本之為國，不過三島，浮沉東海，猶一粟土地，軍力俱不及中國十分之一。其得與之相抗者，唯大小兵輪 40 餘艘，數有同耳。然數雖同，而堅大不及也，砲彈不夠也。加之人手無多，水陸不相護，戰事未及十次，國中人財俱竭。觀其蒐括軍資，稅及倡寮，三丁抽一，五丁抽二，空虛之狀，已顯而有徵。度之於勢，人強乎否乎？理既悖逆，勢又屢弱，我中國於此不日本之勝，而誰勝乎？」[301]

其三，中國陸戰必勝。如謂：「淮軍長於陸戰」[302]，「以久練之淮軍而制日，自可操勝算矣。我陸軍之健壯，洋人咸服其勇，派能將一員

---

[299]　《日本外交文書》，第 27 卷，第 687 號。
[300]　《盛檔·甲午中日戰爭》（下），第 141～142 頁。
[301]　《中倭戰守始末記》，第 1 卷，第 1 頁。
[302]　《盛檔·甲午中日戰爭》（下），第 137 頁。

第三章　戰爭爆發後的國際外交

領以前往,何日之畏也!」[303]

其四,日本缺乏實戰經驗,且士氣不振。如謂:「倭兵雖練,未經大敵,不難一鼓得手。」[304]、「日本兵素來未經大戰,貌習泰西陣法,並非中堅,亦非同仇,籍民抽丁不願者眾。聞此次驅兵上船,有父兄臨送吞聲以行者,有中路逃逸落荒者。氣亦不揚矣,必不能當中國之強奮而耐戰。」[305]

速戰論者在戰略上藐視侵略者日本,並不為錯,但問題是他們對日本並沒有真正的全面的了解,因而在認知上有很大的片面性,認為速戰即可速勝,在戰術上犯了輕視敵人的錯。

速戰論者有一個主要的特點,認為持久戰適於古而不適於今,因此反對實行持久戰。如稱:

從古大與小敵,利於持久;小與大敵,利於速戰。蓋大國人民眾也,糧食饒也,財用足也,器械備也,凡可以持久者,十倍於小國,與之相持不決,以待其弊,固不戰而屈人者也。若夫小國,兵不繼,糧不給,財不足,器械不備,與大國爭持久之利敗矣。故其勢在速戰,得寸進寸,得尺進尺,此兵家之常談也。

而吾竊驗之往古,按之當今之務,以為大與小敵,小不能分兵擾我,固可持久勝之,小能分兵擾我,則我防不勝防,持久適足以敗事也。何以言之?大國地廣勢散,隨處而慮其擾,顧此則失彼,顧彼則失此,處處而備之,則力分,力分則與小國等耳。故與其終歲皇皇備其來,曷若使之終歲皇皇備吾來乎?吾往則彼不能來,彼來而吾則能往。彼來不過擾吾邊耳,吾往則直挈其要領,將覆亡之不暇,何暇分兵擾我乎?即能分兵擾我,擾之不克,固取敗亡;擾之即走,亦無關要害,而

---

[303]　〈英文館學生楊書雯說帖〉,《朝鮮檔》(2125)。
[304]　《盛檔・甲午中日戰爭》(下),第137頁。
[305]　《清光緒朝中日交涉史料》(1404),第17卷,第1頁

第一節　從發端到決戰的清廷

吾軍已深入，彼將不國，欲持是安歸乎？故大國知用其長，百戰不殆；失其所以為大，雖大奚益？」[306]

速勝論者把國之大小與國之強弱完全等同，否認敵強我弱這個基本事實，因此作出了速勝的錯誤估計，這樣在實踐中是必然要碰壁的。

中日開戰以後的現實，本來已經證明速勝是行不通的。速勝論者並無勇氣承認現實，卻設想採用奇攻的辦法以獲得速勝。如有人主張：飭南洋、廣東兵船先「規復琉球」，然後「長驅直進東洋長崎各口岸」。並認為：「中國乘此機會，大申撻伐之威，使其朝不顧夕，疾苦顛連，區區日本，更何以國？」[307] 還有人提出的建議更實際：「萃南北洋鐵甲、鋼甲、蚊船、魚雷，各戰艦連檔銜尾，鼓輪而東。搗其對馬島，覆其水師後援，而駐高陸兵之歸路斷，將不戰自潰矣。搗其長崎，長崎破，而煤源絕矣。搗其神戶，神戶破，則由大阪鐵道直達西京，而其國斷而為二矣。搗其橫濱，橫濱破，則東京震動，勢將遷都，全國可傳檄而定矣。此萬世之功，千載一時也。」[308] 這種奇攻論，在整個甲午戰爭期間不斷有人用不同的形式反覆提出來，甚至清廷也對此論甚感興趣，可見當時其影響之大。

速戰論者也是愛國志士，愛國之情可掬，動機是好的，但其看法則完全脫離實際，其行動就無法達到預定的目的。勉強做下去，敗軍辱國，結果和失敗論者殊途而同歸。

第二種，是持久論。最先提出此論者為駐英公使龔照瑗。他在7月29日致電李鴻章，指出：「英與各國勸和，聞又有條陳，但絕不肯出一斷語，恐轉誤事。事至此，與其俯就，終成不了之局，不如閣中全力立不

---

[306]　〈緊備水軍直搗東瀛論〉，《甲午戰爭時論選》。
[307]　廣平子：〈論中與日戰宜出奇兵以乘之〉，《甲午戰爭時論選》。
[308]　〈緊備水軍直搗東瀛論〉，《甲午戰爭時論選》。

第三章　戰爭爆發後的國際外交

休之戰，水陸穩戰，進退自由，北和俄，南拒倭，不急功，不示弱，久持。」[309] 7月31日，南洋大臣劉坤一婉轉地指責當時盛行一時的速戰論，建議實行持久戰，其奏云：「現在兵端已開，務在痛予懲創，即使刻難得手，亦可以堅忍持之。日本國小民貧，併力一舉，其勢斷難支久。將來待其困斃，自易就我範圍。」[310] 後來，他更明確地提出：「『持久』二字，實為現在制倭要著。」[311] 戶部右侍郎長麟則提出：「與倭人抵死相持，百戰不屈，百敗不撓，決之以堅，持之以久。」[312] 戶部給事中洪良品進呈〈管見六條〉，也認為：「兵貴持久，乃能致勝。」[313] 鍾天緯上書北洋，甚至提出：「為今計，不如即借日本為敵國外患，警發我通國臣民，發憤自強，力圖振作，上則存臥薪嘗膽之心，下則堅敵愾同仇之志……力戰兩三年……庶可使戰士愈精，智勇愈開，兵陣愈習。」並進一步指出：「如果我中國實在富強，日本方求和之不暇矣。然則和戰之局，仍不啻中國自操之也。」[314] 北洋探員李家鰲在俄朝邊境一帶實地考察後，致函盛宣懷稱：「卑職愚以為俄人之舉動，聽英國之行為，英人與分，俄邦亦必攪亂其間。現在我能堅持，彼則壁上觀風，此歐洲大局使然。」[315] 意謂中國如能將戰爭堅持下去，列強方不至插手，從中漁利。當時的持久論儘管尚不夠完滿，但從整體來看，仍不失為正確的戰略觀念。對此，一些西方人士也持有同見。如說：「中國宜先守後攻，以持久困之。」[316]、「久持，倭必不支。」[317] 海關總稅務司赫德也多次談到這個問題。早在戰爭

---

[309]　〈龔大臣中英法往來官電〉，《中東戰紀本末三編》第2卷，第40頁。
[310]　《清光緒朝中日交涉史料》(1431)，第17卷，第22頁，附件一。
[311]　《清光緒朝中日交涉史料》(3054)，第40卷，第28頁。
[312]　《清光緒朝中日交涉史料》(1458)，第17卷，第39頁。
[313]　《清光緒朝中日交涉史料》(1437)，第16卷，第19頁。
[314]　《盛檔‧甲午中日戰爭》(下)，第176～177頁。
[315]　《盛檔‧甲午中日戰爭》(下)，第187頁。
[316]　《清光緒朝中日交涉史料》(1784)，第22卷，第2頁。
[317]　《清光緒朝中日交涉史料》(1226)，第15卷，第22頁。

第一節　從發端到決戰的清廷

爆發前，他即指出：「日本在這場新戰爭中，料將勇猛進攻，它有成功的可能。中國方面不免又用它的老戰術，但是只要它能禁得住失敗，就可以慢慢利用其持久的力量和人數上的優勢轉移局面，取得最後勝利。」並且強調：「中國如能發揮持久的力量，在三四年內可以取勝。」直到戰爭爆發之後，他仍然堅持認為：「在戰爭開始階段中，日人必可處處獲勝。假如中國能勇敢地堅持，不因一時挫退而灰心，我相信它有可能在結局時獲得勝利。」但是，當時相信持久論的人太少，「中國除了千分之一的極少數人以外，其餘九百九十九人都相信大中國可以打垮小日本」[318]。持久論者所發出的微弱呼籲，終於被速戰論者的入雲高唱所淹沒了。

第三種，是暫時相持論。持此論者亦認為須與敵相持，但又認為相持時間不要太久。如稱：「倭人國小而弱，苟無他國暗中幫助，何足與中國爭雄？不過一時得所憑藉，遂任意鴟張耳。但相持一年之久，必計窮力蹙而勢不支，自俯首求和，唯命是聽。」[319] 還有人認為：「竊料敵人兵力，如與我悉力相持，必不能至四五月之久。」[320] 暫時相持論雖似乎是介於速戰論和持久論之間的觀點，實際上與速戰論並無太大差別，故亦可歸入速戰論一類。

速戰論之所以盛行一時，主要是基於普遍存在的盲目輕敵觀念。平壤之戰和黃海海戰後，李鴻章在奏陳軍情折中指出：「方倭事初起，中外論者皆輕視東洋小國，以為不足深憂。」[321] 按之戰爭初期的策議，情況確乎如此。持久論之所以不被注意，除為激越高昂的速勝論調所掩蓋外，還由於它本身存在著不可克服的弱點，即拿不出真正切實可行的克敵致勝的辦法。如江南道監察御史張仲炘本是持久論者，他曾指出：「今

---

[318]　《中國海關與甲午戰爭》，第 48～50 頁。
[319]　《清光緒朝中日交涉史料》(1407)，第 17 卷，第 8 頁。
[320]　《清光緒朝中日交涉史料》(1298)，第 16 卷，第 6 頁。
[321]　《李文忠公全集》奏稿，第 78 卷，第 61 頁。

第三章　戰爭爆發後的國際外交

我之兵船雖不如彼之多，器械雖不如彼之利，餉糈雖不足而尤可籌維，兵力雖不敷而不難召募，以中華之全力抗一外強中乾之島族，儘可綽乎有餘。但須與之久於相持，耐心堅忍，勝固可喜，敗亦勿憂。倭雖凶橫，而暴師既久，則貨財無可蒐括，商賈不得懋遷，黨議橫生，兵心渙散，變故必可翹足而待。」此話說得倒是有理，但將勝利的希望完全寄託於敵國的變故上，究竟是不夠的。於是，他又主張先採取奇攻的辦法：一、「調天津、旅順各戰艦配以陸勇，乘暇陷隙往奪仁川」；二、「召募勇士擾彼島隙」、「乘其不意，潛行侵擾」；三、密約日本「內地商民乘間而發，據其炮臺」。奇攻得手後，「然後繼以大軍，聲東擊西，星馳電掃，擾其海岸，擊其中權」。他認為：果能如此，則「其東西京有不岌岌震動，渙然瓦解者哉！」[322] 此皆書生之見，在實際上是絕對無法實現的。在這一點上，它又和速戰論有相通之處。

從中日兩國宣戰到決戰，有一個半月的時間。如果從開戰時算起，時間差不多接近兩個月。在此期間，清政府由於缺乏正確的戰略觀念指導，從而無法制定合乎實際的作戰方針，指揮難能得力，想要奪取戰爭的勝利又怎麼可能呢？

三　帝后黨爭之肇端

早在甲午戰爭以前，帝后兩黨之間的衝突業已略見端倪，但尚未表面化。及至戰爭爆發以後，其衝突由暗而明，逐步顯露，終至激化。在中日兩國決戰之前，帝后黨爭尚若暗若明，只是初顯肇端而已。

---

[322]　《清光緒朝中日交涉史料》(1413)，第17卷，第15～16頁。

第一節　從發端到決戰的清廷

慈禧太后

　　甲午年十月初十日乃慈禧太后的60誕辰，她本想大舉做壽，是不希望發生戰爭的。她以陰謀而掌握最高權力，老謀深算，初尚忌憚清議，並對日本亦有輕視之心，故在中日決裂之前曾「傳懿旨亦主戰」[323]。8月1日，李鴻章奏報葉志超軍「連獲勝仗，斃倭賊二千餘人」[324]。3日，慈禧即傳懿旨「加恩著賞給該軍將士銀二萬兩，以示鼓勵戎行至意」。葉志超到達平壤後，又慈禧太后賞給葉志超白玉翎管等「以示優異」。還因「大兵進駐平壤，各軍將士冒暑遄征，備嘗艱苦，恐因水土不服，致生疾病」，發去平安丹40匣，「頒給各軍將士以示體恤」。[325] 她的這種主戰的姿態，甚至使帝黨的重要成員一度對她產生幻想，以為她真的會支持主戰派。其實，慈禧的「主戰」並非本意，她亦無真正把仗打下去的決心。在戰爭初期，她冷眼旁觀，除對重大問題絕不放手外，通常不動聲色，伺機以操縱大局。

　　儘管慈禧早已歸政，但軍機處仍為后黨所控制。首席軍機大臣禮親

---

[323]　《翁文恭公日記》，甲午六月十四日。
[324]　《清光緒朝中日交涉史料》(1284)，第16卷，第1頁。
[325]　《光緒朝東華錄》，光緒二十年七月，第137、148頁。

第三章　戰爭爆發後的國際外交

王世鐸，遇事模稜，從不建白，但「終身無疾言厲色，對內侍尤恭謹。李蓮英向之屈膝。亦屈膝報之。諸王以敵體待諸奄，前此所未有也」。因西元1884年醇親王奕譞與恭親王奕訢爭政，慈禧盡罷軍機王大臣，宮內左右爭譽世鐸之賢，遂令為軍機領班。兵部尚書孫毓汶善權術，直軍機逾十年。世鐸名領樞府，然其「懦庸無能，毓汶遂專魁柄。夙值南齋，多識群奄，恆於後前稱其能，寵以日固」。世鐸「亦降心從之」[326]。徐用儀以吏部左侍郎入直軍機，追隨孫毓汶之後，亦步亦趨。與翁同龢「論事不合，至動色相爭」[327]，成為孫毓汶的重要幫手。其餘兩位軍機大臣，一為東閣大學士張之萬，一為武英殿大學士額勒和布。張之萬已是84歲的龍鍾老翁，善體慈禧之意，「意在不輕開釁」[328]。額勒和布則「木訥寡言」[329]、「才欠開展」[330]，隨聲附和而已。孫毓汶既主政樞府，深得慈禧寵信，又「素與（李）鴻章相納」[331]，遂成為后黨的中堅。

自日本遞交「第一次絕交書」後，光緒皇帝非常惱怒，嚴責樞府「上次辦理失當，此番須整頓」，並派主戰的翁同龢和李鴻藻參加樞府會議。於是，翁同龢儼然成為帝黨的實際領袖。從此，在中樞內部開始形成了帝、后兩黨峙立的格局。試觀翁同龢日記：「主戰者五析，議無所決。余與高陽（李鴻藻）皆主派兵。」[332] 可知除翁、李外，軍機王大臣都是主和的，和戰分野已非常清楚。翁同龢雖參與樞機，但無力改變后黨把持的局面。帝黨成員編修葉昌熾在日記中寫道：「聞樞府把持，藩籬甚固，翁、李兩公雖特派會議，不能展一籌。娼嫉之臣，千古一轍，

---

[326]　費行簡：《近代名人小傳》，第79、116頁。
[327]　《翁文恭公日記》，乙未五月十二日。
[328]　張亨嘉：〈張之萬神道碑〉，《碑傳集補》卷一，上海古籍出版社1987年版。
[329]　《清史稿》列傳二百二十六〈額勒和布傳〉。
[330]　費行簡：《近代名人小傳》，第113頁。
[331]　《清史稿》列傳二百二十三〈孫毓汶傳〉。
[332]　《翁文恭公日記》，甲午六月十四日。

第一節　從發端到決戰的清廷

可勝浩嘆！」[333]

　　翁同龢為推行其主戰主張，並改變樞府的既成格局，只有依靠發動清議之一途。其門人侍讀學士文廷式自稱：「總署事極祕密，余則得聞於一二同志，獨先獨確，因每事必疏爭之，又昌言於眾，使共爭之。嘗集議具稿，時有為余危者，余曰：『願執其咎，不敢讓也。』」[334] 時翁同龢奉旨參與軍機大臣、總署大臣會議，又有與翁同龢關係甚密的汪鳴鑾在總理衙門行走，即文廷式所說的「一二同志」。翁同龢剛好是透過文廷式來聯絡帝黨成員與后黨抗爭的。其另一門人張謇則為翁同龢的謀士，每每代翁同龢策劃，多被採納。翁同龢、張謇二人之日記及其來往密信，對此有著詳細的紀錄。禮部右侍郎志銳為瑾、珍二妃之兄，時亦主戰頗力。此三人在當時成為帝黨最活躍的健將。在他們的發動下，臺館諸人屢上封事，痛切陳詞，言戰不遺餘力。光緒帝亦「欲得外廷諸臣協力言之」[335]，以推動局面，故言戰者更加暢言無忌。

　　在此階段中，帝黨藉助於清議，圍繞著以下四個問題與后黨展開爭鬥：

　　第一，是選帥問題。當時眾所公認的帥才是二劉，即湘劉和淮劉。湘劉，新疆前巡撫劉錦棠；淮劉，臺灣前巡撫劉銘傳。先是李鴻章主張以淮將統淮軍，提出任用劉銘傳，得到朝廷的批准。7月2日，李鴻章轉電劉銘傳：「本日奉旨：福建臺灣前巡撫劉銘傳著即來京陛見。」[336] 劉銘傳以「和局可成，病重」為由，表示不肯出山。後形勢日趨嚴峻，李鴻章又於7月15日致電劉銘傳：「初盼和成，免勞大駕。今倭堅執不

---

[333]　葉昌熾：《緣督廬日記鈔》，甲午七月十二日。
[334]　文廷式：〈聞塵偶記〉，《近代史資料》第1981年第1期，第52頁。
[335]　葉昌熾：《緣督廬日記鈔》，甲午八月二十八日。
[336]　《李文忠公全集》電稿，第15卷，第60頁。

第三章　戰爭爆發後的國際外交

回,內意令大舉致討,有將無帥,恐致僨事。擬即奏請會辦北洋督辦朝鮮軍務。公雖微痾,視鄙人老憊,當勝萬萬。盼速復。」[337] 在此以前,李鴻章還透過龔照瑗勸其出山:「倭事急,北省有將無帥,若淮局不振,國將弱,乞速出山,盡公義私情,以全大局。」[338] 後李鴻章又讓盛宣懷透過劉銘傳的姪子劉盛休「設法勸駕」。但劉銘傳「決意不肯出山」[339]。對此,歷來猜測紛紛,莫知底蘊。原來,劉銘傳深知即使當前勉強與日本開仗,不久主和派即會居於上風,曾有「知和議在即,我絕不出」[340] 之語。這才是他不肯出山的主要原因。或謂劉銘傳之不出,與翁同龢相關。事實上,帝黨對任用劉銘傳並無意見。而且張謇還向翁同龢進言:「湘劉幫辦南洋,淮劉幫辦北洋,取其目前將士一氣,亦可統游弋之師。」[341] 這倒是顧全大局的建議。7月29日,樞府收到李鴻章所轉劉銘傳「病未癒,目昏耳聾,萬難應召」[342] 的覆電後,才決定以劉錦棠當其任。此時,劉錦棠業已病重,未能命駕北上,不久就病故了。這樣,選帥問題便暫時停擺了。

選帥問題久懸,使許多廷臣為之焦慮,於是紛紛上疏奏請簡派。8月17日,江南道監察御史鍾德祥奏稱:「為今日計,防不可不急,而戰則又不能急。所最宜急者,似在我皇上之簡將帥。」[343] 翰林院編修周承光奏請「欽簡大臣經略節制,事權劃一,舉旗東指,節節進兵」[344]。河南道監察御史易俊仍然疏稱:「劉錦棠、劉銘傳皆百戰名將,威望素著,或

---

[337]　《李文忠公全集》電稿,第16卷,第19頁。
[338]　〈龔大臣中英法往來官電〉,《中東戰紀本末三編》第2卷,第36頁。
[339]　《盛檔·甲午中日戰爭》(下),第128頁。
[340]　《諫垣存稿》,第2卷,第30頁。
[341]　〈張謇致翁同龢密信〉。
[342]　《東行三錄》,第149頁。
[343]　《清光緒朝中日交涉史料》(1404),第17卷,第4頁,附件三。
[344]　《清光緒朝中日交涉史料》(1405),第17卷,第6頁。

第一節　從發端到決戰的清廷

特簡一人督辦朝鮮軍務，以一事權，聽其居中排程，不為遙制。」[345] 18日，江南道監察御史張仲炘甚至提出：「特派懿親重臣曾辦軍務者馳赴朝鮮，排程諸軍。」[346] 21日，翰林院侍講樊恭煦則請簡派是月16日由安徽巡撫調山東巡撫的李秉衡以當此任。李秉衡在中法戰爭期間督辦廣西後路軍務兼會辦廣西前敵軍務，「與馮子材分任戰守」。諒山大捷後，彭玉麟奏曰：「兩臣忠直，同得民心，亦同功最盛。」[347] 李秉衡以此聲名大噪。此時，李秉衡已至北京，翁同龢等「詢以軍事及三省練兵」。李秉衡知駕馭淮軍甚難，答以「軍事未諳」，且「自幼隨任，退不能歸籍，三省練兵不能辦」[348]。本來，帝黨頗寄希望於李秉衡，擬令其督辦朝鮮軍務，不使李鴻章掣肘。但李秉衡辭意頗堅，只好暫作罷論。最後，經過軍機處討論，決定：「其特簡大臣督辦朝鮮軍務一條，查陸路各軍向歸李鴻章節制調遣，刻下戰守機宜應仍由李鴻章妥為布置，以免紛歧。」[349]

先是劉銘傳決意不肯出山，李鴻章知總署已致電湖廣總督張之洞：「奉旨傳知劉錦棠來京陛見。」[350] 李鴻章堅決不同意以湘將統淮軍，反對帝黨「以湘劑淮」[351] 的構想。7月29日，軍機處傳旨詢問李鴻章：「前據奏，李鴻章奏統率需人，請飭劉銘傳迅速北上。昨據電奏，因病未能赴召，現在進剿各軍應否另調大員統率？著李鴻章迅籌具奏。」[352] 8月2日，李鴻章覆電把朝鮮的戰局說得十分有把握，不另派統帥也不會誤事，其用意是阻止朝廷在淮將以外另選統帥，並非真的不要統帥。

---

[345]　《清光緒朝中日交涉史料》(1407)，第17卷，第7頁。
[346]　《清光緒朝中日交涉史料》(1413)，第17卷，第15頁。
[347]　《清史稿》列傳二百五十四〈李秉衡傳〉。
[348]　《翁文恭公日記》，甲午七月十三日。
[349]　《清光緒朝中日交涉史料》(1434)，第17卷，第24頁。
[350]　〈總理衙門致湖廣總督張之洞電〉，《朝鮮檔》(1930)。
[351]　〈張謇致翁同龢密信〉。
[352]　《清光緒朝中日交涉史料》(1279)，第15卷，第38頁。

第三章　戰爭爆發後的國際外交

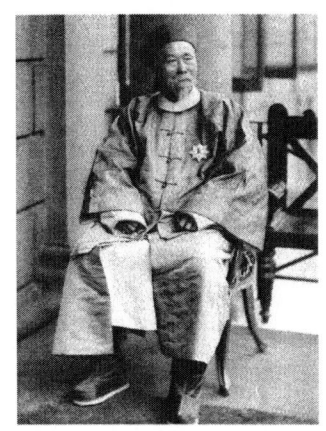

李鴻章

其實，自劉銘傳表示絕不出山後，李鴻章正在考慮派何人擔任赴朝大軍的統帥問題，只是一時尚拿不定主意而已。8月27日，淮系官員佘昌宇在寫給盛宣懷的一封信裡便透露了一點消息：「平壤岌岌可危，該處乃三韓最要之地，倘被倭占，東三省已失門戶，非特朝鮮大勢全去，東三省豈能安枕耶？……鄙意此本傅相重任，而萬無親征之理，劉省帥（銘傳）又託病不出，現在伯行（李經方）星使已到，淮軍有將無帥，斷難用兵，非伯行代相前去不可。但此舉傅相不便陳奏，伯行又難自請，必須廷臣封章入告，望兄設法暗中託人陳奏。如能奉旨賞給三品卿銜，授為欽差大臣督辦朝鮮軍務，實於大局有益。」[353] 李經方為李鴻章之子，以其經歷而督辦朝鮮軍務，未免過於出格，而且在樞府中也絕難通過。於是，佘昌宇又親自向李鴻章提出一個變通方案：「前敵距津三千里，傅相遙控，運籌決勝，似乎太遠。必須有一統帥節制、聯繫各軍，隨機應變，設伏出奇，俾免將領不和，致生意外之事。劉省帥既有病不出，目前資歷最深、戰功最著，首推宋祝三（慶）軍門。即可奏請特派

---

[353]　《盛檔・甲午中日戰爭》（下），第 172 頁。

第一節　從發端到決戰的清廷

督辦朝鮮軍務，再以伯行星使副之，則淮將無不聯繫一氣。如我傅相親臨前敵無異，必成大功。」[354] 李鴻章知道以宋慶督辦朝鮮軍務，葉志超必不服氣，而李經方素不知兵，且無威望，以其統率大軍必遭非議。於是，他於9月7日致電葉志超，明確表態要葉一人挑此重擔：「方兒向未親行陣，吾更難內舉不避親，弟唯一力擔承，勉為聯繫，求於事有濟而已。」[355] 果然，隨後即有御史張仲炘奏參李經方「在上海以米三千石售與倭人」、「前使日本，與其宮眷相往還，曾認倭王之女為義女，複議聘為兒婦」、「在倭開有洋行一座，資本八百萬」等等。[356] 所言雖荒誕不經，然亦非毫無來歷，蓋聞擬委李經方之消息，有以破壞之也。李鴻章未應諾託人奏請此事，也算有一點自知之明。

此後，李鴻章便多次為葉志超渲染戰功。如謂：「六月二十七成歡之戰，頃探實倭兵將死亡確有三千內外。」[357] 又編造「該軍欲移公州」時，「倭兵死者千七百餘人」。[358] 清廷不明真相，以為葉志超多次率軍作戰，「自六月二十三日以後迭次斃倭兵不下五千餘人」[359]。8月25日，終於委派葉志超為總統，命其「督率諸軍相機進剿，所有一切事宜仍隨時電商李鴻章，妥籌辦理」[360]。葉志超平日名聲並不佳，張謇曾告翁同龢曰：「葉志超亦慶軍舊部，沾染官場習氣，且誇誕，恐不足當大事。」[361] 這說明帝黨對葉志超是有一定了解的。但在樞府討論葉志超的任命時，軍機王大臣卻認為「葉志超抵韓較早，情形較熟，且歷著戰功」[362]，予

---

[354]　《盛檔・甲午中日戰爭》（下），第177頁。
[355]　《東行三錄》，第163頁。
[356]　《清光緒朝中日交涉史料》（1566），第19卷，第25頁。
[357]　《清光緒朝中日交涉史料》（1471），第18卷，第9頁。
[358]　《清光緒朝中日交涉史料》（1474），第18卷，第10頁。
[359]　《清光緒朝中日交涉史料》（1501），第18卷，第21頁。
[360]　《清光緒朝中日交涉史料》（1464），第17卷，第44頁。
[361]　〈張謇致翁同龢密信〉。
[362]　《清光緒朝中日交涉史料》（1461），第17卷，第43頁。

第三章　戰爭爆發後的國際外交

以通過。葉志超在淮軍中間威信亦不甚高,據聶士成稱:「電旨派葉軍門為諸軍統帥,一軍皆驚。」[363] 但是,選帥問題之爭總算就此結束了。

第二,是罷孫問題。在樞府內部,自從7月15日光緒帝命翁同龢、李鴻藻參加會議後,在和戰問題上衝突日益明顯。會議後,由徐用儀草擬〈復陳會議朝鮮之事折〉,於18日復奏,竟將翁同龢、李鴻藻之名列於首席軍機大臣禮親王世鐸之前。翁同龢在當天日記中寫道:「余名首列,此向來所無也。從前會議或附後銜,或遞奏片,無前銜。」翁同龢向世鐸抗議,告以:「列銜不應余名在前,以後只遞折片,不具銜名。」又復奏時,軍機大臣與翁同龢、李鴻藻分批進見,意見迥然相左。光緒帝為調和樞臣之間的衝突,便於8月6日諭軍機處:「諸臣商辦,如有所見,儘可單銜,勿事後異同。」[364] 這種情況引起了主戰派官員諸多憂慮。福建道監察御史安維峻首先於13日奏參軍機諸臣,謂:「方今軍機大臣,或庸懦無能,泄沓成習,或日尋盤樂,流連忘返。蓋老成宿德之人,大抵不過如此。」又指出:「近來雖派李鴻藻、翁同龢一同會議,而復奏時二臣不獲同覲天顏,其中有無欺矇,亦恐難以預料。疆臣之貽誤如彼,樞臣之尸素如此。敵氛日近而備禦未聞,戰壘日多而袖手仍昔。未審將來何以待之!」[365] 軍機諸臣傳閱此折,皆「憤憤,語多激昂」。安維峻抨擊軍機諸臣「泄沓成習」、「袖手仍昔」,顯然不僅僅是他個人的懸測之詞,而是有所實指的。11日,翁同龢就在日記中寫道:「威海告警,而同僚無憂色。」[366] 表示異常氣憤。當天傍晚,他又致書張謇,告以日艦撲威海事,並無限慨嘆道:「泄泄夢夢,又將如何也!」[367] 表示對軍機諸臣的極

---

[363]　《中日戰爭》(六),第13頁。
[364]　《翁文恭公日記》,甲午六月十六日、六月十八日、七月初六日。
[365]　《諫垣存稿》,第2卷,第34頁。
[366]　《翁文恭公日記》,甲午七月十一日、十三日。
[367]　《中日戰爭》(四),第572頁。

端不滿。可見,安維峻之奏參軍機諸臣,是了解樞府內部的衝突情況的。

到 8 月 16 日,志銳更指名奏參孫毓汶兼及徐用儀:

近來東事日急,警報時聞,朝野莫不憂心,而奴才默視樞輔用事之大臣,其用心有大可異者。方日人肇釁之時,天下皆知李鴻章措置之失,獨孫毓汶悍然不顧,力排眾議,迎合北洋。及皇上明詔下頒,赫然致討,天下皆聞風思奮,獨孫毓汶怏怏不樂,退有後言,若以皇上為少年喜事者。

查該大臣於中外情形,華洋交涉,素不留心,而專愎成性,任意指揮,不顧後患。皇上自思自用兵以來,該大臣曾贊一策劃、上一謀議乎?皇上欲開言路,該大臣則陰抑之;欲倚重老成,則堅擯遠之。皇上之所是,則腹非之;皇上之所急,則故緩之。一切技量,皆潛寄於擬旨時詞氣輕重之間,小或授意同儕,大則奮然當筆,陽開陰闔,操縱自由,暗藏機關,互相因應。秉政十年,專權自恣,在廷卿貳,無不受其牢籠,各省督撫得其一書,至有相傳「小聖旨」之說者。竊弄威福,劫持上下,自伊姪孫楫開缺之後,尤懷懟忿,益肆欺矇,其專愎罔上之心,人人知之,而無敢言者。

徐用儀起自章京,性情柔滑,事事仰承其意。即會議一事,徐用儀毅然秉筆,翁同龢等不過略易虛字。及封折之際,會議者竟不得與聞。故初次會議所上之折,翁同龢等列名於禮親王之前,自來無此體制;如今會議者見之,似不能如此舛誤。我皇上事事虛己納言,而該大臣譸張舞弊。時事若此,安望轉機?

折中最後提出:「方今皇上將欲大有為於天下,而令此城狐社鼠久託其中,可必其無一事能遂皇上之願也。倘蒙宸斷,應將孫毓汶罷斥,退出軍機,朝政必有起色,軍事必有轉機。」[368] 此折據事奏參,深中孫

---

[368] 《清光緒朝中日交涉史料》(1394),第 16 卷,第 34 〜 35 頁。

第三章　戰爭爆發後的國際外交

毓汶、徐用儀的要害。當天，孫毓汶、徐用儀即行怠工，辦奏片不肯動筆。慶親王奕劻將志銳折呈於慈禧後，慈禧又召見慶親王面商近兩個小時。次日，光緒帝以原折示孫毓汶、徐用儀二人，「溫語慰勞，照舊辦事，仍戒飭改過」[369]。孫毓汶為慈禧所親信，主戰派雖欲罷斥之，而未能成功。

第三，是易李問題。帝黨早就對「中國之兵，狃於慶典，不開邊釁，翱翔海上」的情況不滿。張謇認為：「今中國持重，無遠略，而北洋敷衍，及其未死而無事之意，各國皆知之。」因此，他曾向翁同龢建議：「北洋如果駐紮威海，居中排程策應，置直督者似宜及此即用湘人，俾分淮勢而約劑之，茶陵之望尚稱。」[370]「茶陵」，指閩浙總督譚鍾麟，蓋譚為湖南茶陵人。這是易李之初議。此議雖不可能實行，但與當時志銳奏參李鴻章「一味因循玩誤」[371]，卻是互相呼應的。不久，光緒即命樞臣「南北洋派幫辦」[372]。8月14日，總理衙門寄信給李鴻章，讓他「酌舉一人，請旨幫辦一切事，以資襄助」[373]。但並未寄信南洋告添幫辦事。很明顯，此舉表面上是加強北洋軍事領導之意，實為李鴻章指揮不得力也。對於北洋添幫辦一事，李鴻章是堅決反對的，於17日回信曰：

此次倭人稱兵，侵擾藩屬，並揚言圖犯畿疆。鴻章職司所在，自當力為其難。軍情瞬息萬變，遇事須當機立斷，乃能齊一視聽，迅赴戎機。鴻章在兵間四十年，親見從前各路會辦、幫辦人員，大抵令其分剿一路，稍假事權，仍由統帥排程。若兩帥同辦一事，則往往意見參差，徒增牽掣，貽誤滋多。否則，徒擁虛名，毫無實用。即如法越之役，吳

---

[369]　《翁文恭公日記》，甲午七月十七日。
[370]　〈張謇致翁同龢密信〉。
[371]　《清光緒朝中日交涉史料》(1169)，第14卷，第38頁。
[372]　《翁文恭公日記》，甲午六月二十七日。
[373]　《清光緒朝中日交涉史料》(1382)，第16卷，第30頁。

第一節　從發端到決戰的清廷

清卿中丞奉命會辦北洋，清卿人本平正，頗能和衷，唯平素不甚知兵，凡事悉由鴻章主持，未見襄助之益。北洋海防各處炮臺均係逐年布置，但使兵力足敷，餉需能繼，當能勉支。鴻章雖以衰年，一息尚存，此志不敢少懈，必須盡力籌備，不任少有疏虞。[374]

此時，李鴻章獲悉湖南巡撫吳大澂奏請北上抗敵，故在回信中特地點出吳大澂難勝任幫辦之職。因李鴻章不同意派北洋幫辦，此事只好暫時擱著。

派幫辦事既被李鴻章拒絕，帝黨便打算實行易李的計畫。8月23日，志銳以「李鴻章衰病侵尋情形甚為可慮」為由，奏請「簡派重臣至津視師，就便檢視李鴻章衰病情形」，如果屬實，則留津坐鎮排程一切。志銳折著眼於李鴻章衰病，並多誇誕之言，如謂李語言「時有舛誤」、「每日須洋人上電氣一百二十分，用銅綠浸灌血管，若不如此，則終日頹然若醉」等等。[375]因此，軍機處討論的結果，便以其所言非實，駁曰：「查李鴻章數月以來，並未因病請假，排程一切見於電奏，亦尚周幣，軍事餉事仍應責成李鴻章一人經理。至津視師應毋庸議。」[376]否決了志銳的建議。

8月24日，鍾德祥繼續抨擊李鴻章「至今不肯殺敵，居心叵測」、「淮軍御倭又類癱瘓」，建議朝廷「迅簡將帥，以顧要邊，以振全局」。[377] 25日，戶部右侍郎長麟則奏請「特簡主將督辦軍務，以一事權而資攻取」[378]。其真實意圖是希望恭親王奕訢出來收拾局面，一則抑制后黨，二則奪回李鴻章的兵權。但是，鍾德祥、長麟的建議遭到軍機諸臣的

---

[374]　《李文忠公全集》海軍函稿，第4卷，第28頁。
[375]　《清光緒朝中日交涉史料》(1449)，第17卷，第30～31頁。
[376]　《清光緒朝中日交涉史料》(1444)，第17卷，第26頁。
[377]　《清光緒朝中日交涉史料》(1450)，第17卷，第31頁。
[378]　《清光緒朝中日交涉史料》(1458)，第17卷，第38頁。

第三章　戰爭爆發後的國際外交

反對。翁同龢記此事云：「於鍾則痛駁，本多傳聞失實也；長折片皆未行。」[379]26日，文廷式復奏參李鴻章「侵尋暮氣」、「本心都無戰志，屬僚承其意旨」，無人肯戰。[380]同一天，給事中余聯沅折參李鴻章貽誤大局者，有六事，指出李鴻章「膺此鉅任，竟有萬不能勝者」、「請旨迅簡知兵大臣出統其師」。[381]樞府討論文廷式、余聯沅二人之折時，亦未獲通過。其駁語有云：「李鴻章身膺重寄，歷有年所，雖年逾七旬，尚非衰耄。且環顧盈庭，實亦無人可代此任者。所奏毋庸置疑。」[382]

帝黨在易李問題上也遭到了失敗。

第四，是拔丁問題。早在戰爭爆發以前，帝黨抨擊李鴻章重要的一條，就陸海軍主將葉志超和丁汝昌「首鼠不前，意存觀望，縱敵玩寇」，並謂：「外間輿論有『敗葉殘丁』之誚，其不孚群望可想而知。」引起了光緒帝的重視，因降旨令李鴻章「隨時留心體察，毋得稍有疏忽，致誤事機」[383]。戰爭爆發後，因為葉志超虛報戰功，一時真相難查，所以丁汝昌成為帝黨的主要攻擊目標。其罪名有兩條：一是「葉軍後路久斷接濟，由於海軍護運不能得力」；二是「尋倭船不遇，折回威海衛布置防務」，顯係有意迴避。8月3日，光緒帝重申察看丁汝昌的前旨，諭令李鴻章：「著即日據實復奏，毋得稍涉瞻絢，致誤戎機。如必須更換，並將接統之員妥籌具奏。」[384]據聞，當時光緒帝深怒海軍不能救援葉軍，詰責奕劻，氣得把茶碗摔碎，並謂：「丁汝昌不能戰，靡費許多餉何益？」[385]同一天，李鴻章電覆總理衙門：

---

[379]　《翁文恭公日記》，甲午七月二十五日。
[380]　《清光緒朝中日交涉史料》(1467)，第18卷，第5頁。
[381]　《清光緒朝中日交涉史料》(1468)，第18卷，第5～6頁。
[382]　《清光緒朝中日交涉史料》(1469)，第17卷，第8頁。
[383]　《清光緒朝中日交涉史料》(1169、1170)，第14卷，第38～39頁。
[384]　《清光緒朝中日交涉史料》(1299)，第16卷，第6頁。
[385]　《盛檔甲午中日戰爭》(下)，第120頁。

第一節　從發端到決戰的清廷

　　葉軍接濟難通，深為焦慮。本欲用海軍護運，商丁提督；以「我軍無偵探快船為前驅，倭於漢口各口內布置已久，倘我深入，彼暗設碰雷，猝出雷艇四面抄襲，我少快炮船，行較遲，恐墮奸計。若馳驅大洋，彼以船快炮速，我以炮大甲堅，明戰可冀獲勝；若入口內，則非穩著。我軍精銳只定、鎮、致、靖、經、來、濟七艦，不可稍有疏失，輕於一擲，大局所關。昌唯隨時親率七艦，遠巡大同冰洋，遇敵痛剿，近顧北洋門戶，往來梭查，使彼詭計猝無所施」等語，似係老成之見。

　　6日，又致電總理衙門稱：

　　西人金謂我軍只八艦為可用，北洋千里全資封鎖，實未敢輕於一擲，近畿門戶洞開。牙山軍覆，何堪海軍覆被摧折！臣與丁汝昌不敢不加意慎重。局外責備，恐未深知局中苦心。海軍仿西法，事理精奧，絕非未學者所可勝任。且臨敵易將，古人所忌。縱宜隨時訓勵，責令丁汝昌振刷精神，竭力防剿。如果實有畏葸縱寇各情，貽誤大局，定行據實參辦，斷不敢稍有徇飾。[386]

　　前後兩封電報，實際上是駁回對丁汝昌的指責。於是，軍機處決定對丁的問題暫行緩議。拔丁問題，也反映帝黨和李鴻章在如何使用海軍的方針問題上是存在嚴重分歧的。

　　自從8月10日日本聯合艦隊21艘軍艦襲擊威海衛後，言官對丁汝昌的抨擊更加猛烈。12日，張謇致書翁同龢獻策：「丁不能拔即已，如其可拔，須極密，毋令有他虞也。」[387] 13日，軍機處討論議處丁汝昌的問題。會間，翁同龢與李鴻藻「力爭丁督不可不嚴切責成，仍不能加一重語」[388]。所擬電旨僅謂：「該提督此次統帶兵船出洋，未見寸功，若再

---

[386]　〈北洋大臣來電〉，《清光緒朝中日交涉史料》（1300、1314），第16卷，第7、11頁。
[387]　〈張謇致翁同龢密信〉。
[388]　《翁文恭公日記》，甲午七月十三日。

第三章　戰爭爆發後的國際外交

觀望，致令敵船肆擾畿疆，必重治其罪。」[389] 對此，翁同龢非常不滿，但亦無可奈何。

此後，志銳等人仍繼續奏參丁汝昌，軍機處皆置而不議。直到 8 月 25 日，廣西道監察御史高燮曾奏請更易海軍提督，河南道監察御史易俊奏請治丁汝昌之罪，軍機處才再次討論處分丁汝昌的問題。關於此次討論的經過，翁同龢在日記中記述較詳，可知當時爭論頗為激烈：「於易、高兩折參丁汝昌，余與李公（鴻藻）抗論，謂不治此人罪，公論未孚。乃議革職帶罪自效。既定議，而額相（勒和布）謂宜令北洋保舉替人，乃降旨。余不可。孫君（毓汶）謂宜電旨，不必明發。余又不可。乃列奏片，謂丁某遷延畏葸，諸位彈劾，異口同聲云云。」[390] 在這次討論中，帝黨的意見占了上風，當時所擬繕電旨進呈片寫明：「應請旨將丁汝昌即行革職，帶罪自效。其海軍提督一缺，請旨飭令李鴻章遴選堪充海軍提督之員酌保數人，候旨簡放。」[391]

8 月 26 日，明降諭旨：「海軍提督丁汝昌著即行革職，仍責令帶罪自效，以贖前愆。倘再不知奮勉，定當按律嚴懲，絕不寬貸，懍之！」[392] 並按軍機處進呈片所擬寄李鴻章電旨。但是，慈禧對此不表示同意，仍不得行。翁同龢嘆道：「昨丁汝昌革職之旨呈諸東朝，以為此時未可科以退避，姑令北洋保替人來再議。事格不行矣！」[393] 可是，諭旨已經明發，無收回之理，便於 27 日另寄李鴻章一道電旨：「嚴諭李鴻章迅即於海軍將領中遴選可勝統領之員，於日內復奏。」[394] 至於革丁汝昌職一

---

[389]　《清光緒朝中日交涉史料》(1379)，第 16 卷，第 29 頁。
[390]　《翁文恭公日記》，甲午七月二十五日。
[391]　《清光緒朝中日交涉史料》(1461)，第 17 卷，第 43 頁。
[392]　《清光緒朝中日交涉史料》(1475)，第 18 卷，第 11 頁。
[393]　《翁文恭公日記》，甲午七月二十七日。
[394]　《清光緒朝中日交涉史料》(1494)，第 18 卷，第 16 頁。

第一節　從發端到決戰的清廷

事，則避而不提了。

8月29日，李鴻章復奏海軍提督確難更易緣由，並陳述保船制敵之方，茲錄之如次：

北洋海軍是臣專責，提督丁汝昌迭被彈劾，屢蒙諭旨垂詢，當此軍事緊急之時，果有遷延避敵情事，亟應隨時嚴參，斷不敢稍涉徇護。唯現在密籌彼此情勢，海軍戰守得失，不得不守保船制敵之方，敬為我皇上詳晰陳之。

查北洋海軍可用者只鎮遠、定遠鐵甲船二艘，為倭船所不及，然質重行緩，吃水過深，不能入海汊內港。次則濟遠、經遠、來遠三船，有水線甲、穹甲，而行駛不速。致遠、靖遠二船，前定造時號稱一點鐘十八海里，近因行用日久，僅十五六海里。此外各船，愈舊愈緩。海上交戰，能否趨避，應以船行之遲速為準：速率快者，勝則易於追逐，敗亦便於引避；若遲速懸殊，則利鈍立見。西洋各大國講求船政，以鐵甲為主，必以極快船為輔，胥是道也。

詳考各國刊行海軍冊籍，內載日本新舊快船推為可用者共二十一艘，中有九艘自光緒十五年後分年購造，最快者每點鐘行二十三海里，次亦二十海里上下。我船訂購在先，當時西人船機之學尚未精造至此，僅每點鐘行十五至十八海里，已為極速，今則二十餘海里矣。近年部議停購船械，自光緒十四後，我軍未增一船。丁汝昌及各將領屢求添購新式快船，臣仰體時艱款絀，未敢奏咨瀆請，臣當躬任其咎。倭人心計譎深，乘我力難添購之際，逐年增益。臣前於預籌戰備摺內奏稱「海上交鋒，恐非勝算」，即因快船不敵而言。倘與馳逐大海，勝負實未可知；萬一挫失，即趕緊設法添購，亦不濟急。唯不必定與拚擊，但令游弋渤海內外，作猛虎在山之勢，倭尚畏我鐵艦，不敢輕與爭鋒。不特北洋門戶恃以無虞，且威海、仁川一水相望，令當時有防我海軍東渡襲其陸兵後路之慮，則倭船不敢全離仁川來犯中國各口，彼之防護仁川各海口，

第三章　戰爭爆發後的國際外交

與我之防護北洋各口，情事相同。觀於前次我海軍大隊遊巡大同江口，彼即乘虛來窺威海、旅順；迨我海軍回防，則倭船即日引去，敵情大概可知。

伏讀迭次電旨，令海軍嚴防旅順、威海，勿令闌入一步；又令在威海、大連灣、煙臺、旅順各處梭巡扼守，不得遠離等因。聖明指示，洞燭機宜，至今恪遵辦理，北洋門戶庶幾無竄擾之虞。蓋今日海軍力量，以之攻人則不足，以之自守尚有餘。用兵之道，貴於知己知彼，捨短用長。此臣所為兢兢焉以保船制敵為要，不敢輕於一擲以求諒於局外者也。

至論海軍功罪，應從各口能否防護有無疏失為斷，似不應以不量力而輕進轉相苛責。丁汝昌從前剿辦粵捻，曾經大敵，迭著戰功。留直後，即令統帶水師，屢至西洋，藉資閱歷。創辦海軍，特蒙簡授提督，情形熟悉，目前海軍將才尚無出其右者。各將領中，如總兵劉步蟾、林泰曾等，階資較崇，唯係學生出身，西法尚能講求，平時操練是其所長，而未經戰陣，難遽統率全軍之任。且全隊並出，功罪相同，若提督以罪出官，而總兵以無功超擢，亦無以服眾心。若另調他省水師人員，於海軍機輪理法全未嫻習，情形又生，而慮僨事貽誤，臣所不敢出也。自來用兵，謗書盈篋，而卒能收功者，比比皆是。狀懇聖明體察行間情事，主持定斷。臣不勝迫切悚懼之至！[395]

慈禧既不同意革丁汝昌職，李鴻章又為之剖白，光緒帝只好藉此下臺階，諭曰：「既據該大臣密籌海軍彼此情勢，戰守得失，詳晰復奏，自係實在情形。丁汝昌暫免處分，著李鴻章嚴切誡飭，嗣後務須仰體朝廷曲予保全之意，刷新精神，盡心防剿。」[396] 同日，翁同龢在日記中寫道：「丁提督事已電覆，不辦矣！」[397] 頗為感慨係之。

---

[395]　《李文忠公全集》奏稿，第78卷，第52～54頁。
[396]　《清光緒朝中日交涉史料》(1517)，第19卷，第4頁。
[397]　《翁文恭公日記》，甲午八月初一日。

第一節　從發端到決戰的清廷

透過選帥、罷孫、倒李、拔丁等問題的爭論，可以看出，帝黨是積極主戰的，但不能知己知彼，一味只講進攻，卻拿不出切實可行的克敵致勝的方針；而且不大講究策略，亂加攻擊，甚至天真地認為換掉幾個人即可解決問題，表現了他們十足的書生氣。后黨則是主張單純防禦，即消極防禦。積極防禦是為了反攻和進攻。不講反攻和進攻的防禦，只能導致失敗，而不可能取得勝利。以李鴻章制定的「保船制敵」方針而言，只防禦不進攻怎能制敵？不能制敵，船如何能保住？從當時的情況看，無論帝黨還是后黨，都無法使中國在這場反侵略戰爭中獲得勝利。由於后黨有慈禧做後臺，並且控制了軍機處，因此每一次爭論都是以后黨的勝利而告終。在此階段中，慈禧基本上是站在幕後，結局尚且如此，這便預告了：隨著戰局的發展，儘管帝后兩黨在許多問題上還會展開爭鬥，但帝黨絕無贏得成功的可能性。

四　石川伍一案與李鴻章

中國正式宣戰後，在天津發生一起震撼朝野的日諜案件，就是石川伍一間諜案。日諜石川伍一雖被捕，北洋卻將此案壓下，遲遲不報朝廷。直至言官揭發，此案才得披露於世，故更為引人注意。

石川伍一，日本秋田縣人。西元 1884 年來中國，先在上海跟隨武官曾根俊虎海軍大尉研究中國問題，並進修漢語。1887 年，投身漢口樂善堂，從此開始了他的間諜生涯。曾往四川調查，歸來後寫成非常詳細的調查報告，並附有繪製的地圖。1891 年，石川伍一調到天津，幫助關文炳海軍大尉專門從事中國華北的偵察活動。1892 年，關文炳乘船回國遇難，海軍少佐井上敏夫奉命來天津，石川伍一又成為井上敏夫的助手。同年 5 月，石川伍一與井上敏夫乘小火輪由煙臺出發，遊歷長山

第三章　戰爭爆發後的國際外交

島、廟島、砣磯島、城隍島、小平島等，並「觀看旅順炮臺」。隨後，又往貔子窩、大孤山，以及朝鮮大同江、平壤和仁川口等處，經威海衛返回煙臺。其「所走洋面，均用千斤砣試水深淺，每處相距約一百多里不等」[398]。8月，「再次與海軍少佐井上敏夫、陸軍少佐神尾光臣乘築紫軍艦，進入旅順、大連灣、大和尚島及威海衛，考察設防情況」[399]，從而掌握了大量重要情報。此後，石川伍一便回到天津，住在紫竹林日本人開設的松昌洋行裡。松昌洋行，實際上是日本設在天津的一個情報站。天津乃北洋大臣駐節之地，非常受日本間諜機關重視，石川伍一則以松昌洋行職員的身分為掩護，多方蒐集情報。石川伍一經人介紹結識了軍械局書辦劉棻，因見劉棻任職軍械局，便「有意和他交好」，以刺探軍情。劉棻貪圖賄賂，喪失民族立場，先後接受「謝禮洋銀八十元」，多次向石川伍一提供相關情報。如西元1894年初，他「將各軍械營槍炮、刀矛、火藥、子彈數目清冊，又將軍械所東局、海光寺各局製造子藥每天多少、現存多少底冊」，均「照抄一份」，祕密交給石川伍一。[400] 神尾光臣將此抄件帶回國內，使日本對北洋的軍備及軍火供應更加瞭如指掌。

　　兩國宣戰後，日本駐天津領事荒川已次等下旗回國，石川伍一和另一名日本間諜鍾崎三郎卻繼續潛伏。8月2日，天津城守營千總任裕升探明石川伍一、鍾崎三郎二人的行蹤。任裕升報稱：「東倭改裝奸細，今午已見二人，其行止已詳探明確。聞現該奸細等將移居英租界三井洋行。」為避免引起列強的干涉，前駐法參贊陳季同向盛宣懷建議：「若能誘出租界，即可捉拿無礙。」3日，石川伍一意識到在紫竹林熟人太多，恐被識破，便於夜間搬至劉棻家中。清晨，石川伍一怕在劉棻家亦難保安全，

---

[398]　〈高順供詞〉，《朝鮮檔》(2803)，附件一。
[399]　東亞同文會編：《對支回憶錄》下卷，列傳，1936年版，第562頁。
[400]　〈日本奸細石川伍一供單〉，中國第一歷史檔案館藏軍機處檔。

第一節　從發端到決戰的清廷

又想轉移到王大家裡躲藏，但尚未來得及出門即被拿獲。鍾崎三郎因先已潛往山海關一帶而漏網。當天，盛宣懷請陳季同指認，陳季同證實：「此人名石川，即是出入倭武官處之奸細。」[401]

石川伍一案是甲午戰爭初期在天津破獲的一件要案。按照常理，坐鎮天津全面負責指揮對日作戰的李鴻章，理應立即將拿獲石川伍一的經過奏明朝廷。但奇怪的是，他卻遲遲不肯奏聞，這的確是異乎尋常的。直至言官揭發和中樞催問，他才勉強上報，但只是寥寥數語，閃爍其詞，並未將此案真相如實說明。正由於此，當時一些官員才攻訐李鴻章「有心縱奸」[402]。

最先揭露此案的是給事中余聯沅。逮捕石川伍一的第10天，即8月13日，余聯沅奏稱：「天津拿有倭人奸細，供出擬用炸藥轟火藥局，並供京城內奸細亦不少。」朝廷才得知此事，並引起重視。15日，總理衙門致電李鴻章，詢問有無其事。當天，李鴻章覆電稱：「津郡拿獲倭人奸細名石川，剃髮改華裝已久，專探軍情，研訊狡不承認。俟有確供，即嚴辦。」[403]

李鴻章在此案辦理中的遷延態度，遭到了主戰派官員的強烈抨擊。志銳指責李鴻章拿獲日奸而「游移未辦」，認為：「以公法論，日人當斬；以國法論，書辦應誅。」[404] 余聯沅揭發李鴻章「貽誤大局」有六，其一即是「獲敵奸細，不加窮究，且欲縱之」，並指斥李鴻章為通敵之秦檜。[405] 於是，光緒帝於8月28日再次頒旨，令李鴻章確查此案。9月1日，李鴻章覆電總理衙門稱：

---

[401]　《盛檔・甲午中日戰爭》（下），第111、123頁。
[402]　《清光緒朝中日交涉史料》（1614），第20卷，第17頁。
[403]　《清光緒朝中日交涉史料》（1377、1389），第16卷，第28、33頁。
[404]　《清光緒朝中日交涉史料》（1394），第16卷，第35頁，附件一。
[405]　《清光緒朝中日交涉史料》（1468），第18卷，第7頁。

第三章　戰爭爆發後的國際外交

　　昨奉勘電，飭查天津軍械所書吏劉姓通寇傳播軍情等因。遵查五六月間聞有倭人在大沽、山海關一帶往來窺探，通飭營局嚴密查訪。七月四日，拿獲改裝倭人義倉告，又名石川伍一，即係軍械局員訪聞，會同海關道密商天津鎮，派弁緝獲。發縣訊究，據供：「向在松昌洋行貿易，改裝多年，領事行後租界不能住，因託向從服役之王大，代覓其戚書吏劉姓之屋暫住。」立將該書吏劉棻斥革，押交王大歸案。飭縣再三研訊，均供無傳播軍情等事。[406]

　　2 天前，盛宣懷代表李鴻章覆函美國領事李德（Sheridan P. Read），即明確指出石川伍一「為奸細無疑」[407]。現在卻上報石川伍一等「無傳播軍情等事」，顯係為之掩飾，以期將大事化小，小事化了。

　　但是，朝廷卻對此案抓住不放。在李鴻章上報「供無傳播軍情等事」的當天，即有密寄上諭，謂「領事既行，該犯何以不隨同回國，仍復溷跡寄居？情殊可疑。著李鴻章督飭嚴行審訊，如究出探聽軍情等確據，即行正法。王大、劉姓如有通同情弊，並著按律懲辦，不得稍涉寬縱。將此密諭知之！」9 月 8 日，又有旨嚴諭李鴻章：「屢經言官以該督隱匿不報奏參，天津距京甚近，若其事毫無影響，何至眾口喧傳？所獲倭人既形跡可疑，豈宜含糊輕縱？著李鴻章飭將該犯石川伍一嚴行審訊，務得精確，明正其罪。」[408]

　　在這種情況下，李鴻章不敢再搪塞拖延。9 月 11 日，他函覆總理衙門：「查石川伍一一名係屬奸細，現正集證審問。」[409] 17 日，始將審理此案的結果上報，謂：「石川伍一與已革書吏劉棻質訊，無可狡辯，始均

---

[406]　《清光緒朝中日交涉史料》（1519），第 19 卷，第 5 頁。
[407]　〈津海關道盛宣懷代覆美國領事李德函〉，《朝鮮檔》（2215），附件二。
[408]　〈軍機處密寄李鴻章上諭〉，《清光緒朝中日交涉史料》（1525、1569），第 19 卷，第 7、26 頁。
[409]　〈北洋大臣來文〉，《朝鮮檔》（2241）。

第一節　從發端到決戰的清廷

供認。」又稱：「石川伍一既供認留探軍情，劉棻被其勾結偷抄炮械底單，均屬顯干軍紀。石川伍一擬按公法用槍擊斃，劉棻即行正法。」[410]20日午時，由天津縣知縣李振鵬、城守營千總任裕升監刑，將石川伍一押赴教場照公法用槍擊斃，劉棻綁赴市曹處決。[411]當天，李鴻章將石川伍一的供詞送報總理衙門備案。其供曰：

> 我是日本人，年28歲，來到中國有幾年了，到過北京、煙臺等。因學過華語，上年九月間跟隨中國海軍武官井上敏夫來到天津，住在紫竹林中國人開的松昌洋行。後來劉棻給我開過炮械數目清單。我知道劉棻是軍械局書辦，有意和他交好。他薦王大在我處服役。五月節前，我又託劉棻查開營兵數目。叫王大順便帶來一信，拆看是兵數清單。我先後謝過劉棻洋銀80元。從朝鮮釁起以後，我又託劉棻打聽中國派兵情形。劉棻叫王大給我帶來幾次書信，卻非確實消息。王大亦不知信內情由。至我和劉棻認識，是前在護衛營的汪開甲引薦的。劉棻初次給開炮械清單，也是汪開甲轉託。這都是中日失和以前的事。我又因于邦起前在水師營當差，託他打聽軍情電報。于邦起先後到我那裡去過四次，我問他信息，總說沒法打聽。我給過洋銀50元，隨後他又送還。我仍給他送去，聽說他把洋銀存在錢店，叫我去取，我也沒有取回。這也是失和以前的事。後來他就不去了。自宣戰後，中國駐津員弁回國，留我在津打聽軍情，發電知會。我就改裝華人。因紫竹林熟人太多，恐怕識破，和劉棻商明，七月初三日夜裡，先把行李搬到他家。初四日早，我對王大說領事回國，在紫竹林居住沒人照料，所以想要搬到城裡潛到他家藏匿的話。不想當日就被軍械局訪聞，把我拿獲。今蒙會審，我實只留津探聽軍情，別無他謀。安身未定，即被拿獲，豈能埋藏地雷炸藥？這實是沒有的話。是實。[412]

---

[410]　《清光緒朝中日交涉史料》(1597)，第20卷，第3頁。
[411]　《天津縣知縣李振鵬集》附錄〈文武監刑官職揭〉，《朝鮮檔》(2292)。
[412]　〈石川伍一供詞〉，《朝鮮檔》(2264)。

第三章　戰爭爆發後的國際外交

　　至此，這起轟動一時的日諜案始審理了結。

　　此案雖審理了結，但其餘波則長期未能平息。此後，為審理過程中的種種可疑之處，奏參李鴻章者仍然大有人在。其中，最奇者是志銳折，還附有一份〈日本奸細石川伍一供單〉（以下簡稱〈供單〉）：

　　我係神大人差來坐探軍情的。自光緒九年，即在中國北京、天津等處往來。現在住在軍械所劉樹棻家中，或來或去。代日本探官事的人，有中堂簽押戴姓、劉姓、汪大人，還有中堂親近的人，我不認識。我認識劉樹棻，係張士珩西沽炮藥局委員李輔臣令汪小波引薦的，已有二三年了。劉樹棻已將各軍械營槍炮、刀矛、火藥、子彈數目清冊，又將軍械所東局、海光寺各局製造子藥每天多少、現存多少底冊，均於正月底照抄一份，交神大人帶回中國。張士珩四大人與神大人最好，因此將中國各營槍炮子藥並各局每日製造多少底細告知神大人。水師營務處羅豐祿大人的巡捕于子勤，還有北京人高順，在煙臺、威海、旅順探聽軍情。神大人同欽差、領事起身之時，約在六月二十八九。七月初二、三日，神大人半夜在裕太飯館請中堂親隨之人，並汪小波、于子勤、戴景春、戴姓、劉姓、汪大人、劉樹棻等商議密事，遇有要緊軍情，即行飛電。所說皆係實話，未見面的人不敢亂供姓名。我係日本忠臣，國主欽差遣探軍情，不得不辦。在中國探軍情的不止我一人，還有鍾崎，住在紫竹林院元堂藥店。又穆姓在張家口，現在均到北京。又有鍾姓一人，由京往山海關，皆穿中國衣服。又有日本和尚，現在北京，能念中國經，皆說中國話。打電報叫日本打高陞船官兵的信，是中堂衙裡送出來的；電是領事府打的。所供是實。[413]

　　將〈供單〉與〈石川伍一供詞〉對照，可知劉樹棻即劉棻；汪小波即汪開甲；于子勤即于邦起。〈供單〉上有些日本奸細的名字在〈石川伍一供詞〉裡卻未見到，如：神大人，即日本駐天津武官神尾光臣。高順即高

---

[413]　〈日本奸細石川伍一供單〉，中國第一歷史檔案館藏軍機處檔。

第一節　從發端到決戰的清廷

二，又稱高兒，宛平縣人，住北京順治門外，早年受僱於日人。曾於西元1892年隨井上敏夫及石川伍一探測渤海各口，並偵察威海衛及旅順炮臺。戰爭爆發時，又奉井上敏夫之命，「在煙臺海岸一帶探聽軍艦、貨船來往數目」[414]。中日宣戰後，井上敏夫回國，高順又在日諜宗方小太郎的領導下從事軍事偵察活動。穆姓即穆十，亦是被敵人收買的日特。《宗方小太郎日記》中曾提到此人：「本日派穆十至旅順，使之探聽情況。」[415]鍾崎或鍾姓，皆指日諜鍾崎三郎。〈供單〉稱其「由京往山海關」，也是事實。據日方記載：鍾崎潛往山海關方向，「沿途仔細偵察軍情，獲得了重要情報」[416]，「又到山東煙臺等地詳細調查後，經上海於10月3日回到廣島」[417]。〈供單〉中供出的這些內幕情況，是局外人無法編造的。

〈供單〉與李鴻章所上報的〈石川伍一供詞〉，其內容為何出入如此之大？對此，志銳奏稱：

> （李鴻章）所奏者，非實情也，乃偽供也。津中人士無不切齒！奴才連次接得津信，深悉其情，並得奸細親供一張。如按其供內所敘情形，則此次朝廷主戰，外間不過照令奉行，絕無爭前效命之理。且軍械所與日本通，炮藥局與日本通，我之底蘊皆洩於人，姑勿論前敵諸人皆喻北洋主和之意。即使奮勇，而接濟不通，是必敗也。亦勿論李鴻章之通倭與否，但其立意不戰，則手下通倭之人必多方蠱惑以亂其心，且百計刺探，以洩其謀。漢奸不絕，內奸不除，斷無能操勝算之理！……奴才所深慮者，供內所敘各處奸細甚多，未聞有查拿之舉。恐錄呈御覽之供，必已大為改飾。茲特另片抄呈，即乞皇上檢查所奏之供，以為核對。若果不符，則供內所敘之委員、跟役以及各處坐探奸細，均請特派能員設

---

[414] 〈高順供詞〉，《朝鮮檔》(2803)，附件一。
[415] 《宗方小太郎日記》，西元1894年8月8日。
[416] 黑龍會編：《東亞先覺志士記傳》下卷，列傳，第239頁。
[417] 東亞同文會編：《對支回憶錄》下卷，列傳，1936年版，第577頁。

第三章　戰爭爆發後的國際外交

法嚴密提拿，交部訊究。[418]

志銳稱此〈供單〉為「奸細親供」，李鴻章所奏之〈石川伍一供詞〉「必已大為改飾」，是十分可信的。石川伍一案牽連到李鴻章的外甥張士珩、親信羅豐祿及直隸總督衙門裡的一大批人，此事非同小可，李鴻章始則匿而不報，繼則搪塞拖延，後來實在無法再拖，便只好改竄供詞上報了。誰料志銳這件極端重要的奏摺，竟在后黨掌管的軍機處裡壓下來，不以上聞，以致使人長期難窺此案的真相。

從李鴻章對石川案的處理過程中可以看出，他之所以這樣拖延游移，除此案牽連到他本人的親屬和親信外，還與他當時對和戰方針的態度是相關的。戰爭爆發前，他一廂情願地想保全和局，除公開請求列強調停外，還透過羅豐祿與日本駐天津領事荒川已次祕密接觸。羅豐祿與荒川已次密談了些什麼？因事屬機密，當時沒有留下文字紀錄。然御史鍾德祥揭露「天津遍傳李鴻章願以300萬賠償兵費」[419]，當亦非空穴來風。後來，與李鴻章關係至密的吳汝綸，在致直隸布政使陳寶箴書中承認：「東事既起，廷議欲決一戰，李相一意主和，中外如水火之不相入。當時敵人索600萬，李相允200萬，後增至300萬，內意不許。」他又特地指出：「以上所言，皆某所親見。」[420] 吳汝綸時在李鴻章幕中，在和戰問題上與李鴻章沆瀣一氣，何況他寫此信的目的是替李鴻章辯解，焉能造謠？可見，戰爭爆發前夕「李鴻章願以300萬賠償兵費」之說，是實有其事的。

日本挑起戰爭之後，李鴻章仍未放棄保全和局的幻想。在中國對日

---

[418] 〈志銳奏參李鴻章改飾日諜供詞請派員嚴拿北洋通倭之人折〉，中國第一歷史檔案館藏軍機處檔。
[419] 《清光緒朝中日交涉史料》(1404)，第17卷，第3頁，附件一。
[420] 吳汝綸：〈答陳右銘書〉，《桐城關先生年譜》乙未閏六月十二日。

第一節　從發端到決戰的清廷

宣戰的當天，他還跟俄國公使喀西尼保持著聯絡。盛宣懷代表李鴻章與俄國參贊巴福祿會談。當時，雙方有如下之談話：

巴：「喀大臣總望中日兩國和好，俄國亦不能坐視日本如此之強橫。」

盛：「吾想貴國此時亦要發兵矣。倘貴國發兵，大約總在元山一帶俄、韓邊界相近之處。」

巴：「倘我能做主，此時當要發兵。吾國家離此甚遠，雖有電報可通，總不如吾等目睹情形之明白。且吾國家總想設一妙法，與中日講和，未必有一定主見。而近來數日則有不然，緣昨日喀大臣接到駐日俄使電，云『按日國照會內開，承英、俄各國從中調處，本國本擬照准辦理，奈近來本國已另定主意，斷不能和事』等語。想吾國家接到此電，即當立定主見也。」

盛：「吾國並中堂之意，均欲與貴國合而為一，將日兵逐出。唯貴國須用兵費甚巨，亦斷不能不重為酬勞。」

巴：「誠然。前吾國新聞曾云：『如日本強奪朝鮮地方，中、俄應會同保護。』新聞所云即民人之話，想吾國民人亦有此意也。」[421]

李鴻章以賠兵費換取日本撤兵的交易沒有做成，便又想用「酬勞」兵費的辦法誘使俄國「興兵逐倭」[422]。這說明：儘管戰爭已經開始打了，但他心中始終不忘一個「和」字。余聯沅指出：「該督挾有欲和之意，以奉旨嚴切，未敢公然出口，而其心實無戰志。」[423] 當時，天津有「萬壽前必議和之說」[424]，多謂出自李鴻章親信之口。給事中洪良品奏稱：逮捕石川伍一後，李鴻章「志存和局」，故「以『殺了要賠錢』為辭」、「不聽

---

[421]　《盛檔·甲午中日戰爭》(下)，第 107～108 頁。
[422]　《翁文恭公日記》，甲午七月十六日。
[423]　《清光緒朝中日交涉史料》(1468)，第 18 卷，第 7 頁。
[424]　《清光緒朝中日交涉史料》(1566)，第 19 卷，第 25 頁。按：「萬壽」，指慈禧生日，為農曆十月初十日。

第三章　戰爭爆發後的國際外交

正法」。[425] 志銳揭露：「天津訪拿日本奸細一案，未經入奏之先，李鴻章即立意不殺此人。云：『若殺之，殊有礙於和局。』」[426] 皆絕非捕風捉影之言。可見，李鴻章正在處心積慮地籌謀挽回和局之法，是不希望為了一樁間諜案而使自己保全和局的意願化為泡影的。

五　緩不濟急的備戰

　　日本挑起這場侵略戰爭，對於清廷來說，事情雖然來得突然，卻應在意料之中。中國方面反應太遲，後雖匆促備戰，然緩不濟急，只能步步落人後了。

　　早在 6 月 18 日，袁世凱因日本續派新兵來朝鮮，雖力阻其勿進入漢城，日方已允，又自食其言，認為口舌之爭已無濟於事，因此便向李鴻章提出：「似應先調南北水師迅來嚴備，續備陸兵。」這是一個加強戰備的建議。與此同時，葉志超也來電告急：「日在漢仁已密布戰備，應如何籌辦，候示遵行。」[427] 當時，李鴻章正醉心於折衝於尊俎之間，認為有列強出面調停，即可化干戈為玉帛。對於袁世凱的建議和葉志超的告急，他並不太重視，只是添調鎮遠、廣丙、超勇三艦往仁川[428]，「聊助聲勢」[429] 而已。

　　豐島海戰爆發前一個月，即 6 月 25 日，光緒頒旨令李鴻章籌備戰守之策：「現倭已多兵赴韓，勢甚急迫，設脅議已成，權歸於彼，再圖挽回，更落後著。此時事機吃緊，應如何及時措置，李鴻章身膺重任，熟

---

[425]　《清光緒朝中日交涉史料》(1614)，第 20 卷，第 17 頁。
[426]　〈志銳奏參李鴻章改飾日諜供詞請派員嚴拿北洋通倭之人折〉，中國第一歷史檔案館藏軍機處檔。
[427]　《李文忠公全集》電稿，第 15 卷，第 45 頁。
[428]　《中日戰爭》(六)，第 93 頁。
[429]　《李文忠公全集》電稿，第 15 卷，第 46 頁。

第一節　從發端到決戰的清廷

悉倭韓情勢，著即妥籌辦法，迅速具奏。」[430]而李鴻章不但遲遲不肯復奏戰守之策，反屢次電告「俄廷並駐倭使令告倭必須共保東方和局」、「俄皇電諭勒令撤兵，(日)如不肯撤，俄另有辦法」[431]之類的消息，以製造樂觀氣氛。光緒帝並沒被這種樂觀氣氛所感染，再次諭催李鴻章籌劃戰備之事：「前經迭諭李鴻章酌量添調兵丁，並妥籌理法，均未復奏。現在倭焰愈熾，朝鮮受其迫脅，勢甚岌岌，他國勸阻亦徒託空言，將有決裂之勢。李鴻章督練海軍業已有年，審量倭韓情勢，應如何先事圖維，熟籌措置。倘韓竟被逼攜貳，自不得不聲罪致討，當時倭兵起而相抗，亦在意計之中。我戰守之兵及糧餉軍火，必須事事籌備，確有把握，方不致臨時諸形掣肘，貽誤事機。李鴻章老於兵事，久著勳勞，著即詳細籌劃，迅速復奏，以慰廑係。」在諭旨的一再催促下，李鴻章才勉強復奏稱：「倭人乘機構釁，以兵重脅韓，倘至無可收場，必須預籌戰備。請飭戶部先行籌備的餉二三百萬，以備隨時指撥。」復奏如此含糊，當然難以令光緒帝滿意，於是又進一步要求李鴻章「逐一詳細復奏」[432]。

7月4日，李鴻章根據上諭的要求，將北洋海軍及分紮沿海設防情況詳細復奏後，指出：

> 現就北洋防務而論，各口頻年布置，形勢完密，各將領久經戰陣，固屬緩急可恃；即甫經創辦之海軍，就現有鐵快各艘，助以蚊雷船艇，與炮臺相依輔，似渤海門戶堅固，敵尚未敢輕窺。即不增一兵，不加一餉，臣辦差可自信，斷不致稍有疏虞，上勞宵旰。臣前疏所請備餉徵兵，係體察倭韓情勢，專指出境援剿而言。現在倭兵備調者實有五萬，必須力足相埒，至少亦須二三十營。若移緩就急，調出一營，即須添募一營，以補其缺，方免空虛無備，為敵所乘。

---

[430]　《清光緒朝中日交涉史料》(1032)，第13卷，第25頁。
[431]　《清光緒朝中日交涉史料》(1043、1048)，第13卷，第27、29頁。
[432]　《清光緒朝中日交涉史料》(1051、1058)，第13卷，第29～31頁。

第三章　戰爭爆發後的國際外交

　　從李鴻章的復奏看，其輕敵觀念十分嚴重，自謂所請二三百萬之餉也只是「預防未然，以免臨渴掘井之患，如果挽回有術，少用一分兵力即省一分餉需。唯事機已迫，但可備而不用，不可用而不備」[433]。他似乎對北洋的防務頗具自信。其實並不然，同日，李鴻章接到汪鳳藻的電報，謂：「倭非略占便宜，終難歇手。」因此受到啟發，向朝廷建議道：「中國為大局計，不惜遷就，以示變通。彼允，則釁猶可弭。」、「否則，速請各國出場調處，亦是一法。」[434] 所謂「不惜遷就，以示變通」，即讓日本「略占便宜」，實際上是答應賠日本兵費。在他看來，此法不行，列國出面調處必可收場。

　　光緒在兩天後批准了李鴻章所請的預籌戰備餉項，諭戶部和海軍衙門會商籌撥。7月11日，戶部與海軍衙門會商決定：戶部籌150萬兩，由東北邊防經費、軍備餉需及本年京餉等款內撥給；海軍衙門籌150萬兩多，擬從北洋生息款內提撥。可是，北洋生息款「發商限期參差，一時難提足數，計六七月內可收回18萬餘兩，迨秋冬間約可秋50餘萬兩」[435]。結果到宣戰以後，北洋才收到168萬兩多的款項，僅占此項撥款的56%。

　　朝廷對北洋的防務似乎暫時放下心來。就在此時，臺灣巡撫邵友濂請調南洋兵輪三四艘，光緒頒旨命劉坤一「酌派兵輪前赴臺灣備用」[436]。劉坤一以船少力單，不敷分布，決定「抽派南琛兵輪一號，及本係兵輪現改運船之威靖一號，飭令添募水勇，加配炮位，一併赴臺」，並「請旨於北洋、廣東再抽調數號赴臺協助」。[437] 7月10日，光緒批准

---

[433]　《清光緒朝中日交涉史料》（1071），第14卷，第4頁。

[434]　《清光緒朝中日交涉史料》（1066、1079），第14卷，第2、7頁。

[435]　《清光緒朝中日交涉史料》（1120），第14卷，第17頁。按：北洋生息款，原估收回時間不準。據李鴻章〈添撥備倭餉需折〉：到此年十月，實收款一百八十萬二千九百兩。（《李文忠公全集》奏稿，第79卷，第16頁）

[436]　《清光緒朝中日交涉史料》（1094），第14卷，第10頁。

[437]　《清光緒朝中日交涉史料》（1107），第14卷，第14頁。

第一節　從發端到決戰的清廷

劉坤一所請,命李鴻章商李瀚章酌量派撥。當天,李鴻章電致其兄李瀚章,告以:北洋無船可調,而且擬令「廣乙、丙暫留備調,廣甲頃亦赴威歸隊,以便遠征」。並問:「廣東是否另有兵輪可派赴臺,如南琛、威靖之類?請就近酌調一二號應命。示覆,以便匯奏。」[438]李鴻章明知廣東除廣甲、廣乙、廣丙三艦外,餘皆數百噸的小型炮船,根本沒有「如南琛、威靖之類」,當然不能分撥臺灣,此事也就不了了之。

7月12日,御史張仲炘上疏指責李鴻章「觀望遷延,寸籌莫展」,一心依靠列強調處,「甘墮洋人之術中而不知悟」,提出「斷不可和,唯有力與之爭」的方針。[439]光緒帝採納張仲炘的意見,諭李鴻章制定進兵的計畫。14日,光緒帝又頒旨嚴命李鴻章籌備派兵事宜,指出「和議恐不足恃,亟應速籌戰備,以杜狡謀」,並誡其「慎勿諉卸遷延,致干咎戾」。[440]16日,光緒帝發下第三道更為嚴厲的諭旨:「現在倭韓情事已將決裂,如勢不可挽,朝廷一意主戰。李鴻章身膺重寄,熟諳兵事,斷不可意存畏葸。著懍遵前旨,將布置進兵一切事宜迅籌復奏。若顧慮不前,徒事延宕,馴致貽誤事機,定唯該大臣是問!」[441]在朝廷的嚴諭督催下,李鴻章不敢繼續拖延不復。同日,便將擬派衛汝貴、馬玉崑等統兵進平壤事復奏。18日,此計畫得到批准,朝命李鴻章即飭派出各軍迅速前進,並皆由其統一排程。24日,又有諭旨:「李鴻章所派各軍到防後,如何相機應敵,著嚴飭諸將領妥慎辦理,毋誤事機,其奉天調往之軍,並著轉電迅速前進。倘有觀望不前,致有貽誤,定將該大臣等重懲!」[442]

---

[438]　《李文忠公全集》電稿,第16卷,第12頁。
[439]　《清光緒朝中日交涉史料》(1130),第14卷,第21～22頁。
[440]　《清光緒朝中日交涉史料》(1147),第14卷,第27～28頁。
[441]　《清光緒朝中日交涉史料》(1164),第14卷,第35頁。
[442]　《清光緒朝中日交涉史料》(1220),第15卷,第18頁。

第三章　戰爭爆發後的國際外交

　　李鴻章在奉旨「速籌戰備」的同時，又電督辦東三省練兵事宜都統定安和盛京將軍裕祿，商調東三省練軍和奉軍入朝。定安與裕祿商議，決定派副都統豐升阿率盛字、吉字馬隊四起及步隊兩起，總兵左寶貴率奉軍馬隊兩營及步隊六營，分起前往平壤。衛汝貴的盛軍、馬玉崑的毅軍、左寶貴的奉軍及豐升阿的盛字等營，先後進入朝鮮境內，抵達平壤。當時稱之為「四大軍」。這些赴朝軍隊雖有「四大軍」之名，但皆麇集在平壤一地，後路空虛，又無援軍，實際上仍是孤軍。

　　光緒帝看到了平壤後路空虛的問題，因於 8 月 6 日有「平壤後路必須陸續添兵援應」之諭旨。8 日，李鴻章電稱：「查平壤現有衛汝貴、馬玉崑及東省練兵豐升阿等，候後隊到齊，計共馬步隊 1.4 萬人，可資控扼。津沽及沿海要口均須嚴防，難再抽調。商之宋慶，該軍素稱精銳，又令添調毅軍 1,000 人，歸馬玉崑統帶，稍厚兵力，已分起前進。」[443] 添調的 1,000 兵力，實際上只有 400 人先行開拔。至於平壤後路空虛的問題，則始終未能解決。

　　陸軍的戰備情況如此，海軍的現狀也未能改變。李鴻章既知「戰艦過少」，便把加強海軍的希望寄託在買船上。先是在 7 月 16 日，即致電駐英公使龔照瑗：「海軍快船速率過少，英廠如有製成新式大快船，多置快炮，行二十三四邁，望密訪，議購價若干，趁未決裂前送華，遲則無及。」[444] 31 日，龔照瑗電覆李鴻章：「倭又在英購三快船，尚未定議。中如購，可先定，乞速示。」8 月 1 日，又電詢：「現覓一快輪，與前覓價 5.5 萬鎊船同，一點鐘行 26 邁多，炮四，少價 5,000 鎊。包送大沽，唯水腳不貲。要否？」當天，李鴻章便致電總理衙門，請商諸海軍衙門和戶部，籌款添定快船。5 日，龔照瑗致電總理衙門，亦建議「廣

---

[443]　《清光緒朝中日交涉史料》(1318、1328)，第 18 卷，第 11、14 頁。
[444]　《李文忠公全集》電稿，第 16 卷，第 22 頁。

第一節　從發端到決戰的清廷

籌餉械戰船」[445]。6日，再次致電總理衙門，又進一步提出：「倭有戰船二十四，北洋大小兵輪十三，雷船無多，恐寡不敵眾。交冬，洋面更吃緊，南洋兵輪又不能出海，北洋久持，獨力可慮。可否奏請飭南洋速購數快兵輪助之，遲則難辦。」[446] 清政府財政支絀，當然不可能南北洋同時購買新艦，決定先買艦加強北洋海軍。7日，軍機處密寄李鴻章上諭曰：

> 自光緒十五年越南用兵之後，創辦海軍已及十載，所有購船、製械、選將、練兵諸事，均李鴻章一手經理。乃倭人自上次朝鮮變亂，經我軍勘定，該軍敗挫而歸，從此蓄謀報復，加意練兵。此次突犯朝鮮，一切兵備居然可恃；而我之海軍船械不足，訓練無實。李鴻章未能遠慮及此，預為防範，疏慢之咎，實所難辭！現在添購快船已屬補牢之計，究竟何時可到？能否趕及此次戰事，足備進攻之用？著李鴻章迅即奏復。因思海軍為國家第一要務，此後必須破除常格，一意專營。該大臣熟悉中外情形，於茲事久經體察，應如何擴充辦理，總成大軍，可以來洋攻剿？計需購船械若干，用款若干，應分幾年購辦？如何仿照西法慎選將才，精求訓練？均著李鴻章通籌熟計，詳晰陳明，候旨遵辦。[447]

從這道密旨看來，清廷的確要下決心加強海軍了。

但是，清政府擬撥的購船款僅 200 萬兩，還遲遲難以落實。直到 8 月 26 日，戶部始奏明撥款辦法，稱：「複查北洋定購快船共應撥銀 200 萬兩，內除海軍衙門已由生息項下籌銀 100 萬兩外，所有臣部應籌之 100 萬兩，自應如數指撥，以濟要需。」[448] 但到 10 月下旬，戶部款 100 萬兩才收到 63.9 萬兩多，「短銀 36 萬餘兩兩年內冀可收齊」；海軍衙門

---

[445]　〈龔大臣中英法往來官電〉，《中東戰紀本末三編》第 2 卷，第 40、41 頁。
[446]　《李文忠公全集》電稿，第 16 卷，第 42 頁。
[447]　《清光緒朝中日交涉史料》(1325)，第 16 卷，第 14 頁。
[448]　〈戶部來文〉，《朝鮮檔》(2189)。

第三章　戰爭爆發後的國際外交

款 100 萬兩「年內所收計僅 8 萬兩有奇」。購艦費名為撥款 200 萬兩，短時間可以兌現的款則寥寥無幾。李鴻章只好先設法「籌墊英金 30 萬鎊，合銀 194 萬餘兩，匯付倫敦交駐英使臣龔照瑗」；以備定購快船之需。[449] 而這 200 萬兩的購船款，正好替龔照瑗出了一個難題。因西方各國船商趁戰爭之機抬高船價，200 萬兩這個數目已不頂什麼用了。8 月 10 日，龔照瑗覆電李鴻章稱：「大快船、鐵甲船亦可覓送，唯價皆 40 萬鎊外，計 200 萬兩合 30 萬鎊零，不敷一船之價，奈何？若均辦小船，恐不濟用。辦此事任大責重，萬分為難，乞示遵。」[450] 於是，清政府只好採取措施進一步擴大餉源。

8 月 14 日，光緒帝頒旨強調籌餉為當務之急。當天，戶部提出停止工程、核扣俸廉、預徵鹽厘、酌提運本等四項籌餉辦法。言官也紛紛上疏，提出各種籌餉建議。9 月 8 日，戶部奏稱：「酌擬籌餉四條，約可提挪銀 400 萬兩。」並從京城銀號、票號各商等「商定借銀 100 萬兩，備充餉項」[451]。在此以前，兩廣總督李瀚章已籌撥 60 萬兩[452]；長蘆鹽運使季邦楨也騰挪銀 20 萬兩，並「飭令眾商先行墊借 40 萬兩，抵交以前積欠帑利，專備軍務急用」[453]。到平壤之戰為止，清政府所能籌到的款項大抵如此了。

在此期間，李鴻章還一直透過龔照瑗來辦理購船事宜，聯絡頻繁。光是龔照瑗訪知：巴西有一快船，航速 17 節，各種炮 35 門，其中大小速射炮 16 門，船價 39 萬鎊；智利有快船 2 艘，航速 21 節，速射炮 5 門，各價 7.5 萬鎊。其實，在龔照瑗所訪知的三船中，巴西船航速太慢，船

---

[449]　《李文忠公全集》奏稿，第 79 卷，第 17 頁。
[450]　〈龔大臣中英法往來官電〉，《中東戰紀本末三編》第 2 卷，第 42 頁。
[451]　《光緒朝東華錄》，光緒二十年八月，第 150 頁。
[452]　《李文忠公全集》電稿，第 16 卷，第 52 頁。
[453]　《李文忠公全集》奏稿，第 78 卷，第 41 頁。

第一節　從發端到決戰的清廷

型業已陳舊，且不說價格太昂；智利二船，實係1,000多噸的小艦，雖有速射炮數門，亦難任海戰。龔照瑗卻對此甚感興趣。有人向他推薦一位英國軍官，據說此人「在洋送船多次，果有三大船，如命先毀長崎等口後，或駐南洋分倭勢，或赴北洋開戰，皆願效力」。8月18日，李鴻章電覆龔照瑗，謂三船「皆遠不及倭船」，然智利二船雖舊，「內意因價不昂，姑允」；巴西船航速不快，「應緩定之」。[454] 龔照瑗接此電後，非常著急，要李鴻章拿定購船的主意，電稱：「西諺云：『船炮天下。』倭添船械無已，各國驚羨，強已可見。華半臨海，近畿輔重任，中堂一人擔當。時局如此，諒已洞燭。省費與濟事孰重？如因省費，勳名損於倭，恐天下後世有罪無恕。精備船械，必勝倭，人盡知之。戰具用費，當可自主。」李鴻章覆電表露自己的苦衷說：「翁司農（同龢）不願借洋債。又難籌鉅款，故多棘手。尊論痛切，可愧！」其後，又訪查幾個國家的現成快船，但船家居奇，價格愈來愈昂。英鎊價格也不斷上漲。到8月下旬，30萬英鎊已合銀210萬兩[455]，僅半個多月的時間，價格就上漲了8.3%。由於鉅款難籌，結果只議定購買智利二船和英國一艘小快船。不料智利藉口中立推翻協議，這場交易只好告吹。一艘英國小快船雖已成交，又因英國政府禁止軍艦出口，連這艘已經付款的船也不能啟行來華。這樣，清政府希望購艦來加強海軍的計畫也失敗了。

　　由上述可知，無論中國陸軍還是海軍，備戰皆遲緩而未能得力。清政府平時不修武備，等戰爭打起來後才倉促備戰，猶如臨渴掘井，已經來不及了。

---

[454]　〈龔大臣中英法往來官電〉，《中東戰紀本末三編》第2卷，第42～43頁。
[455]　《東行三錄》，第158～159頁。

第三章　戰爭爆發後的國際外交

第二節　日本強化戰爭的內外措施

一　迫朝鮮改政訂盟

日本政府為了推行其強化戰爭的政策，並不以控制朝鮮政府為滿足，它還要從朝鮮攫取更大的實際利益，並且獲得日本向朝鮮派兵的「合法」名義。

7月30日，大鳥圭介即根據陸奧宗光的指令，向朝鮮政府正式提出簽訂一項臨時條約，使日本獲得鐵路、電訊和增開通商口岸的利益。大院君則與日本人貌合神離，甚至試圖爭取列強插手，以擺脫日本人的羈絆。他與韋貝談話時，即有「日本所望之改革過激，故稍有懷疑」、「日清兩國現已開戰，而兩國長期打下去則有害於東西和平，故甚願各國為之斡旋」等語。日本政府擔心大院君的越軌行動，「有終將陷入其所望而招致意外干涉之虞」。為此，陸奧宗光又於8月13日發出如下之訓令：

若朝鮮政府此時對清國宣戰，乃迄今之程式中最適宜之步驟。萬一朝鮮政府有難於言戰之處，可使其公開發表代替宣戰之言論，此點至關重要。因此，請將此種理由與大院君及其他人等嚴肅言之。要之，為保全朝鮮之獨立，儘管日清兩國竟至干戈相見，而朝鮮國視此釁端恰似他人之事，則必鑄成大錯。朝鮮政府無論對清國或其他各國，應於事實上或言論上經常表露出日朝兩國共同對抗清國之意。否則，僅日清兩國處於交戰國地位，朝鮮恰如中立國之勢，則將產生以下後果：第一，有招致他國干涉之慮；第二，日本政府派無名之師於該國，不能不受他國之非難。請於充分了解之後，盡力列舉此時使朝鮮與中國同盟而與清國共同作戰之實證。[456]

---

[456]　《日本外交文書》，第27卷，第700號。

第二節　日本強化戰爭的內外措施

15日，在大鳥圭介的督促下，朝鮮已設立軍國機務所，著手「改革」各衙門官制，組成了以金宏集為總理大臣的新內閣。

為了與朝鮮政府簽訂臨時條約，首先要確認日本與朝鮮之間是何種關係。大鳥圭介向朝鮮政府提出的臨時條約草稿中即有「保護朝鮮國獨立」的字樣，而置朝鮮於日本保護之下，這是需要內閣議決的。大鳥圭介向政府提出：「究竟將來把朝鮮置於何種地位，而我日本又當居於何種地位？」[457] 日軍在朝鮮大舉向中國軍隊進攻之前，必須首先決定對朝鮮的基本政策問題。

為此，日本內閣於8月17日舉行專門會議。陸奧宗光在會議上提出了四種可供選擇的方案：

甲、今後中日戰爭結束，即使如我等所期望，勝利歸於中國，亦仍然任其獨立自主，日本及他國皆毫不加以干涉，朝鮮未來的命運完全任其自主。

乙、在名義上承認朝鮮為一獨立國，但由帝國政府間接直接、永遠或某一長時期扶植其獨立，並代為擔任防禦外侮之責。

丙、由中日兩國共同保障朝鮮領土的完整。

丁、以朝鮮作為世界的中立國，由中國向歐美各國及中國提議，使朝鮮成為類似比利時和瑞士一樣的地位。

陸奧宗光自己否定了甲方案，認為朝鮮內政即使多少有所改革，也難永久保持獨立，則「此次派出大軍、使用鉅額軍費的結果，不免歸於泡影」。何況一旦親清派抬頭，日清間還要產生爭執，「而使中日兩國在朝鮮戰爭的歷史重演」，致使「今次之盛舉歸於徒勞，豈非等於兒戲？」而採取丙方案，陸奧宗光也提出疑問：由於「中日兩國在朝鮮的利害關

---

[457]　藤村道生：《日清戰爭》，上海譯文出版社1981年版，第95頁。

第三章　戰爭爆發後的國際外交

係常相對立」、「恐將因無謂的爭論而告決裂，或者由於拖延談判，以致交戰國的狀態長期繼續」。至於丁方案，陸奧宗光指出：歐洲各國分享戰爭的果實，而日本「得不償失，將為帝國人民所不滿；何況帝國政府派出大兵，消耗鉅額軍費，結果毫無所得，恐終不免為輿論所攻擊」。透過對四種方案的比較，陸奧宗光雖然傾向於採取乙方案，但仍有兩點擔心：

一、帝國政府一向對各國政府宣稱：朝鮮為一獨立國；日本並無侵略其領土的野心。因此，現在縱令間接地使半島王國屈從於帝國勢力之下，恐將引起其他外國的非難和猜忌，或因此發生許多糾葛。

二、帝國政府即使不顧上述困難，使朝鮮成為我之保護國，但將來如因某種事件，朝鮮的獨立受到中國、俄國或其他與朝鮮有利害關係國家的侵害時，我帝國是否能夠始終以獨力防禦朝鮮的外患而予以保護？

他不敢將乙方案作為認同的方案提出，因為知道「不論採取其中任何一個方案，在中日戰爭未分最後勝負以前，是談不到的」[458]。

對於陸奧宗光提出的這兩點，內閣會議也是缺乏自信，終於未能最後作出結論，僅僅暫定以「四案中乙案的精神作為目標，以待他日再作正式決定」[459]。大鳥圭介根據內閣會議的決定，修改了幾處臨時條約草稿；特地將「保護」的字樣改掉，而易以「鞏固」二字，以符合閣議的涵義。並將臨時條約命名為《暫定合約條款》，於8月20日由大鳥圭介和朝鮮新內閣外務大臣金允植共同簽訂。其內容包括七條：

一、此次日本國政府深望朝鮮國政府釐正內治，朝鮮國政府亦知其實屬急要之務，至允依勸勉勵行各節，須明保取次認真施行。

二、釐正內治節目中，京釜兩地以及京仁兩地創修鐵路一事，朝鮮

---

[458]　〈明治二十七年八月十七日向閣議提出的方案〉，陸奧宗光：《蹇蹇錄》，第84～86頁，附錄。

[459]　陸奧宗光：《蹇蹇錄》，第82頁。

第二節　日本強化戰爭的內外措施

政府顧此時庫款未裕，本願與日本國政府若或日本公司訂立合約，及時興工，只因朝鮮政府現有委曲情節，礙難照辦，但仍須妥籌良法，務速克成所期為要。

三、在京釜兩地以及京仁兩地，由日本國政府已設軍務電線，酌量時宜，妥訂條款，仍可存留。

四、因念兩國交誼務俾輯睦，以及獎勵商務起見，朝鮮國政府允在全羅道沿海之地開通口岸一處。

五、本年7月23日在大闕相近之地，兩國兵丁偶而接仗，言明彼此各願不必追究。

六、日本國政府素願襄助朝鮮國政府俾其克成獨立自主之業，故於將來鞏固朝鮮國之獨立自主相關事宜，另由兩國政府派員會同妥議定擬。

七、以上所開暫定條款，經畫押蓋印訂定後，酌量時宜，方可將在大闕護衛之日本國兵一律撤退。[460]

此條款既滿足了日本在朝鮮想獲取的實際利益，又為使朝鮮將來成為日本的保護國埋下了伏筆。

另外，為使日本向朝鮮派兵取得「合法」的名義，大鳥圭介又於8月26日強迫朝鮮政府簽訂了一個以所謂「政守相助」為內容的《朝日同盟條約》。此盟約包括三條：

第一條　此盟約以撤退清兵於朝鮮國境外，鞏固朝鮮國獨立自主，增進朝日兩國所享利益為本。

第二條　日本國既允擔承與清國攻守爭戰，朝鮮國則於日本隊伍以時進退，以及預籌糧餉等諸項事宜，必須裏助予便，不遺餘力。

---

[460]　朝鮮《高宗實錄》，第32卷，第24頁。

第三章　戰爭爆發後的國際外交

第三條　此盟約俟與清國和約成日，作為罷約。[461]

這個盟約，實際上是日本政府繼續推行戰爭政策的一種措施。透過這個盟約，一方面表明朝鮮是一個所謂「獨立國」，具有可以和任何國家訂立攻守同盟條約的權利，避免日本軍隊的侵略行徑被指責為侵犯中立，以防止列強的干涉；另一方面，用陸奧宗光的話來說，就是將朝鮮緊緊地牽在日本手中，「使其就範，不敢他顧」[462]。由此可見，日本政府的計謀是多麼陰險毒辣！

無論如何，《朝日同盟條約》的簽訂，終於使日本得到發動平壤之戰的「合法」名義。

二　加強對戰爭的領導和煽動戰爭狂熱

日本政府對華宣戰之後，採取了種種措施，以加強對戰爭的調度與指揮。

8月4日，日本政府首先以天皇睦仁的名義頒布《寄寓華人敕令十條》，對旅日華僑加強了管制。其中規定：「凡寓住日本之華人，自本日頒發之日起，20日以內將住所事業呈報地方府縣知事註冊」；「凡有不請註冊之華人，府縣知事飭令出境」；「凡華人若行為有害日本利益者，有作奸犯科者，或紊亂秩序者，或情跡可疑者，照例懲辦外，飭令出境」；「凡關係戰爭由日本海陸軍向華人發令懲辦」等等。[463]

8月13日，日本政府釋出徵集軍事公債的緊急敕令：「為支辦有關朝鮮事件之經費，政府得撥用屬於特別會計的資金，並得借款或徵集公

---

[461]　《日本外交文書》，第27卷，第706號。
[462]　陸奧宗光：《蹇蹇錄》，第77頁。
[463]　《日本君主頒發辦理寄寓華人敕令十條》，《朝鮮檔》（2179）。

第二節　日本強化戰爭的內外措施

債。」15日，公布《軍事公債條例》，計劃徵募5,000萬元。並規定：「本公債之本金，從發行證書之年起5年不動，從翌年起，50年內還清。」大藏大臣渡邊國武還先後將關西同盟銀行和關東同盟銀行的總辦們請到大藏省，勸其認購軍事公債。渡邊國武反覆動員說：

  本來此次中日戰爭，我帝國實出於萬不得已，現在無須再事喋喋。但毫無疑問，其結果之如何，將決中國在東洋的地位，對外交與貿易亦有最大、最重要的利害關係。

  方今軍事，完全與往時不同，需費之巨，亦非舊時可比。即使說全局勝敗之數往往取決於軍費是否充實，亦非妄言。……

  今中日戰爭漸臻高潮，但欲全局大勝而結束這一大問題，則尚不敢斷言其為期不遠。凡重視我帝國將來在東洋之地位，欲保全其外交上貿易上利益的人，必須專心致力於軍需的供給，以期在外的陸海軍人無內顧之憂。無論在朝在野，此乃我等應盡的本分。……

  本大臣擔當財務，不能緘默。故今天敦促各位來省，盡情吐達衷曲，希望各位將此意轉致各同盟銀行，使各銀行再與來往的資本家、財產家商議，衷心一致，獲取大好成果，使刻下正漸臻高潮的中日戰爭得制機先而操全局之勝算。[464]

在日本財團的支持下，「諸商好義者爭應其募」[465]，遂超額募得7,694.9萬元。

與此同時，日本大本營作出增兵朝鮮的決定。日本已派至朝鮮的部隊只有陸軍少將大島義昌從第五師團中集結的混成旅團，對成歡之攻擊即由該隊獨力進行；以之進攻平壤之清軍，則兵力未免單薄，難以勝任。於是，大本營命第五師團長野津道貫和第十旅團長陸軍少將立見尚

---

[464]　《中日戰爭》（一），第228～230頁。
[465]　橋本海關：《清日戰爭實記》，第4卷，第142頁。

第三章　戰爭爆發後的國際外交

文統率第五師團之餘部赴朝,以第三師團之一部屬之。8月4日,野津道貫乘船出宇品港,師團參謀長步兵大佐上田有澤及參謀步兵少佐仙波太郎、砲兵大尉足立愛藏等隨行。臨行時,海軍軍令部部長樺山資紀親來送行,撫其肩曰:「今日之役,有加藤清正,無小西行長,子宜為所欲為。」[466]野津道貫領會其意,笑而行。6日,野津道貫一行抵釜山。8日,野津道貫率部從釜山出發,因天方酷暑,道路險阻,至19日始抵漢城。

按照大本營原先制定的作戰方針,日本的進兵作戰分為兩期進行:

第一期,先派一部分兵力(第五師團)進入朝鮮,進行牽制作戰。隨後,續派陸軍赴朝,以驅逐清軍出朝鮮。與此同時,以聯合艦隊尋求中國艦隊進行海上決戰,以爭取掌握制海權。

第二期,在實現第一期作戰計畫的基礎上,在渤海北岸登陸,在直隸平原與清軍主力決戰,然後進逼北京,迫使清政府訂立城下之盟。

為繼續執行第一期作戰計畫,大本營於8月14日決定增派第三師團赴朝,與原在朝鮮的第五師團統一編成第一軍。30日,天皇睦仁以樞密院議長陸軍大將山縣有朋任第一軍司令官。樞密院議長兼任出征軍司令官,在日本是空前絕後的,可見日本最高當局是多麼重視這次任命了。

第一軍編成後,山縣有朋於9月4日離開東京,6日到廣島,立即籌劃大軍的出發。8日,由62艘載運大軍的船隊出宇品港,第六旅團長陸軍少將大島久直乘坐的廣島丸為先鋒,其次為山縣有朋乘坐的長門丸,第三師團長陸軍中將桂太郎乘坐的橫濱丸繼之,其他各船皆依序成列在後。山縣有朋一行於12日抵達仁川,14日入漢城。16日,山縣有朋率軍北進,當天軍司令部進至高陽。此夜,軍司令部收到平壤陷落的電報。

---

[466]　橋本海關:《清日戰爭實記》,第4卷,第144頁。按:西元1592年,日本豐臣秀吉發兵侵略,加藤清正和小西行長皆其部下大將。史稱此戰為「文祿之役」。據說當時加藤主戰,小西主和。樺山此語意謂有戰無和,以勉野津。

第二節　日本強化戰爭的內外措施

　　在山縣有朋離開宇品港的同一天，明治天皇決定移大本營於廣島。9月13日，睦仁從東京出發，於15日到達廣島。隨從睦仁的文武官員，除首相伊藤博文和外相陸奧宗光外，還有參謀總長陸軍大將有棲川熾仁親王、參謀次長兼兵站總監陸軍中將川上操六、野戰監督長官野田豁通、運輸通訊長官寺內正毅、野戰衛生長官石黑忠惠、海軍軍令部長海軍中將樺山資紀、陸軍大臣陸軍大將大山巖、海軍大臣海軍大將西鄉從道、宮內大臣土方久元、侍從武官長兼軍事內務局長陸軍少將岡澤精等。確定大本營進駐廣島，是想以此表明天皇親自統兵出征，以便把日本全國上下的觀念統一到戰爭上。對此，日本報紙立即作出了反應。民友社記者平田久即以激動的心情寫道：「陛下君臨每個國民的心中。我皇萬歲！」[467] 睦仁的這一行動，不但向日本人民滲透天皇制的觀念，而且在日本軍人中加強了天皇是軍隊首領的觀念。這對於這場日本發動的侵略戰爭來說，是一個非常大的推動力。

　　當時，在日本國內，政界、財界及軍界的中心人物多係士族出身，他們最熱衷於對外戰爭。許多士族出身的所謂志士，還自願報名參加義勇兵。士族的衰落，「到處助長了不能沉默的氣氛，並且從中巧妙地溢出了日清戰爭的排外情緒」。日本當局煽動的戰爭狂熱，也嚴重地影響了知識分子。被稱為日本資產階級啟蒙運動創始人的福澤諭吉，不僅為日本發動這場侵略戰爭帶頭醵金以助軍費，而且還鼓吹：「日清戰爭是文明與野蠻的戰爭。」甚至向人民發出呼籲：為了戰爭的勝利，即使「國內出現何種不平、紊亂，也無須去談論它」。內村鑑三則大肆宣揚侵略有理的謬論：「日清戰爭對於我們來說，實際是義戰。不僅在法律上，而且在倫理上也是無可非議的。」

---

[467]　藤村道生：《日清戰爭》，上海譯文出版社1981年版，第101頁。

第三章　戰爭爆發後的國際外交

但是，在開戰後的一個多月，由於戰爭的影響，不景氣的現象在日本國內開始顯露出來。據統計，由於戰爭而遭到損失的各行業的比重：農業品為13%、商業為31%、工業為51%、運輸業為17%。生產平均減少30%以上。隨著這種不景氣之風的到來，國內厭倦戰爭的情緒非常普遍。據《東京朝日》報導：「商人都祝願早日結束戰爭。」《國民之友》還以〈要預防民心之反動〉為題，發表如下的社論：

現在人心之激奮，已不像開始那種情況了，人們以一己私利的目的為主，而無世界大志。人心所向唯在希望把戰後之利益作為目的。可是，這一希望卻絲毫未達到，反而已經造成了不景氣的損失。此外，則是人心厭惡戰爭，祈望早日結束。而今在工商業者的內心裡，感嘆不景氣和嘆息征清之師的心情業已多少萌芽。報紙沒有明白地報導，他們也沒有吐露出此種嘆息的勇氣，故不能成為一種議論。誰能擔保此種沉醉於勝利之心，此種工商、農家胸中之祕密，不掀起一種反動之巨浪呢？[468]

對於有可能掀起「反動之巨浪」的危險，日本當局當然不能熟視無睹。為了防止這種危險，日本政府開動宣傳機器，編造種種英勇美談，以煽動戰爭歇斯底里。如在成歡之戰中被擊斃的白神源次郎，在這次戰役中只是個預備兵，卻被渲染成一個嘴不離軍號而「安然死去的號兵」。還專門為這位「英雄」譜寫一首歌詞，當作軍歌來唱，以此來喚起國民的愛國心。同時，詠贊日本刀也成為詩歌的最時髦的主題，在報章上連篇累牘地刊載。高橋午山在成歡之戰後寫的〈日本刀歌〉是其代表作之一：

日本男兒鐵心腸，百鍊凝成三尺霜。

電光一閃射眼處，醜虜紛紛隨手僵。

---

[468]　以上引文皆見藤村道生：《日清戰爭》，上海譯文出版社1981年版，第97～99頁。

第二節　日本強化戰爭的內外措施

神後杖之征三韓，衝其巢窟降其王。
時宗提之懲胡元，十萬伏屍漂激浪。
更有豐公試大揮，蹂躪八道意氣揚。
嗚呼！日本刀兮日本刀，借汝精靈耀國光！[469]

赤裸裸地煽動對外侵略擴張。還有增田岳陽在豐島海戰後寫的〈聞駐韓海軍破清艦長句記喜〉，竟然寫道：「日本力，日本膽，何不蹂躪四百州？」[470] 公開鼓吹出兵侵略中國。

日本政府也知道光靠打氣是不能持久的，所以急於與清軍決戰，企圖用勝利的捷報來驅散正在全國瀰漫著對戰爭的消極情緒。

三　加緊戰爭的步伐

日本明治政府在參謀本部鋪設的道路上一步一步地走向戰爭。但局勢發展如此之快，卻出乎明治天皇睦仁和內閣大臣的意料。因此，在日本政府內部一度引起了觀念上的混亂。

開戰之後，睦仁憂心忡忡地聲言：「這次戰爭是大臣的戰爭，而不是我的戰爭。」、「如此原非本意的事情，當不敢冒昧向神明奉告。」並拒絕派敕使向伊勢神宮和孝明天皇報告開戰之事。伊藤博文在寫給陸奧宗光的信中亦稱：「和你一樣，不知不覺地就乘船出洋了。」[471]

7月28日，陸奧宗光收到大鳥圭介所謂朝鮮政府要求日軍驅逐牙山清軍的報告。對此，睦仁也甚為不滿，於是詢問：「此事是否經過外務大臣的訓令？還是大鳥圭介自行其是？」伊藤博文指示陸奧宗光暫停對牙

---

[469]　《日清戰爭實記》，第 3 編，第 80 頁。
[470]　《日清戰爭實記》，第 2 編，第 82 頁。
[471]　藤村道生：《日清戰爭》，上海譯文出版社 1981 年版，第 87～88 頁。

205

第三章　戰爭爆發後的國際外交

山清軍的進攻。但是，陸奧宗光擔心這樣會讓駐朝使館和混成旅團造成混亂，扣壓了命令暫停進攻的電報。當天，他反而向大鳥圭介發出「徹底改組」朝鮮政府的電令：

> 我為您之成功感到高興。望趁此機會，於最短期間將朝鮮政府之官員進行徹底改組，協助大院君，並盡一切努力鞏固其地位，使其至少維持一年。如有可能，可勸大院君於朝鮮政府之行政機構僱用有才能的日本人。此等人可選自日本政府官員，亦可從政府以外人員中挑選。在必要時，我們亦可任命並委派。閣下須特別謹慎，勿使已在朝鮮政府供職之歐美人解僱。若大院君需要警衛隊，閣下可向其提供足夠之士兵，使之成為具有皇家派頭之警衛隊。如其需要資助，閣下可聲言日本政府擬祕密向其提供一定資金，並於仁川金庫為此目的準備8萬日元。但閣下必須事先說明，此款僅為給朝鮮政府之無息貸款。[472]

在接到陸奧宗光電令之前，大鳥圭介已經開始改組朝鮮政府。7月24日，即日軍圍宮劫政的第二天，朝王李熙即被迫下詔實行新政：

> 傳曰：三世不同禮，五帝不同樂。禮樂因時制宜，況政治乎？顧我邦介在東亞樞要之地，委靡不振，職由政治之頹隳紊亂，不思變通耳。夫謀國之道，用人為先。其四色偏黨之論，一切打破，不拘門地（第），唯賢唯才是舉。幾係內治外務，務從時宜。大小臣工各修奮勵之義，克相予寡昧，以新政治，亟圖保國安民之策可也。

同時，下詔懲治閔黨：左贊成閔泳駿流配惡島，前統制使閔炯植、慶州府尹閔致憲等各按其罪處罰不等。並登用新人，親日派皆擢居要職，如金鶴羽任兵曹判書，趙義淵任壯衛使，安駉壽任右捕將，金嘉鎮任外務協辦，俞吉濬任外務參議等等。李熙詔令大院君攝國政：「各國事例，其軍務皆歸親王管轄。本國則海陸等務進明於大院君前裁

---

[472]　《日本外交文書》，第27卷，第425號。

決。」[473]26日，又設立軍國機務所，以金宏集為領議政。李熙下詔「軍國機務處會議總裁領議政為之」[474]。28日，軍國機務所正式會議，議定機務所章程，並決議設立議政府，以及外務、內庫、度支、軍務、法務、學務、農商、工務八衙門和警務廳。另設宮內府，專門承辦宮中事務。大院君也親臨軍國機務所開會典禮。於是，日本外務省便於當日照會各國駐日公使，聲稱：「如今帝國政府所望之改革內政，賴國王陛下與大院君之盡力，可望實行。因此，關於朝鮮國之獨立問題，於今已無可議論之必要。」[475]

大院君李昰應在日人的誘逼下充當傀儡，但又不甘心永遠當下去，所以和日人貌雖合而神離。7月30日，他便派學士李炳觀「入華求援，並陳朝鮮兵狀」。臨行時，由受聘在漢城英國總領事館辦理文案兼英文翻譯的華人許寅輝致書李鴻章介紹。其書有云：

六月二十日夜五更，（倭）毀斷電線，緊閉四門，率兵直入王宮，搶奪軍器，把持韓王及王妃、世子。又脅驅太公于禁中，前後左右無非倭黨，一言一動皆不敢私，其政教號令悉聽倭黨指揮。桎梏之下，何求不得？故韓王與韓太公萬難以事實詔奏，即見一二忠良，唯有相對含涕而已。……

李學士炳觀世受國恩，忠義素著，不忍坐視，屢見大院君，不能問答國事。因懇發給名片兩紙，揮淚而別。雖經微服入華，擬作包胥之泣，然敵人布滿中道，舉步坎坷。李意國表既不能修，應將該片併緊要可憑各件隨帶入津，謁見傅相。但目下韓內外非敵黨不足擅權，萬一事洩，則遇害不僅一身而已。欲逕自呼懇傅相，又恐干冒，是以再四泣商，乞為介紹。[476]

---

[473]　《朝鮮檔》(2172)，附件一。
[474]　《朝鮮檔》(2172)，附件三。
[475]　《日本外交文書》，第27卷，第685號。
[476]　許寅輝：《客韓筆記》，光緒丙午長沙刻本，第10～11頁。

第三章　戰爭爆發後的國際外交

其後，朝王也透過平安道閔丙奭密電李鴻章求助：「敝邦運否，有臣叛謀，與倭醞釀脅制存革，罪犯天條。現今危急，迫在呼吸，轉奏天陛，克存宗社，以救生靈。千萬祈祝。立復。」[477] 對於朝王和大院君的舉動，日本並不是毫無了解，但它當時還不急於去解決這些問題，因為它的迫切任務是與中國作戰，這就必須以朝鮮政府的名義行事。這樣，日本即可令朝鮮政府給予日軍進退及糧食、伕役、車輛等供應上的方便，並防止列強把日軍的行動說成是侵犯中立，而受到譴責和干涉。總之，日本在朝鮮組成一個傀儡政權，既能夠假借朝鮮政府的名義發動戰爭，又獲得發動這場大規模侵略戰爭的基地。

儘管如此，擊沉「高陞」號事件的突然發生，還是讓日本政府在外交上帶來一些麻煩。陸奧宗光乍聞日本軍艦擊沉英國商船的消息時，異常吃驚。他的確擔心英國會趁機干涉。但是，伊藤博文沒有聽從陸奧宗光的意見。他堅持命令已經集結在廣島的第五師團餘部立即開赴朝鮮，把戰爭繼續進行下去。

透過開戰後的一系列事件，伊藤博文在領導這場侵略戰爭中的作用更為顯著。根據伊藤博文的分析，虎視眈眈的列強將有朝一日聯合起來進行干涉。到那時，這種干涉就不僅僅是口頭上的勸告，甚至可能是武力的行動。因此，在奏議中提出自己的主張：

當前之急務，須於受到列強此種聯合強力干涉之前，迅速取得對清國的重大勝利，居於任何時候均能向敵國提出中國條件之地位。而占有此種地位時，即使未達到全局之目的，亦能審時度勢，無損於國威，無墜於國譽，取得對我有利之結局，且能為將來之前途而深謀遠慮。當然，在此種情況下，絕不應單純以軍事為是事，宜相機行事，始終在外

---

[477]　《清光緒朝中日交涉史料》(1425)，第17卷，第19頁。按：「罪犯天條」一句，《李文忠公全集》作「罪犯天朝」。（見電稿，第16卷，第50頁）

第二節 日本強化戰爭的內外措施

交方面慎重行事，以期不使國家陷於危險境地。此誠國家之要務也。」[478]

為此，他提出了兩條方針：第一，速戰速決；第二，「文武配合」以做到戰略和政治策略一致。本來，明治天皇對於大本營的戰略優於政治策略的做法，頗不以為然，故很贊同伊藤博文的觀點，並要求伊藤博文出席大本營的御前會議，擔負起戰爭的領導責任。7月26日，睦仁特命伊藤博文從27日起參加御前會議，企圖以此清除戰爭指揮中政治策略和戰略上的分歧。[479]

伊藤博文的第二條方針既得以實現，便以全力貫徹其第一條方針，進一步加緊戰爭的步伐。

四　部署撤使後的諜報工作

日本從來把間諜視為軍部的「手足和耳目」，唯有依靠他們才能「運籌帷幄之中，決勝千里之外」。[480] 甲午戰爭以前，日本在華間諜活動全由陸軍省和海軍省所派的武官來領導。日本既挑起戰爭之後，眼看撤使在即，不得不對在華的諜報工作重新進行安排。

日本海軍在豐島海面對北洋艦隊實行突然襲擊，並擊沉裝載清軍的英國商船「高陞」號，此事震驚中外。「師期暗洩機要」[481]，究竟是什麼原因？長期以來，人們揣測紛紛，皆係無稽之談，因此迄今仍是一個懸案。姚錫光《東方兵事紀略》記載：「倭人間諜時在津，賄我電報學生某，得我師期。」[482] 一些有關甲午戰史的著作皆採用此說。一部描寫甲

---

[478]　伊藤博文：《內閣總理大臣奏議》、《機密日清戰爭》。
[479]　藤村道生：《日清戰爭》，上海譯文出版社1981年版，第88、93頁。
[480]　德富豬一郎：《陸軍大將川上操六》，第112頁。
[481]　《中倭戰爭始末記》，第3卷，第24頁。
[482]　《中日戰爭》（一），第17～18頁。

第三章　戰爭爆發後的國際外交

午戰爭的電影裡也特地強調這個情節。可見姚說影響之深了。問題並不是這麼簡單，實際情況要複雜得多。

從西元1894年春日本蓄謀挑起侵略戰爭以來，日本間諜機關便加強在中國的活動。天津的日本領事館是日本在華情報中心之一。因為這裡乃直隸總督、北洋大臣的駐地，既靠近北京，又是陸海交通的樞紐，所以日本間諜機關對此地極為重視。陸軍少佐神尾光臣、海軍少佐井上敏夫、海軍大尉瀧川具和等人，都是老牌的日本間諜，以駐中國公使館武官的名義派遣來華，卻不駐北京，而長期駐天津。為了便於開展活動，日本間諜機關還在天津紫竹林開設一家松昌洋行，以做生意為名蒐集軍事情報。根據日本間諜的內部分工，神尾光臣負責專門探察李鴻章的行事和意圖，瀧川具和負責調查直隸海岸地理形勢和蒐集海軍衙門的情報，井上敏夫前往煙臺負責偵察北洋艦隊的行蹤。

為了達到偷襲的卑劣目的，日本間諜機關決定首先要弄到中國的運兵計畫。在此以前，駐松昌洋行的日本間諜石川伍一，已經透過護衛營弁目汪開甲結識天津軍械局書辦劉棻。中日兩國宣戰以後，化裝潛伏在天津的石川伍一被查獲。此案曾轟動一時，朝野為之震撼。當時人們斷定，日本海軍在豐島海面的偷襲，與劉棻提供的情報是有關係的。

事實上，當時日本間諜要弄清中國的運兵情況，並不是很困難的事情。豐島海戰爆發前，日本間諜特務麇集天津，四處偵探無孔不入，活動十分猖狂。「倭領事及武隨員二人，自5月初至今日派奸細二三十人，分赴各營各處偵探，並有改裝剃髮者。」[483] 對此，中國當局長期熟視無睹，泰然處之。尤為甚者，連海口碼頭重地也「令在華倭人自如偵

---

[483]　《清光緒朝中日交涉史料》(1267)，第15卷，第35頁。按：「倭領事」指荒川已次，「武隨員二人」指神尾光臣和瀧川具和。

第二節　日本強化戰爭的內外措施

探」[484]。據目睹此情形者說:「7月22日傍晚,中國所租的運兵船『飛鯨』號從塘沽起航時,『見倭夷往來不絕。凡我船開行,彼即細為查探。非但常在碼頭梭巡,竟有下船在旁手持鉛筆、洋簿,將所載物件逐一記數。竟無委員、巡丁驅逐』」[485]。在這種情況下,中國的運兵計畫有何保密可言?當時,李鴻章所派「照料」、「愛仁」號運兵船的德商信義洋行滿德（Julius Mannich）,事後寫了一份報告上於李鴻章,裡面十分清楚地談到日本間諜的活動情況:

> 倭人在中竟能洞悉中國軍事,此非滿德臆造妄言。即如滿德奉憲委乘愛仁輪船運兵赴牙山事,當滿德未抵唐（塘）沽時,居然有一倭人久住唐（塘）沽,此倭人才具甚大,華、英、德、法言語俱能精通,看他與人言論間……隨時用鉛筆注載。此小行洋人俾爾福所見。及滿德坐火車時,又有一倭人同載,滿德並未敢與之交談,則愛仁、飛鯨、高陞船載若干兵,若干餉,何人護送,赴何口岸,該倭人無不了徹於胸也。[486]

中國運兵船在碼頭停泊期間和出發時,一直處在日本間諜的嚴密監視之下,而且任其「自如偵探」,這才是「師期暗洩機要,遂致高陞被擊,船沒師熸」[487]的真正原因。何況李鴻章的直隸總督衙門裡還有內奸。石川伍一供稱:「打電報叫日本打高陞船官兵的信,是中堂衙裡送出來的;電是領事府打的。所供是實。」[488]

在偵察中國派兵情況的同時,日本間諜機關還把注意力集中於駐泊在威海衛港內的北洋艦隊,以掌握中國護衛運兵船的計畫。為此,特密電正在漢口活動的間諜宗方小太郎,由漢口到煙臺日本領事館向井上敏

---

[484]　《盛檔·甲午中日戰爭》（上）,第31頁。
[485]　〈鄭觀應,陳猷致盛宣懷函〉,《歷史研究》1980年4期,第45頁。
[486]　《盛檔·甲午中日戰爭》（下）,第103頁。
[487]　《中倭戰守始末記》,第3卷,第24頁。
[488]　〈日本奸細石川伍一供單〉,中國第一歷史檔案館藏軍機處檔。

第三章　戰爭爆發後的國際外交

夫武官報到。宗方小太郎，西元 1864 年生，日本熊本縣人。1884 年來到中國，曾花三年時間遊歷中國北部九省，調查政治、經濟、軍事、礦產及風俗人情等狀況。1887 年，在漢口參加以樂善堂商號為掩護的日本間諜機關。後任日本在華間諜機關北京支部的負責人。1890 年，日本間諜機關在上海設立日清貿易研究所，專門從日本國內招收青年進行間諜訓練，宗方小太郎任該所的學生監督。日本間諜上級機關特地把這樣一個富有經驗的間諜派到煙臺，可見對這個任務是多麼重視。7 月 5 日，宗方小太郎抵煙臺，即赴領事館報到。宗方小太郎的任務是偵探北洋艦隊的動向，並用暗號報告上海轉電東京：

暗語電文	實際含意
買貨不如意。	北洋艦隊未出威海。
草帽辮行市如何？	北洋艦隊出威海進行攻擊。
近日回滬。	北洋艦隊之防禦由威海移至旅順。
要回國，速送五百元。	北洋艦隊半數在威海。
送銀待回音。	威海無艦隊。
草帽辮今好買，速回電。	北洋艦隊由旅順返威海。

7 日，宗方小太郎決定「祕密赴威海衛軍港偵探」。8 日，宗方小太郎化裝為農民，由煙臺出發。10 日，抵威海，夜登環翠樓「眺望灣內形勢及燈臺點火」。11 日，登威海城東門，「視察港內。在劉公島前，港南北有 40 里，碇泊軍艦 13 艘」。13 日，宗方回煙臺後，又派偵察員去威海，以監視北洋艦隊之行蹤。16 日，濟遠、威遠二艦從上海抵煙臺，宗方登濟遠艦「觀察裝載之兵器」，並探知二艦將去朝鮮。19 日，所派偵察員返回煙臺，報告北洋艦隊「已作準備，將於今日或明日相率赴朝鮮」[489]。20 日，日本海軍軍令部部長樺山資紀海軍中將，親乘山城丸由橫須賀出

---

[489]　《宗方小太郎日記》（稿本）。

第二節　日本強化戰爭的內外措施

發，於 22 日下午 5 點抵達佐世保，向艦隊傳達參謀總長殿下的令旨。根據樺山資紀的部署，日本聯合艦隊第二天便從佐世保向朝鮮西海岸出發，以尋找中國軍艦和運兵船實行襲擊。後來，宗方小太郎的密友緒方二三便說，日本海軍在豐島海上之獲勝，多得利於宗方情報之及時。[490]誠哉斯言！

日本既挑起戰爭之後，眼看撤使在即，還需要繼續發揮軍部「手足和耳目」的重要作用，便又重新部署在華的諜報工作。

7 月 28 日，即中日宣戰的前三天，日本在天津的一些重要間諜分子聚會。參加這次天津聚會的有：駐華武官陸軍少佐神尾光臣、海軍大尉瀧川具和（化名堤虎吉）、陸軍中尉山田要、林正夫，以及石川伍一和鍾崎三郎。並將已調至煙臺的宗方小太郎亦招至相商。聚會的地點即在天津紫竹林的松昌洋行內。當天宗方小太郎在日記中寫道：「乘 2 時 30 分頭等火車赴天津。過軍糧城站，兩個小時抵天津。至松昌洋行，面會石川伍一、堤、山田、林。夜與堤、石川伍一同訪神尾陸軍少佐，有所商量。又與石川伍一至三井訪吳永壽。同石川、鍾崎長談至深夜，1 時半就寢。本日恰為盛軍餘部乘「海定」號出口之日也。」[491] 29 日，他們又討論了一天。最後，商定的內容大致如下：

一、北京、天津、煙臺三地使領館人員撤退後，日本駐上海總領事館仍予保留，故以上海為諜報工作的指揮中心。

二、陸軍省員山田要和海軍省員瀧川具和個人提出，繼續留住天津。

三、北京使館撤退後，將在奉天的前陸軍少尉川畑丈之助調至北京。

四、宗方小太郎仍回煙臺，負責監視北洋艦隊的行蹤。

---

[490]　緒方二三：〈我等之回憶錄〉（六），《九州日日新聞》1934 年 9 月 6 日。
[491]　《宗方小太郎日記》（稿本）。

第三章　戰爭爆發後的國際外交

會後，宗方於 31 日回到煙臺，川畑也於 8 月 1 日過煙臺前往北京。

8 月 2 日，即中日宣戰的次日清晨 5 點，日本臨時代理公使小村壽太郎從通州乘船東行，於 3 日上午 11 點到天津，上岸在紫竹林旅館暫住。公使館二等書記官中島雄、三等書記官鄭永昌、外交官補松方正作、書記生高洲太助等隨行。小村壽太郎離北京前，曾與英國公使歐格訥會面，告知欲留山田要、瀧川具和兩名武官在華之意，歐格訥表示贊同。同日，美國駐天津領事李德來訪小村壽太郎。談話間，李德表示不同意山田要、瀧川具和繼續留在天津，謂：「果如英國公使所告，則有因此而妨害租界地安寧之慮。」小村壽太郎認為李德既如此建議，只好命山田要、瀧川具和同路返國。僅石川伍一、鍾崎三郎「辮髮清服之二人，因陸海軍務之關係，經山田、堤兩氏提議，批准其繼續滯留」。對此，李德表示同意，但建議「兩人不能立即進入租界地」[492]。

先是在 8 月 2 日晚上 9 點，日本駐天津領事荒川已次、武官神尾光臣、林正夫等乘小火輪赴塘沽，換乘英船「重慶」號後，擬於次日晨出口。當天夜間，「重慶」號正停泊在塘沽碼頭時，突有十多人闖入輪船，將船上的日本男女捆綁起來擁下船去。清兵聞訊趕來，才未發展為嚴重事件。事後查明，事件為首者賈長瑞，乃通永練軍左營六品軍功賈長和之弟，因其兄在「高陞」號上被日人轟斃，而產生復仇之心。當時卻誤傳此事係清軍做的。為此，美國領事李德曾提出交涉。[493] 日本間諜也很緊張，因為在事件發生時日人丟失了一件重要的密函。宗方小太郎在日記中記述此事道：「在大沽遭到中國兵暴行之際，堤氏寄給井上敏夫之有關軍事上的密函為兵士所奪去。因此，官府對殘留於天津之邦人注意甚嚴，形勢頗為不穩。」此時，潛伏在天津的鍾崎三郎見事情不妙，急忙

---

[492]　《日本外交文書》，第 27 卷，第 755 號。
[493]　〈天津領事李德致北洋大臣函〉，《朝鮮檔》（2154）。

第二節　日本強化戰爭的內外措施

逃往山海關,只將石川伍一留在天津。

8月4日上午,荒川已次、神尾光臣、林正夫等所乘「重慶」號駛抵煙臺。駐煙臺的日本武官井上敏夫、領事伊集院彥吉、書記生橫田三郎等亦上「重慶」號,赴上海換輪回國。同日,宗方小太郎記道:「帝國國民而留於此地者,僅予一人而已。函上海田鍋氏報告予留煙之事。早上,與井上敏夫少佐交代完畢,予繼續其事務。井上敏夫氏亦與領事今日一同歸國。領取偵察費567元。」於是,宗方小太郎便一個人在日本領事館潛伏下來。

同一天,小村壽太郎一行坐小火輪赴塘沽,山田要和瀧川具和皆隨行。8月5日,乘英船「通州」號出口。8日,「通州」號抵上海。此時,日本駐華公使、領事及武官皆集於上海。井上敏夫於11日先回國。小村壽太郎及其他領事、武官則於12日乘法船「亞拉」號離滬。

日本使領人員撤退時,在華日本間諜的分布情況大致如下:

北京　川畑丈之助

天津　石川伍一

山海關　鍾崎三郎

煙臺　宗方小太郎

浙江　高見武夫

上海　大越成德（總領事）、根津一（陸軍大尉）、津川謙光（海軍大尉）、黑井悌次郎（海軍大尉）、田鍋安之助、前田彪、松田滿雄、成田煉之助、景山長次郎、伊東文五郎、福原林平、楠內友次郎、藤島武彥[494]

由於清政府嚴令查辦日本奸細,除上海一地外,其他各地的日本間

---

[494]　因清政府嚴格查辦日諜,根津一、津川謙光、黑井悌次郎三人皆於9月上旬乘法船回國。

第三章　戰爭爆發後的國際外交

諜都未能長期潛伏下來。天津的石川伍一，在小村壽太郎離開天津的當天即被逮捕。潛居普陀山法雨寺的高見武夫，因被藤島武彥供出，尚未來得及活動也被捕了。北京的川畑丈之助，見處境危險，由美國公使出面交涉，以在華「學生」的名義發給護照回國。鍾崎三郎在山海關一帶活動了一段時間，才輾轉逃回日本。

宗方小太郎在煙臺活動的時間也不長，卻蒐集了大量重要的情報。茲摘其接替井上敏夫工作後的日記如下：

8月5日　午後7時，軍艦鎮邊入港，蓋為購買糧食自威海來者也。即派人探聽威海之動靜。自威海至成山角之電線已架設完成，山東布政使帶兵6營駐防於該地云。本港附近地方招募兵勇200餘人赴旅順，歸提督宋慶節制。

8月6日　午前7時，「通州」號自天津入港，我小村公使等搭乘該船回國。予以一函致書記官中島雄。作致上海東文三氏[495]報告書二通，報告北洋之動靜。託中島氏送出（第11號）。

8月7日　本日派高兒至威海，使之窺伺動靜。

8月8日　本日派穆十至旅順，使之探聽情況。下午2時，以前派往旅順之遲某（舊曆六月十七日出發）經過21天歸來。

8月10日　「武昌」號入口，下午3時開往上海。致函東文三氏，報告威海、旅順之形勢。此函寄至四馬路三山公所，由白巖轉交（第12號）。下午3時，高某自威海歸來。目下碇泊於該港之兵船有鎮遠、定遠、經遠、靖遠、來遠、致遠、平遠、超勇、威遠、廣丙、廣甲、康濟、湄雲、鎮東、鎮中、鎮北、鎮邊17艘，外尚有魚雷艇4只。（昨9日下午3時所見。）暮時，煙臺市中喧傳我艦隊窺伺威海，開炮數發而去，人心頗為洶洶。

---

[495]　「東文三」，黑井悌次郎海軍大尉之化名。

第二節　日本強化戰爭的內外措施

8月11日　午前有便船,送出致上海東氏關於威海之報告,託田鍋氏轉交(第13號)。帝國軍艦昨日炮擊威海之說證實。本日碇泊於威海之艦悉行出口,僅留鎮東、鎮北、鎮中、鎮邊4艘云。此說係自威海歸來之送信者所報告。

8月13日　傳說孫金彪派兵2營駐紮於煙臺威海間要地。

8月14日　10日,鎮遠、定遠、來遠、致遠、經遠、靖遠、廣甲、廣丙、濟遠(10日下午修竣歸自旅順)、平遠、揚威11艦,帶魚雷艇2只,自威海出發,赴朝鮮近海,因未遇敵艦,於13日返威海云。本日鎮遠、定遠、經遠、來遠、致遠、靖遠、廣甲、廣丙8艦出威海,巡航旅順、大沽等地方。

8月17日　託中國信局(由田鍋氏轉交)送出致上海東文三氏報告(第15號)。駐防於旅順之豫軍8營於14日陸路向朝鮮出發云。

8月19日　「廣乙」號逃難兵本月14日自威海出發,據來到本地者說:目下威海僅有超勇及魚雷艇3只,其餘船隻大都赴大沽、山海關一帶,裝載陸軍送往沙河子云。丁汝昌目下亦在天津。此外,鎮北、鎮中、鎮邊、鎮東四小艦在威(18日午前)。上海東氏函到,謂予之12號報告未送到云。

8月21日　本日午前送出致東氏報告(第16號)。下午派遣高某至天津,使之窺探石川伍一之現狀,兼探聽津沽之動靜。

8月26日　下午,上海伊東氏派來特使,稱東京本部來電,命予速至上海。蓋以予之第12號密函、15號函落於中國官府之手也。

由於宗方小太郎的密函在上海為中國探員沈守敦所截獲,上海官廳知照登萊青道劉含芳在煙臺逮捕宗方小太郎。宗方小太郎遂於29日乘怡和洋行的「連升」號潛往上海,然後乘英船回國。

宗方小太郎潛伏煙臺,透過派出偵探的辦法嚴密監視北洋艦隊的動

第三章　戰爭爆發後的國際外交

靜，並隨時密報上海轉電本國。8月10日，日本聯合艦隊襲擊威海衛，就是根據宗方小太郎第11號報告的建議。宗方小太郎在8月6日的報告中稱：

> 北洋艦隊之勢力自上月24（25）日在仁川近海小敗以後，似頗受挫折。以今日之情況估計，已可斷定中國艦隊已捨棄進取之策，改為退守之計。依鄙人所見言之，北洋艦隊絕不能超出北緯16度[496]之外。昨日下午，「鎮邊」號開入海港。茲就艦上之人探聽：目下碇泊於威海之艦數僅鎮遠、定遠、來遠、經遠、致遠、鎮西、鎮中、鎮北、鎮東九艦；此外，為平遠、靖（遠）、超勇、揚威、康濟、威遠等艦，則已出口進攻云。

這一猜測是符合實際情況的。豐島海戰後，李鴻章即指示丁汝昌「相機進退，能保全堅船為妥」。8月5日，李鴻章又提出：「我軍只八艦為可用，北洋千里全資封鎖，實未敢輕於一擲，致近畿門戶洞開。牙山軍覆，何堪海軍覆被摧折？」[497] 後則真的下令北洋艦隊不許遠航北緯38度以外：「兵船赴大同江，遇敵勢將接仗。無論勝負，不必再往鴨綠江口，恐日本大隊船尾追入北洋。妥慎防之！」[498] 宗方小太郎進一步向日本海軍省建議：

> 以目下之形勢而言，中國斷無使自身之要地空虛而向朝鮮進攻之勇氣。由此觀之，雖有所謂以威海艦隊之半數開向朝鮮說，其實可能派至旅順地方。今日之急務，為以我之艦隊突入渤海海口，以試北洋艦隊之勇怯。彼若有勇氣，則出威海、旅順作戰；彼若不出，則可知其怯。我若進而攻擊威海、旅順，則甚為不利；應將其誘出洋面，一決雌雄。否則，持重於朝鮮近海，以待彼之到來，其中雖必有所深謀遠慮，然為鄙

---

[496]　「16度」，疑為38度之誤。
[497]　《李文忠公全集》電稿，第16卷，第31、41頁。
[498]　《李文忠公全集》電稿，第16卷，第44頁。按：大同江口和鴨綠江口皆在北緯38度以外。

第二節　日本強化戰爭的內外措施

人所不能理解者也。依鄙人之見，我日本人多數對中國過於重視，徒然在兵器、軍艦、財力、兵數之統計比較上斷定勝負，而不知在精神上早已制其全勝矣。噫！今日之事，唯有突擊之一法。「突擊」二字，雖頗似無謀之言，然而不可不知無謀即有望也。[499]

大本營完全採納了宗方小太郎的建議，於 8 月 10 日對威海港發動襲擊。這次襲擊對清政府影響很大，不知日本海軍的意圖所在，因此疑慮萬端，連連下令催北洋艦隊出洋「截擊」或「跟蹤擊剿」，[500] 這樣反使北洋艦隊在戰略上更加陷入被動。

日本在上海的諜報工作開始碰到一些挫折。由於清政府援朝部隊主要在營口上岸，日本大本營需要摸清中國的派兵數字，便由陸軍省命令上海的根津一派間諜前往偵察。中日宣戰後，先派福原林平和楠內友次郎前去，未上船即被逮捕。又派藤島武彥約高見武夫同去，亦皆被捕。8 月下旬，最後決定派前田彪、松田滿雄、成田煉之助、景山長次郎四人結伴前往，由前田彪化裝為富商，松田、成田、景山三人皆化裝為僕人，才順利到達營口。他們分頭活動，了解清軍的兵力情況，然後用暗語電告上海轉報本國，終於完成此次偵探任務。[501]

宣戰後的第一個月，日本在華間諜的活動非常活躍，雖有一些人被捕，但多數還是完成使命。其中，宗方小太郎發揮非常重要的作用。據說，當時他的報告「只有海軍大臣、次官、軍令部長等首長方能閱讀，他對海軍決定對華戰略作出非常大的貢獻」[502]。甚至有人把日本海軍在黃海海戰中的戰績也歸功於宗方小太郎，認為：「在軍歌中所唱的『不見煙也沒有雲』的黃海海戰中，宗方為日本艦隊打敗中國艦隊立下了偉大

---

[499]　《宗方小太郎報告》，第 11 號。
[500]　《清光緒朝中日交涉史料》（1368、1379），第 16 卷，第 25、29 頁。
[501]　《東亞先覺志士記傳》下卷，列傳，第 375 頁。
[502]　波多博：〈談宗方先生〉，《宗方小太郎文書》第 701 頁。

第三章　戰爭爆發後的國際外交

的功勳。」[503] 這些話雖不無誇大之處，但也說明了軍部的「手足和耳目」在日本發動和進行這場侵略戰爭中的重要作用是不容忽視的。

第三節　宣戰前後的國際關係

一　上海中立區問題

　　先是在 7 月 23 日日本聯合艦隊出佐世保港準備襲擊中國軍艦的當天，英國政府已知日本決意挑起戰爭，便向日本政府提出保證「不在上海及其通路為戰時之運動」的要求。這實際上是對日本發動這場侵略戰爭的默許。

　　英國這個要求的大致意思，就是說日本一旦發動戰爭，必須把上海當作中立區對待，不進行攻擊。其最初的設想，是由歐格訥提出來的。早在 6 月 28 日，歐格訥鑒於日本堅持不肯從朝鮮撤軍和俄國也可能插手，便向金伯利建議道：「如果您認為可以向日本暗示，日本若拒絕撤軍並向中國開戰，英國將阻止對任何通商口岸的干擾。日本大概能夠明白。」7 月 1 日，他再次致電金伯利說：「日本一直在向朝鮮增兵，形勢十分危急。我在北京可以斷定，如果英國宣布禁止襲擊通商口岸，會得到各有關國家的支持，並阻止日本的進攻。同時，還可以搶在俄國的前面，鞏固我們同中國的聯盟。」金伯利對歐格訥的建議很感興趣，即時非正式地通告了日本公使青木周藏：「英國政府不會漠視對通商口岸貿易的干擾。」他又認為：「從法律上說，如果任何一交戰國封鎖這些港口，

---

[503]　島田四郎：〈宗方小太郎〉，《宗方小太郎文書》第 694 頁。

第三節　宣戰前後的國際關係

我們也無權堅持自由貿易立場。」[504] 這說明起初英國還沒有拿出很實際的方案，而且是否正式對日本提出也還猶豫不決。

7月22日，英國駐上海總領事韓能（Nicholas John Hannen）得知中國有一旦開戰便封鎖吳淞口的計畫，於是致電金伯利說：「中國當局計劃，一旦宣戰就封鎖吳淞口，以防止日軍進攻。我擔心這會給經濟貿易活動帶來嚴重干擾。可否徵得日本政府允諾，不對上海及其通道採取軍事行動？」這就把歐格訥的建議實際化了。金伯利認為這倒是一個切實可行的方案，當即發出訓令給巴健特：「現命你轉告日本政府，英國希望他們作出保證，與中國開戰時不對上海或其通道採取軍事行動，因為通訊中斷會大大影響英國的經濟利益。並請日本政府迅速答覆。」日本政府看清了英國的意圖，立即允諾。23日，巴健特向金伯利報告：「日本政府已經作出保證，不對上海港或其通道採取軍事行動。」[505] 隨後，英國又將日本政府的保證通知中國。

對「上海通道」的正確含義究竟應如何解釋，卻引起了中國的關注。本來，來往文件中有三種用法，即：Shanghae and its approaches（韓能語）；Shanghae or its approaches（金伯利語）；the port of Shanghae or the approaches（日本政府照會）。問題的關鍵在於對 approaches to Shanghae（上海通道）一語應有一個明確的解釋。龔照瑗於7月25日向英國外交部提出交涉，認為「上海通道」應該「包括整個長江口」。英國外交部則答覆，「上海通道」指的是「吳淞江及崇明島西南岸與大陸之間的航道」[506]。

此事在日本內閣和海軍省之間引起了意見分歧。陸奧宗光在答覆英

---

[504]　《中日戰爭（1894）》，第29、34頁。
[505]　《中日戰爭（1894）》，第65、69頁。
[506]　《中日戰爭（1894）》，第74頁。

第三章　戰爭爆發後的國際外交

國要求的同時，曾致函海軍大臣西鄉從道，告以此答覆係與內閣總理大臣商定，「即屬日英兩國政府之協定，今後與清國開戰之時日愈近，務須堅守此協定，勿使有違背之舉」[507]。對此，西鄉從道甚為不滿。7月26日，他覆函陸奧宗光對「上海及其通路不為戰時之運動」一語提出三點疑問：

一、根據測量，在對上海及其通路無害距離之海面上，可為戰時之運動否？

二、在上海之通路（例如吳淞）上，清國軍艦首先向我軍艦開炮時，我軍艦應否回擊？

三、如英國政府對我政府所要求那樣，亦要求清國政府於上海及其通路不為戰時之運動，清國政府是否按我政府之答覆而答覆對方？（此點須取得英國政府之答覆與保證）

27日，陸奧宗光對西鄉從道提出的三點疑問作了如下解釋：

第一條，對上海市及其出入通道不實行占領、炮擊、包圍及封鎖等事，於英國來往書翰中有 Warlike operation against Shanghae and its approaches 一語（即反對作戰於上海及其通路）。

第二條，由第一條可以理解。

第三條，英國以相同之意請求清國乃屬必然之事，故此後如出現閣下所通知之形勢，則理應無所要求。

陸奧宗光的解釋並不圓滿，尤其是不但迴避了對第二條的解釋，而且對第三條的解釋也完全出於猜測，是沒有說服力的。他清楚這一點，故在覆函的最後特地加上這樣的話：「此乃帝國政府與英國政府間承諾之事。因事態緊迫，請閣下了解上述問題後，迅速發出訓令。」[508] 這話的

---

[507]　《日本外交文書》，第27卷，第736號。
[508]　《日本外交文書》，第27卷，第740號。

第三節　宣戰前後的國際關係

意思很清楚：日本政府為了盡快地發動這場侵略戰爭，必須對英國作出讓步，以取得它的支持，暗示西鄉諒解政府的苦衷。

對於陸奧宗光的解釋，海軍方面很不滿意。7月28日，由海軍次官伊藤雋吉出面寫信給外務次官林董，對陸奧宗光的解釋提出質問：

「第二條，由第一條可以理解。」豈非主張若清國軍艦在吳淞首先炮擊我艦，我艦亦不得回擊？如是，勢必導致不可侵犯之上海中立區不僅得不到安全，反而造成清艦可炮擊而日艦不得還擊之不公平協定的結果。此並非中立國之義務以及對交戰國雙方無所偏頗為要旨之意。第三條「英國以相同之意請求清國乃屬必然之事，故此後如出現閣下所通知之形勢，則理應無所要求」。果真如此，但應事先明確：第一，英國是否亦向清國提出與日本同樣的要求？第二，清國對此提議是否應諾？若清國軍艦於上海及其通路對我艦可為全部或一部分戰時運動，而我艦對清艦則根本不能為之，豈非與彼以非常之利益，而我則蒙受非常之不利？

信中建議外務省向英國駐日臨時代理公使巴健特發出如下照會並要求英國政府答覆：

第一，英國政府是否亦請求清國政府與日本同樣於上海及其通路不為戰時之運動？

第二，清國政府是否允諾？

第三，如清艦於上海及其通路首先向我炮擊，我將被迫應戰。[509]

此時，日本政府正為擊沉英國商船「高陞」號而擔憂，害怕惡化日本和英國的關係，只能暫時把這個問題先壓下去。

中國政府對於日本政府「不在上海及其通路為戰時之運動」的保證是疑信參半的。當時，南洋大臣劉坤一認為：「鑒於馬江前事，自宜預為之

---

[509]　《日本外交文書》，第27卷，第741號。

第三章　戰爭爆發後的國際外交

計。」[510]因而有堵塞吳淞江之議。7月25日，英國公使歐格訥尚未接到日本艦隊在豐島襲擊中國軍艦的消息，曾到總理衙門勸阻此事：「聞貴國因恐與倭失和，有堵吳淞口之議。我政府已問過日本，日本說絕不犯上海。此言甚確，請飭該地方官切勿封口。」慶親王奕劻回答說：「貴國既能保其不犯，我們自然相信。」[511]不料當天便發生了日本軍艦擊沉英國商船「高陞」號事件。於是，27日，奕劻便問歐格訥：「英船懸掛英旗，倭兵居然炮擊，於英國體面亦有所關。況英國現正為中日說和，日本不特不聽，且如此無理，英國似不能忍而不問。且日本專作狡獪之計，若事事如此，則不犯滬上之說亦不可靠了。」歐格訥答稱：「不犯滬上有字據，或當不致反覆。」[512]此時，中國駐英公使龔照瑗致電劉坤一，告以：英國外交大臣刻接駐日公使電，日本政府「已立據上海口岸及海洋商輪水道絕不擾害」，請「勿塞吳淞口」。劉坤一認為：「事關防務，責有應盡。倭雖有文與英『滬作局外』，敵謀狡詐，究難盡信。」他主張按照中法戰爭時的做法，「吳淞口門釘樁，中留洪路以便行船，樁旁用船載石，備臨警沿塞」。這樣，「中洪本留有船路，仍無礙商船出入」。並提出：「所議僅指吳淞，上海包括在內，萬一倭船駛近浦口，圖犯長江，吳淞炮臺自不能不轟擊防範。請並致各使預為宣告，以免事後枝節。所慮倭人詭譎異常，或冒用別國旗號矇混暗渡，亦請轉商各使，轉飭嚴禁，以重防務。」當天，總理衙門覆電稱：「倭不犯上海，已與各國有約，諒無改變。唯倭兵已在朝鮮擊我兵船，由彼開釁。倘倭船駛近浦口，即可擊之。」[513]對於是否堵吳淞口問題，雖未作正面答覆，但並未否定劉坤一的意見。

7月31日，龔照瑗致電李鴻章報告與英國外交大臣商談的情況：

---

[510]　《清光緒朝中日交涉史料》(1216)，第15卷，第16頁。
[511]　《清光緒朝中日交涉史料》(1230)，第15卷，第23頁，附件一。
[512]　《清光緒朝中日交涉史料》(1261)，第15卷，第33頁，附件一。
[513]　〈南洋大臣來電〉，《清光緒朝中日交涉史料》(1243、1245)，第15卷，第27～28頁。

第三節　宣戰前後的國際關係

龔照瑗請金伯利「議明不擾江口」,而金伯利則謂「倭只肯包崇明以南,不包以北」。龔照瑗的報告強調指出:「長江不在包內,尤宜嚴防。」[514] 於是,總理衙門更傾向劉坤一的意見了。8月2日,歐格訥致函總理衙門,對劉坤一預行堵截吳淞口之議表示「詫異」,並要求「再電南洋勿庸預行堵口」。[515] 3日,總理衙門覆函歐格訥,拒絕了英國的要求,但又答應「寬留口門」以照顧英國的面子,所以英國政府也就沒有再進一步提出要求。

此事並未到此結束,日本方面還在纏住英國交涉不休。中日正式宣戰後,日本在上海的總領事館人員並未撤退。8月4日,日本駐上海武官黑井悌次郎海軍大尉向海軍軍令部部長樺山資紀密報:「清國並不承認以該上海之地為中立區。據近日密探,屢有將軍需品運出之事。又聞,向南方航行之外國船隻雖明知其所載為戰時違禁品,但祕密配合輸送者亦有之。」並建議說:「如仍墨守上海為中立區之約,則僅對清國十分有利。以日本政府來說,應在協議中附以某種條件,使上海將能完全遵守中立。然斷然撤銷此協議,則為至當之事。」[516] 即主張撤銷原先與英國達成的協議,而易以附加限制條件的協議。11日,西鄉從道將黑井悌次郎的報告轉致陸奧宗光。陸奧宗光對此事頗費斟酌,經徵詢伊藤博文的意見後,才於20日致函英國公使巴健特,表示日本政府考慮撤銷對上海中立區所作的保證。其內稱:

據近來自可靠方面獲悉,清國政府並不承認以上海及其附近為兩國交戰時應特殊對待之場所,故迄不停止該地附近兵工廠之準備與製造軍需品。甚至委託外國船隻將戰時違禁品由該地運交各地清國之陸海軍。

---

[514]　《清光緒朝中日交涉史料》(1274),第15卷,第37頁。
[515]　〈總署收英國公使歐格訥函〉,《朝鮮檔》(1895)。
[516]　《日本外交文書》,第27卷,第743號,附件。

第三章　戰爭爆發後的國際外交

如是，清國政府雖有以上海及其附近作為戰爭基地之事，而帝國政府卻仍墨守上海及其通路置於戰爭以外之約。顯然，清國政府將乘帝國政府道義上之允諾，攫取軍事上不當之利益。因此，當清國政府不停止以上行為時，為保護帝國政府軍事上之正當利益，帝國政府將不能遵守前此與貴國政府關於不向上海及其通路為戰時運動之約定。為此，請貴國政府速與清國政府交涉，並採取適當之措施，使其停止以上海或其附近為戰爭基地之所有行為，遵守日清兩國共同保護中立國貿易之道義，實為帝國政府所至望。[517]

23日，陸奧宗光又接到駐上海總領事大越成德的報告，列舉上海一帶的備戰活動如下：

一、受臺灣巡撫之委託，由上海道臺經辦，在上海城內張貼布告，招募兵勇。僅吳淞炮臺即招募新兵約2,000人。迄今仍在繼續招募，致使租界之苦力及人力車伕均不敷用。

二、北洋大臣管轄之江南機器局及火藥製造廠位於租界地上游約二哩半處，然其武器彈藥之輸送則在租界地裝添，並經黃浦江出吳淞。開戰後，工人又增加班次，不分晝夜工作，在其周圍增加哨兵，禁止一般外人遊覽。

三、開戰後，清國仍令其士兵透過租界地來往於吳淞炮臺。8月6日，未攜帶武器之清兵約300人由南門出，經過美租界之際與警察發生衝突，被捕十數人。道臺將被捕士兵送交其營官，令其嚴懲，並下令爾後經過租界地時須遵守警察規則。顯然，道臺並未承認租界為局外之地，而且同意租界地為至吳淞炮臺之通路而為戰爭準備之工具。

四、清國政府在上海僱用洋人供其軍隊使用，並有繼續以高薪募集洋人之密諭。目前吳淞炮臺新僱外國軍官36名。此為擔任南洋艦隊之清艦艦長某英人所直告。

---

[517] 《日本外交文書》，第27卷，第744號。

第三節　宣戰前後的國際關係

該報告最後指出:「清國以上海及其附近為戰爭準備基地一事,已昭然若揭,毋庸置疑。」[518] 同一天,陸奧宗光致電駐英公使青木周藏,告知中國把上海作為戰爭準備基地一事,雖然英國駐上海總領事韓能覆電謂「尚無根據」,但「根據大越及其他人的觀察,事實是不可否認的」。並令其與英國政府交涉,提出對前此雙方之協議應附加一個條件,即:「如果英國政府也從中國政府那裡取得保證,日本政府同意不對上海及鄰近地區採取戰爭行動。」[519]

8月29日,巴健特照會陸奧稱:

外交大臣電告我,他已收到駐上海總領事韓能先生之電報,保證外國船隻不租給中國政府去為中國軍隊運送戰爭禁運品。因為日本政府同意不對上海採取任何軍事行動,所以中國政府也答應不在上海港及附近地區設置障礙。上海的情況並無變化。日本政府在作出上述保證時,完全知道上海附近有中國的兵工廠。日本政府相信中國不能撤銷他對英國所作的保證。

金伯利伯爵的個人意見認為,進行中立的商業貿易是必要的,日本方面的保證應該堅持。為了使此問題引起閣下的嚴重注意,鑒於上海作為一個貿易港口有其特別的重要性,以及中國已答不在上海及其附近地區設置障礙,我冒昧地希望日方應形成一個不對該港採取任何戰爭行動的文字保證。[520]

本來,英國提出上海中立區問題,既是對日本發動戰爭的默許,也是向日本政府提出的交換條件。日本政府挑起戰爭之後,對原先的許諾又要附加條件,這當然是英國政府難以接受的。英國堅持認為,日本在7月23日所作的保證是無條件的。後來還通知日本政府:「英國政府不

---

[518]　《日本外交文書》,第27卷,第747號。
[519]　《日本外交文書》,第27卷,第746號。
[520]　《日本外交文書》,第27卷,第748號。

能廢除日本政府給予的保證，日本應受其約束。」[521] 日本雖然還在喋喋不休地討價還價，但看英國態度強硬，終於軟了下來，這樁公案也就不了了之。後來，陸奧宗光追憶這場交涉時說：「英國則唯恐破壞其在東亞的商業利益，利用一切機會力圖……保護本國特殊利益。」[522] 這話算是說對了。

二　日使下旗回國與「重慶」號被擾事件

甲午戰爭爆發後發生的第一起中外交涉，是由英國客輪「重慶」號被擾事件引起的。

原來，日本駐京津的使領人員是分兩批回國的。日本駐華代理公使小村壽太郎一行是第二批。8月1日，即中日宣戰的當天，小村壽太郎下旗離京抵通州。2日清晨5點，小村壽太郎一行自通州乘船。3日上午11點，到達天津三岔河口。李鴻章派親兵軍官2員、士兵40名及砲艦2艘前來警衛。當晚宿於紫竹林恆豐泰客棧。4日上午10點半，小村壽太郎乘小火輪自天津出發，至塘沽換乘英國客輪「通州」號。此時，天津鎮總兵羅榮光派千總單瀛前來致意。拔錨啟程後，經過大沽炮臺時，兩岸皆懸旗致禮。小村壽太郎等一路順利，於8日抵上海，12日乘法船「亞拉」號歸國。日本駐天津領事荒川已次一行早於小村壽太郎離開天津，是第一批，因事前未通知中國方面，以致發生了一起意想不到的事件。

荒川已次一行是在8月1日離開天津的，當時乘海關小火輪到塘沽，搭乘英國「重慶」號客輪。2日凌晨不到1點鐘，一群身分不明的人擁上重慶輪，搜查船上的日本乘客，並扣留了日本男女十幾人。對於此事，

---

[521]　《日本外交文書》，第27卷，第752號。
[522]　陸奧宗光：《蹇蹇錄》，第47頁。

第三節　宣戰前後的國際關係

日諜宗方小太郎在日記中寫道：「船停泊於大沽時，中國兵槍上刺刀，闖入輪船。……在大沽遭到中國兵暴行之際，堤氏寄給井上敏夫之軍事上之密函亦為兵士所掠奪。因此，官府對殘留於天津之邦人注意甚嚴，形勢頗為不穩。」[523] 日記中的「堤」是「堤虎吉」的簡稱，乃日本駐天津海軍武官瀧川具和大尉的化名。「井上」，即日本駐華武官井上敏夫海軍少佐。此密函之被搜獲，便成為在天津破獲石川伍一間諜案提供了重要線索。

搜查重慶輪的消息迅速傳開，而且越傳越離奇。8月2日，英國駐天津領事寶士德致函羅豐祿稱：「風聞昨夜中國兵勇在塘沽登重慶輪船，將所有日本人盡數擒拿至岸上殺死，復將屍首棄置船上等語。是否屬實，唯祈示知。」盛宣懷委託的德商信義洋行經理滿德前去查實後報告：「我軍騷擾倭人事，所幸領事女人與小孩尚未十分騷擾，約獲倭女人10人上岸，在棧房內管押。由半夜1點鐘至第二日早5點光景，計上重慶船之兵勇約70人，隨帶槍刀，其勢洶洶，所有在船女人及小孩等因懼而啼號。兵勇上船時各房艙俱檢視，即法國武官及斐理博之女人房艙均行檢視，幸無傷害等事。此事在華未免抱歉也。」[524] 當時還沒弄清楚是什麼人上的船，故仍認為是中國士兵做的。

後經懸賞購線訪緝，始於西元1896年9月將此案正犯賈長瑞拿獲。賈長瑞供稱：

　　小的是雄縣人，年21歲。家有祖母，81歲。母親年46歲。並沒妻子，弟兄兩人。哥子賈長和在北塘練軍步隊左營充當正兵，前年六月裡哥子坐英國高陞輪船到朝鮮去，被東洋人用炮把船打沉，死人不少，哥子也死在內。小的祖母和母親知道，在家日夜哭泣，想他逃出才好，

---

[523]　《宗方小太郎日記》（稿本）。
[524]　《盛檔・中日甲午戰爭》（下），第111～112、121～122頁。

第三章　戰爭爆發後的國際外交

叫小的出來各處打聽,並到北塘營裡查問,都說哥哥實是死了,就順便把營裡哥哥遺剩破舊鞋帽、腰刀取回。七月初一日夜,小的走到塘沽,聽到街上人聲嚷亂,說有東洋輪船裝得許多東洋人來了。又聽說都是奸細。街上的人都往礦務局碼頭跑去,小的跟去查看。那時天下小雨,又是黑夜,看不清是何船隻,也沒見船上掛旗,更不知是英國的船。小的正想報復兄仇,又想東洋奸細又來害人,但聽得眾人七嘴八舌,都說東洋人把高陞輪船打沉,害了我們許多性命,大家拿東洋人報仇。況且奸細送官有賞。小的因殺兄之仇憤恨難忍,就首先和大家亂擁上船;小的把攜帶破舊頂帽戴上,冒充六品頂戴,帶著腰刀,在船上合十來個人縛住一個東洋人,大家共縛有十幾個東洋男女擁下船去。大家圍守想要送官,就有官兵打著大燈籠趕來,吆喝說大家不應亂鬧,要拿住捆打,並用馬棒亂趕。小的摸不清頭路,當就逃跑,大家也一鬨而散。後來聽說是官兵把東洋人送回船上去了。今蒙會審,小的實是聽說東洋船裝來東洋奸細,心想報復兄仇,同眾上船,本非意在財物,哪有進艙拿取搭客鐘錶的事?也不知一同上船的人是何姓名,更不知是英國的船。所供是實。

　　根據賈長瑞的供詞,此案的起因和經過情形大致清楚。據所派委候補知縣阮國楨會同天津知縣李振鵬審訊的結論是:「查此案因日本人搭坐輪船停泊塘沽,大眾誤傳日本船載來日本奸細,前往檢視。並因高陞輪船被日本擊沉,傷斃中國多命,以致眾怒勃發,亂擁上船,本係不謀而合。該犯賈長瑞因其兄充當通永練軍,亦在英國高陞輪船被日本人擊斃,憤恨難忍,冒充官弁,同眾上船,意在捉拿日本奸細報仇請賞,並未攫取財物。其時黑夜下雨,實不知英國船隻。唯其假冒頂戴,首先誤上英船滋事,實屬大有不合,深堪惋惜。」[525]

　　此案因涉及法、美、英三個西方國家,所以格外受到重視。首先

---

[525]　《中日戰爭》續編(五),第 536～537 頁。

第三節　宣戰前後的國際關係

作出反應的是英、法兩國駐天津的領事。當時法國駐華武官斐理博（Philippe）上尉及其夫人也正搭乘重慶輪，闖到船上的群眾曾搜查過他們的房間。於是，斐理博寫了一封記述此事經過的信，由法國駐天津領事杜士蘭（Consul Dutreuil）轉給了英國領事寶士德。8月2日上午，寶士德往見李鴻章，聲稱：「此事的嚴重性在於侮辱了英國國旗。」李鴻章說：「騷擾乃無知苦力所為，彼等全然不知國旗者何物。十分抱歉，所有的人犯都將按律懲處。」寶士德提出要向英國「書面道歉」。李鴻章說：「我已說過感到歉意，尚不夠嗎？」寶士德繼續堅持，說：「書面道歉乃禮儀之必需。」李鴻章不為所動，起身道：「區區小事，何需勞神？」歐格訥接到寶士德的報告後，於6日致電金伯利，認為李鴻章既已「表示歉意，並許諾懲處肇事者」，就「不必要求補償」。[526]

幾天後，美國駐天津領事李德代表本國公使田貝（Charles Harvey Denby）又致函李鴻章，以受委託保護日本臣民的合法權益為由，提出質問：搜查「日本領事太太」、「是否貴國家樂有此事」？並要求「將日本領事太太等前在塘沽所失物件若干查明後，擬請按價賠補」。對此，盛宣懷代表李鴻章在覆函中予以駁斥：一、「以日本諭盟肇釁，該國駐津領事出口，已在宣戰之後，並未請領護照，不在保護之列，且並非中國國家樂有此事」；二、「所失物件，中國本不應賠償，因重慶係掛英國旗號船隻」、「貴國田大臣請將日本領事失去各物，由中國按售價賠補，北洋大臣無不可以允准。但高陞輪船亦係懸掛英幟，日本於未經宣戰之先，用炮擊沉，傷斃中國千餘人，並失去銀物等項，按照公法理應分別恤償。查高陞沉沒在重慶失物之先，總須日本將高陞傷斃人命遺失財物恤償之後，中國方能將重慶失物一案按照實價賠補」。[527] 覆函將日本擊沉高陞

---

[526]　《中日戰爭(1894)》，第282、284頁。
[527]　《中日戰爭》續編(五)，第62～63頁。

231

第三章　戰爭爆發後的國際外交

號與搜查重慶輪對比，孰輕孰重，誰該賠償，其理自明。日本海軍擊沉英船「高陞」號在當時是一個極為敏感的國際性事件，美國也不願意捲進去，因此，也就不便再次饒舌了。

最後，此案是這樣判決的：「將該犯賈長瑞用重枷枷號一個月，押赴塘沽碼頭滋事處所示眾。因其誤上英船，情節較重，從重俟枷滿後永遠監禁，以示懲儆。」[528] 該判決不僅對賈長瑞要重枷枷號示眾，而且還要在枷滿後永遠監禁，明顯量刑過重，有過分遷就英、美等國之意。

三　英國局外中立和俄國的不干涉政策

自總理衙門向各國公使聲敘日本無理開釁之舉以後，反應不一。法國、比利時、美國、俄國、德國、荷蘭等國，或聲言日本開釁各情已轉達本國政府，或表示尚望仍歸和好。明確宣布守局外中立的有英國、葡萄牙、義大利、西班牙等國。

英國是最早宣布局外中立的國家。8 月 7 日，維多利亞（Alexandrina Victoria）女王在《倫敦公報》上發表宣告稱：

今中國與各友邦均享昇平，而中日乃緣事失和，殊為不幸。中國素敦睦誼，凡我忠義之民寓居彼國，賴約章保護，各有應得權利。今欲我民保我太平，堅守局外中立極嚴極公之例，故與我各大臣籌商，特頒此諭。凡我英民當一體遵照，自居局外，毋違國章，毋背公法；如果違例，則咎由自取，罪無可逃。

該宣告在特地引述了英國議會於西元 1870～1871 年制定和通過的《英國友邦爆發戰爭期間英國國民行為管理法案》中關於徵兵、造船和出兵的實際規定之後，號召英國臣民：「凡我人民恪遵此諭，局外責守，是

---

[528]　《中日戰爭》續編（五），第 537 頁。

第三節　宣戰前後的國際關係

公法所重，毋得故違！」[529]

當天，即由英國外交部外務大臣金伯利將英國女王之諭令向英國以及海外領土和屬地頒布，行文稱：「刻下中日兩國既經開戰，奉大君主諭旨，英國應守局外中立之例。凡屬英國及其管轄之疆土、保護之屬邦所有各口岸，均不准兩戰國借作軍務之用。」[530]並特頒條例四款，規定從本月12日起開始生效。

繼英國之後，葡萄牙公使高士德（João José da Silva Costa）於9月13日照復總理衙門，謂本國守局外中立之義。義大利公使巴爾迪（Giuseppe Barone）於10月10日照復總理衙門稱：「此際中國與日本業已開釁，義國與兩國來往，均屬和睦，因此義國政府凡屬義國人民皆必須盡守無涉之規，按現在章程《萬國公法》辦理。」西班牙代理公使梁威里（W. B. Leon）於10月16日照復總理衙門，附錄現行相關嚴守局外中立之法規，並聲稱「謹守局外之明文」[531]。

在西方各國中，俄國的舉動最引人注目。起初，中日爭端剛起時，俄國公使喀西尼調停最為積極，後來卻不了了之，早就引起朝野上下的諸多不滿。如今，日本業已挑起釁端，喀西尼收到總理衙門聲敘日本無理開釁的照會後，只是復照謂「當經將大致情形電知本國政府」[532]，又是沒有下文了。這究竟是怎麼一回事？

早在戰爭爆發以前，禮部右侍郎志銳即指責李鴻章和總理衙門大臣「專恃外國公使從中調處，借作說和之客，以圖退兵之計」。並質問道：「無論俄踞海參崴（符拉迪沃斯托克）及庫頁各島，英踞巨文島窺伺東

---

[529]　《中日戰爭（1894）》，第106～108頁；《清季中日韓關係史料》，第6卷，第3984～3987頁。
[530]　《中日戰爭（1894）》，第108～109頁；《清季中日韓關係史料》，第6卷，第3574～3575頁。
[531]　《清季中日韓關係史料》，第6卷，第3594、3655、3660頁。
[532]　《清季中日韓關係史料》，第6卷，第3427頁。

第三章　戰爭爆發後的國際外交

海，與日人交情素昵；即令偏袒向我，則我既無可恃之勢，又無可假之權，全憑口舌折衝，雖俄、英各使逞辯蘇張，果能化弱為強，強日人以就我範圍乎？」[533] 事實證明志銳的這一指責是正確的。及至中日正式宣戰之後，編修丁立鈞又提出勿信調停之警告：「牽就於他國調停之說，所虧損者必多。緣歐洲大邦之覬覦中土者不止一國，專視一國要求之得失以為動靜，故於調停中外之事，無不抑中國以伸外國，勢使然也。」[534] 雖然他說得確有道理，但不為當權者所重視。

此刻，李鴻章依賴列強以求和局之心依然不死，儘管軍情萬急，戎馬倥傯，他和俄國公使喀西尼的聯絡從未中斷。8月4日，喀西尼致電俄國外交大臣吉爾斯稱：

　　正式宣戰，敵對行動已開始。各列強的調解暫時停止。然而中國政府保證：中國仍隨時準備恢復各列強所建議的和平談判，一俟日本同意撤出漢城，使國主復位，日本軍隊南移，中國軍隊當移至朝鮮北部，然後由中日兩國和俄、英、法、德、義代表在北京或天津進行討論朝鮮的改革。

其實，此時沙皇政府已經確定了其行動方針。7日，吉爾斯即指示其駐日公使希特羅渥：「我們不干涉中日戰爭。」8日，他又根據「皇帝陛下的意志」，向喀西尼發出闡明俄國行動方針的訓令，十分詳盡。其內容大致謂：

　　中日兩國因朝鮮而起的誤會，起因在於朝鮮的內亂。我們不偏袒任何一方。然而朝鮮問題可以說是發生在我們國口，因此鄰中國的濱海省，對中國有密切的關係。可是，我們只追求兩項目的：（一）緩和中日兩國政府間的爭端；（二）保護我們自身的利益。第一項目的可以沒有其

---
[533]　《清光緒朝中日交涉史料》（1169），第14卷，第38頁。
[534]　《清光緒朝中日交涉史料》（1298），第16卷，第6頁。

第三節　宣戰前後的國際關係

他有關列強參加,由我方直接施用外交壓力而達到,也可以聯合有關列強而達到;完成第二項目的,則全靠中國自己的決定。

無論如何,帝國政府遵循的目標是不為極東敵對雙方任何一國的一面之詞所乘,也不被他們牽累,而對局勢有偏袒的看法。類似的行動方式,不僅有失我們的尊嚴,甚至可以限制我們將來行動的自由。所以當李鴻章透過你而提出建議,要我們直接干預朝鮮內政改革問題,並擔任贊同維持現狀的有力調解時,我們毫無遺憾地拒絕了他的建議,因為正好李鴻章所明知的,贊同維持現狀就是等於偏袒中國。外交部很明白,所謂改革,不過是中日衝突的藉口,而且由於我方非正式的調解,我們可能一反我們的本意,很容易站在中國和狡猾的直隸總督的一邊,而與日本公開為敵。總之,我們與皇帝陛下的指示一致,必須認清在朝鮮可能加於我們身上的任務是在於事件來日的發展。[535]

他的意思很清楚,就是俄國明知日本的所謂改革朝鮮內政「不過是中日衝突的藉口」,但在表面上卻表示「不偏袒任何一方」,不站在中國一邊,不「與日本公開為敵」,實際上是支持日本的侵略行動,以便透過中日戰爭來獲得自身的利益。

8月9日,俄國《新聞報》發表了一篇題為〈朝鮮對俄國之重要性〉的署名文章。茲摘要如下:

只需瞥一眼朝鮮地圖,就可看出不使它落入任何外強手中對俄國是何等重要。朝鮮與俄國新烏蘇里斯克之間的實際邊界只有22.5俄里,一旦橫貫西伯利亞的鐵路竣工,它就足夠使貿易關係得以建立。新烏蘇里斯克地區前途光明。但要想那裡的貿易得到充分發展,就必須在朝鮮沿岸有第一流的港口。……

海參崴(符拉迪沃斯托克)從對韓貿易條約中已獲益匪淺,隨著船塢

---

[535]　《中日戰爭》(七),第278～281頁。

第三章　戰爭爆發後的國際外交

的建造和商業船隊的建立，它很快將變得日益重要，特別是對該地區煤炭的控制。一旦西伯利亞鐵路修好，我們可以向朝鮮出口各種產品，如毛織品、紙張、鋼鐵、銅製品等；俄國商人將獲取豐富的利益。對朝貿易條約在俄國的附屬國尤其重要，俄國商人可從中得到許多豁免，他們的事情可根據俄國法律由自己的領事作出裁決。他們有權在濟物浦、元山、釜山、漢城、城津各港及仁川地區經商，可以在那裡修建房屋和教堂，不用護照就可在其居住地方圓 100 華里的範圍內旅行，而持護照則可去任何地方。……

對於我們的太平洋艦隊來說，朝鮮的港口極為重要，其條件優越，終年不凍。無論如何，朝鮮對我們的重要性絕不亞於任何一個那些花了我們大量本錢的中亞省分。我們絕不能忘記除了白海以外，海參崴（符拉迪沃斯托克）及其沿海是我們與公海連繫的唯一直接通道。我們應該正確估價這個國家，不要讓中國、日本或英國在那裡立足。這是我們在遠東發展海軍和貿易力量的不容置疑的條件。

英國駐俄大使拉塞爾斯讀了這篇文章後，覺得「很有趣」，即將剪報寄給了金伯利，並附上這樣兩句話：「文章指出，儘管俄國的興趣在於對朝鮮的貿易發展，但俄國不可能允許朝鮮落入中國、日本或英國手中。文章還強調了朝鮮港口對俄國艦隊的重要性，因為除了白海外，俄國艦隊只有冬季封凍的海參崴（符拉迪沃斯托克）港這樣一個大洋入口。」[536] 其實，俄報文章提出的這兩點，剛好是反映了俄國政府的觀點。

剛好在同一天，俄國政府為了研究中日戰爭發生「應如何行動事宜」，特經沙皇亞歷山大三世（Alexander III of Russia）批准，召開了一次特別會議。參加會議的有外交大臣吉爾斯、陸軍大臣萬諾夫斯基（Peter Semyonovich Vannovsky）、海軍代理大臣契哈乞夫（Nikolai Chikhachy-

---

[536]　《中日戰爭（1894）》，第 117～118 頁。

第三節　宣戰前後的國際關係

ov)、財政大臣維特（Sergei Yulyevich Witte）等。吉爾斯認為：「我們不必干涉已發生的戰爭，或用任何方式袒護交戰國的任何一方」，但有可能和英國一起促成和平協議，「協議基礎是在朝鮮保持『現狀』」。他還表示絕不能接受李鴻章的建議，因為「此一建議後面顯然隱藏著中國政府想把我們牽入干涉朝鮮的意願，從而得到我們的幫助」。財政大臣維特同意「暫時不必參加中日糾紛」，但認為：「不能不注意糾紛結束以後，當一方成為勝利者而想利用自己勝利果實的時候，可能引起英國的干涉。」他主張當「英國顯出野心計謀時，立即予以回擊」。海軍代理大臣契哈乞夫認為：「在英國出面干涉時，我們不難占據靠近朝鮮大陸屬於朝鮮尚有良好碇泊所的馬養島。」並宣稱：「萬一將來可能發生任何糾紛時，要增強中國太平洋上的艦隊並無困難，為此我們可以調遣中國地中海艦隊至太平洋。」陸軍大臣萬諾夫斯基也認為：「朝鮮『現狀』的維持，應是我們今日遠東政策的主要目標。」他提出：「為保衛我們的利益起見，應預先採取若干軍事預防，並且要增加我們南烏蘇里邊區的軍隊，以便迅速集中及積極行動。中國在太平洋邊疆的任何軍事準備都需要相當的時間，所以此一措施更為重要了。」會議最後得出以下結論：「（一）認為俄國積極干涉中日戰爭是不符中國利益的。會議認為，在朝鮮問題上，我們應繼續與其他有關國家共同行動，努力使交戰雙方儘速停止軍事行動，而以外交方式解決朝鮮問題。（二）不必另作中立宣告，繼續促使中日兩國政府注意尊重中國利益，尤應使他們注意必須在中國與朝鮮接壤處避免一切足以引起誤會的藉口。（三）注意中日戰爭的結果，是保持在朝鮮的『現狀』。（四）陸軍大臣所提在意外情況時增兵朝鮮邊境地方的問題，在需要撥付必要的款項時，侍從武官長萬諾夫斯基可與財政大臣達成協議。」[537] 這四條呈奏沙皇亞歷山大三世後，得到了裁可。

---

[537]　《中日戰爭》（七），第 296～300 頁。

第三章　戰爭爆發後的國際外交

在俄國政府召開特別會議的當天，吉爾斯便將特別會議的重點通知阿穆爾區總督杜霍夫斯科伊（Sergey Mikhailovich Dukhovskoy）和各地外交使節：「帝國政府認為對朝鮮糾紛引起的中日戰爭沒有特別發表中立宣告的必要，但帝國政府也不想干預此戰爭。」又強調指出：「應使中國利益受到尊重，尤應注意，在接近中國領土的朝鮮地區內必須力求避免足以構成誤會藉口的一切事件。」[538] 杜霍夫斯科伊根據政府指示，下令將前月潛入圖們江一帶「陽作邊界設防」的俄國軍隊撤回防地[539]，採取屯兵邊境暫時靜觀以伺機而動的方針。俄國政府的這一方針，是為它撈取更大的利益著想的，因此得到輿論的熱烈擁護。日本駐俄公使西德二郎即向陸奧宗光報告：「對於日清開戰，觀察此地社會一般之感情，則多偏向我方。關於朝鮮維持論，各報紙多為自己的利益著想，而贊成該國政策之意見。此點自然不違反彼我利益。」[540] 從西德二郎的報告可以看出，俄國贊成日本挑起釁端，以便乘機漁利，雖然主要是為謀求自己的利益著想，但在客觀上卻與日本的利益有著某種一致性。

俄國對中日戰爭所採取的方針，也得到了歐洲列強，尤其是法、德兩國的贊同。俄國駐法大使莫倫根（Moritz von Mohrenheim）向吉爾斯報告：法國政府「將在原則上支持我們提出的任何建議，而且在對亞洲政策問題上將與我們合作」。俄國駐德代辦查雷可夫（Zarékoff）也向吉爾斯報告：德國的政策與俄國是吻合的。「中日正式宣戰，並未改變德國政府避免在目前極東所發生的事件中充當任何積極角色的決策。」[541] 俄、德、法三國政府對中日戰爭的政策的一致性，便成為它們日後聯合干涉還遼的政治基礎。

---

[538]　《中日戰爭》（七），第 284 頁。
[539]　《中日戰爭》續編（五），第 83 頁。
[540]　《日本外交文書》，第 27 卷，第 784 號。
[541]　《中日戰爭》（七），第 282、285 頁。

第三節　宣戰前後的國際關係

總之，無論是英國的「局外中立」還是俄國的「不干涉」，都不能僅僅從字面上理解。其實，「局外中立」也好，「不干涉」也好，都不是不偏不倚。英國並非將自己置身「局外」，更談不上「中立」。俄國聲稱「不干涉」，也只不過是干涉的時機尚未成熟而已。

四　日本間諜案與中美交涉

甲午戰爭期間，日本的在華僑民均由美國保護。8月1日中日宣戰的當天，美國駐華臨時代理公使田夏禮照會總理衙門稱：「茲由日本起，嗣後居各口之日本臣民，均在本署大臣及本國駐各口領事保護之下。」[542]按照外交慣例，兩個國家外交關係破裂以至發生戰爭時，委託第三國代為保護僑民之合法權益，這本來是正常的。由於日本間諜案件的連續發生，從宣戰之日起中美之間便開始了一系列的交涉。

8月4日，日本間諜石川伍一在天津祕密被捕。當天，美國駐天津領事李德來訪盛宣懷。在交談中，李德否認天津尚留有日本人，口稱：「倭人均已跟隨小村回去，此間並無人留。」[543]8日，美國臨時代理公使田夏禮突然送交總理衙門一件照會，提出處理日本間諜案的原則意見：(一)「倘其情節尚在疑似之間，切勿遽刻懲辦，緣此等事最容易辦理過節，中國若行錯辦，未免或留後日之悔」；(二)「即係實有日本人來做奸細之據，如遽行嚴懲，亦非切當辦法」、「將其解交就近海口逐其回國」、「此辦法已足為懲其做奸細之罪矣」；(三)「不因兩國失和，於日本人民恨惡而深絕之」。[544]實則暗示清政府對石川伍一的處理最重也只是驅逐出境。9日，總理衙門先致美國公使田貝一照會：「至於日本人或改裝剃

---

[542]　〈美國署公使田夏禮致總理衙門照會〉，《朝鮮檔》(1994)。
[543]　《盛檔‧甲午中日戰爭》(下)，第123頁。
[544]　〈美國署公使田夏禮致總理衙門照會〉，《朝鮮檔》(2063)。

第三章　戰爭爆發後的國際外交

髮，希圖刺聽煽惑，即非安分之徒，不在保護之列。」12日，再次照會：「查中日兩國現已開仗，戰守機宜，關係綦重，日本奸細改裝剃髮，混跡各處，刺探軍情，實與戰爭大有關礙，且慮潛匿煽惑，不得不從嚴懲治，以杜狡謀而圖自衛。來文謂如有奸細，即解交就近海口逐其回國，實不足以懲其作奸之罪，亦與公法不符。」又指出：「至日本現寓中國之安分商民，已經諮行各省妥為保護，原係分別處理，並非因兩國失和，於日本人民概行恨惡而深絕之也。」[545]

美國的建議被拒絕之後，田貝只好直接出面要求釋放石川伍一了。8月29日，他透過李德轉交給李鴻章一份電報，否認石川伍一為日本間諜：「據日本國家聲稱：石川伍一並非奸細。本大臣應請中堂開放，送交駐津李領事轉飭回國。」9月4日，盛宣懷覆函李德，列舉種種事實證明否認石川伍一為間諜是頗難自圓其說的。其一，石川「改裝易服，潛匿民家，四出窺探，其意何居？」如係安分商民，「儘可安寓租界洋行，何以假冒華人，私至城內居住？」其二，「所有日本人之在天津者，均已隨同小村回國」、「何以該犯石川伍一獨不同行，且不令貴領事知其住處？」其三，針對「石川伍一並非奸細」之說，指出「該犯破獲之時，形跡可疑之處，不一而足。其為奸細無疑！」[546]10日，總理衙門正式照會田貝，說明石川伍一「不在保護之列」，並請轉飭駐津領事「勿再誤會，致倭奸恃為護符，幸逃法網」。[547]由於清政府掌握了石川伍一的確鑿罪證，駁復理直氣壯，使田貝對石川伍一一案再也無置喙之地了。

當清政府正在處理石川伍一案之際，又和美國開始引渡兩名日本間諜的交涉。8月13日，江海關道在上海法租界同福客棧查出兩名剃髮改

---

[545] 〈總理衙門照會美國公使田貝照會〉，《朝鮮檔》（2067、2088）。
[546] 〈北洋大臣李鴻章來文〉，《朝鮮檔》（2215），附件一、二。
[547] 〈總理衙門致美國公使田貝照會〉，《朝鮮檔》（2238）。

第三節　宣戰前後的國際關係

裝的日本人。拘至巡捕房後，從二人身上搜出關東地圖、駐軍情況和將領銜名，以及暗寫字據等物。法國領事「以倭人現歸美國保護，交美署看押」。16日，總理衙門照會田貝要求引渡：「滬關所拿華裝倭人二名，既經搜出圖據，確係奸細，不在保護之列。按照公法，自應由中國訊明辦理。」並要求美國公使轉飭其駐上海總領事佑尼干（Thomas Roberts Jernigan）「速將該倭人二名即交上海道審辦」[548]。同一天，光緒帝降旨：「著劉坤一即飭江海關道，告知美領事迅即交犯嚴訊，並根究黨羽，一律搜捕，按照軍律懲辦。」[549]

美國公使以「現尚未接到總領事詳報，無知悉此案詳細情形，是以未便遽照所請飭行辦理」[550]為由，企圖將此案拖下去。隨後，佑尼干竟玩了個「替訊」的把戲。經過美國總領事越俎代庖式的「替訊」，向中國方面交出這樣一份供詞：「數年前在滬讀書。回國後，今年夏至上海，業玉器古董。所帶地圖，好為中日有事備閱。」劉坤一認為：「中日有事，盡人而知。該犯帶地圖留中國，美署訊語未可深信。」於是，江海關道派員「坐索」，而美國總領事「堅不肯交」。[551] 雙方氣氛十分緊張。

在這種情況下，總理衙門只好發電給駐美公使楊儒催美國政府電令速交。與此同時，陸奧宗光也指示其駐美公使栗野慎一郎與美國國務院交涉。8月29日，美國國務卿格萊星姆正式答覆栗野，告知田貝關於美國領事身為仲裁人之建議未被接受，並指出田貝和佑尼干的做法是對「保護」概念的誤解：

此保護權為該政府臨時授予彼等者，僅擴大至幫助居住於清國之守

---

[548]　〈總理衙門致美國公使田貝照會〉，《朝鮮檔》（2129）。
[549]　《清光緒朝中日交涉史料》（1403），第16卷，第39頁。
[550]　〈美國署公使田夏禮照會〉，《朝鮮檔》（2135）。
[551]　《清光緒朝中日交涉史料》（1429），第17卷，第21頁。

第三章　戰爭爆發後的國際外交

法日本臣民,並未授予日人以超地區權,亦不應將領事館或公使館變為某些違犯當地法律或交戰條約的日人之避難所。此保護權必須非官方地、堅持不懈地以中立態度行使。總領事館不應接受兩名尚未查清之日本臣民,亦無權收留彼等。[552]

同一天,格萊星姆向田貝發出電訓,告誡他要「辨別是非,謹慎從事」、「美國公使不能作為另一個國家的官方外交代表行事,此種官方關係乃美國憲法所不允許」。並對日諜引渡問題明確指示:

本政府為在華之日本臣民提供幫助時,不能將此等臣民與美國臣民等同起來,並授予他們作為日本帝國臣民所喜歡之治外法權。既不能使其服從美國法律或服從我公使或領事之裁判權,亦不能允許將我向慕正義之使館或領事館變為對抗法律之罪犯避難所。一句話,在華之日本臣民仍為有自己君主之臣民,並一如既往地服從當地法律。[553]

就在此時,漢口又發生一起美國領事柴有德庇護日本間諜的事件。8月24日,「有倭人剃髮改易華裝,在漢口租界外行走。營勇向前盤詰,正欲查拿,該倭人即持刀抗拒,逃入租界。美領事不肯交出,謂係日本安分人,即時護送登輪往滬」。於是,總理衙門於 31 日致田貝照會指出:

此次漢口之改裝倭人,一經營勇盤詰,即持刀抗拒,逃入租界,情弊顯露,而美領事諱為日本安分之人,即時送滬。是否有意袒庇倭奸,殊難剖白。但論公法,似已未協,且於貴國保護真正安分商民之名有損。蓋緣滬關所獲倭奸,不早交出訊辦,以致他口倭奸效尤無忌,實於中國軍情大有妨礙。應請貴署大臣嚴飭各口領事,嗣後如遇此等情事,即照公法交出訊辦,以敦睦誼可也。[554]

---

[552]　《日本外交文書》,第 27 卷,第 761 號,附件一。
[553]　《日本外交文書》,第 27 卷,第 766 號,附件。
[554]　〈總理衙門致美國公使田貝照會〉,《朝鮮檔》(2201)。

第三節　宣戰前後的國際關係

這樣，在中國方面的多方交涉下，田貝不得已才於 9 月 1 日飭令佑尼干將兩名日諜引渡給上海地方當局。

美國國務院引渡兩名日諜，本是符合國際法的。日本駐美公使栗野慎一郎甚為不滿，與美國國務院繼續交涉，希望美國政府「為保護日人在華利益」、「進行非官方之幫助」。9 月 7 日，日本內務大臣井上馨和外務大臣陸奧宗光聯合致電栗野，表示「不能不認為必須服從清國之裁判權」[555]。此後，栗野仍然為此事大肆活動，並製造輿論，向各報記者發表宣告：「合眾國政府既然應諾對於居住清國的日人予以保護，即應於中立國範圍之內盡充分斡旋之勞。當清國政府對日人施以野蠻而殘酷之措施時，合眾國公使及領事館介入其中並加以抗辯，此乃其當然之職責。」美國輿論界亦對「合眾國政府之措置不滿」[556]。由於美國輿論一時對日本有利，陸奧宗光於是訓示栗野：

日清兩國行政司法制度之完備程度，根本不可同日而語。故認為合眾國政府並不了解上述情況，僅以為既然帝國政府令僑居本國之清國人服從其裁判權，清國政府對僑居該國之帝國居民亦執行同樣權力，亦絕非無可非議。現上海美國總領事不願將被嫌疑之日本人引渡與清國官吏，並為之特別盡力，而美國政府仍下嚴格之訓令，禁止該領事斡旋此事。此為本大臣所至感遺憾者。故您於了解此種情況後，可在適當時機要求國務卿：今後如清國政府對帝國臣民施以非理、非道義之措施，煩合眾國政府為避免上述問題而竭盡斡旋之勞。[557]

格萊星姆為平息日本的不滿，只好編造道：「在駐清國美公使田貝到達任所前，之所以向清國官吏引渡上述二名日人，乃因已請其保證不予

---

[555]　《日本外交文書》，第 27 卷，第 761 號，附件二，附記。
[556]　《日本外交文書》，第 27 卷，第 762 號。
[557]　《日本外交文書》，第 27 卷，第 763 號。

第三章　戰爭爆發後的國際外交

任何處分之緣故。但清國政府不顧其保證，於田貝抵北京之前便進行殘酷拷問，隨之處以酷刑。對此，擬查明事實，同清國政府進行適當之交涉。」[558]

　　事實上，迄於此時，兩名日諜尚未被「處以酷刑」。這兩名日諜引渡後，始知一名福原林平，一名楠內友次郎。福原林平，日本岡山縣人，係上海日清貿易研究所畢業生。楠內友次郎，日本佐賀縣人，亦係從上海日清貿易研究所畢業。8月10日，福原、楠內二人奉命赴營口一帶偵探清軍部署情況，便偽稱湖北商人投宿於中國人在法租界開設的同福客棧，擬於11日乘船前往營口。因船延期至14日出港，福原、楠內舉動異常，遂於13日被捕。[559] 經審訊，楠內係奉命「轉報軍情，未報被獲」；福原不肯吐實，及展示從他身上搜出的暗碼字據，「始供欲探北路軍情，尚未赴津被獲」。9月8日，有旨命南洋大臣劉坤一「飭令江海關道取具供詞，即行就地正法」[560]。劉坤一接旨後，認為「案情關係重大，且該倭奸黨類甚夥，尤須一一追究」[561]，不應草草結案。他下令將兩名日諜押解南京，派員會審。透過會審，不僅詳細查明福原林平、楠內友次郎的間諜罪狀，而且發現一個重要線索，使審理浙江的日本「僧人」案有了突破性的進展。

　　先是在8月19日，元凱輪船大副把總貝名潤，在浙江鎮海登江天商輪進行例行檢查，發現有一僧人攜洋傘一把，口音不對，便上前盤詰。該僧說是廣西人，又稱貴州人，言語支支吾吾。搜查身上，發現墨盒、紙、筆、時辰表、普陀山僧名單一紙，洋銀22元及小洋若干，因其形跡可疑，便拿獲訊辦。經提審，該僧供認名藤島武彥，但又編造了一套謊

---

[558]　《日本外交文書》，第27卷，第766號。
[559]　黑龍會編：《東亞先覺志士記傳》下卷，列傳，第442、530、531頁。
[560]　《清光緒朝中日交涉史料》(1563、1570)，第19卷，第24、27頁。
[561]　〈南洋大臣劉坤一來文〉，《朝鮮檔》(2383)。

第三節　宣戰前後的國際關係

話，說是日本大阪人，因受日本駐上海總領事大越成德派遣，到普陀山法雨寺訪日本僧人高見，「因彼高見猶未知今回兩國失和之事，故特至法雨寺告事情切迫，使他回國」、「恐路上有人盤問，故先落髮」。但他卻否認有偵探軍情等事。又傳到高見，「雜於眾僧人中，令藤島指認，相視良久，茫然莫識」[562]。這兩名日僧究竟是何許人？藤島武彥，日本鹿兒島人，西元 1885 年赴上海學習漢語，次年加入漢口樂善堂，曾至蘭州一帶調查，後回日本在大阪經營紙草製造業，從經濟上資助上海日清貿易研究所。甲午戰爭爆發後，藤島武彥便被派赴中國任軍事偵探。高見武夫，日本岡山縣人，入鎌倉圓覺寺為僧，偶然與上海日清貿易研究所負責人荒尾精相識，非常投機。荒尾勸其以經略中國為志，甚中高見武夫下懷，便收拾行裝返鄉。適其少年時代之同學福原林平由上海回國探親，便於西元 1893 年 11 月相偕來上海。隨後，高見武夫便到普陀山法雨寺潛伏下來，以伺機活動。[563] 但由於中國方面並未掌握藤島、高見的情況，故暫作為懸案，先將二人看押。至是，福原林平供出他與藤島、高見相識，並知高見名武夫。根據此供，劉坤一即飭令廖壽豐將藤島武彥、高見武夫押解杭州審理。高見武夫始供出實情：原與福原同館，「他能說中國話，知中國事。他招我來，是要我一同窺探軍情。」藤島武彥亦不得不招：「7 月初到上海，見日本（總領事）大越。因為中日交兵開戰，大越給我盤費洋元，記有暗碼，命我先到普陀山招高見武夫，一同測繪中國地形，窺探軍情。我剃去頭髮，扮作僧人。」[564] 從而這件歷時半年的懸案，終於得到結案。後福原林平、楠內友次郎與藤島武彥、高見武夫均先後被處決。因證據確鑿，美國政府終未能再出面交涉。

---

[562]　〈浙江巡撫廖壽豐來文〉，《朝鮮檔》(2325)。
[563]　東亞同文會編：《對支回憶錄》下卷，列傳，1936 年版，第 574 ～ 576、590 ～ 592 頁。
[564]　〈藤島武彥供詞〉、〈高見武夫供詞〉，《朝鮮檔》(2325)，附錄一、二。

第三章　戰爭爆發後的國際外交

　　幾乎與中美交涉引渡上海兩名日諜的同時，美國臨時代理公使田夏禮又向總理衙門提出日本在華「學生」川畑丈之助回國問題的交涉。8月31日，田夏禮致函總理衙門謂：據美國「住孝順衚衕劉教士稟稱：該教堂向設有學中西文藝學房。學生內有日本人川畑丈之助一名，兩月前該學房放熱學時，該學生即出外遊歷。昨於七月三十日旋回學房，仍欲入學。伊尚不知中日業已失和，該教士因際此時不願留此日本學生，欲其回國」等因，要求發給路照，「執持赴津」回國。[565] 憑空出來一個日本在華「學生」川畑丈之助，此事頗為突然。9月2日，總理衙門覆函田夏禮，提出：「本衙門前經派員特向貴署大臣詢問：有無倭人潛留京城？準貴署大臣面稱：並無倭人蹤跡。現在倭人忽稱由外旋回，究於何處遊歷？由何處回京？無由詳其蹤跡。且出外兩月之久，尚不知中日業經開戰，仍欲入學，殊難憑信！」並要求必須「問明該倭人何年來京附學，本年避暑往來蹤跡」。[566] 本來，田夏禮來函破綻甚多，總理衙門雖指出其「殊難憑信」之處，但對該「學生」外出遊歷為何不領取護照這一關鍵問題卻置而不問，反倒專問起「何年來京附學」、「往來蹤跡」等一時難以查明的枝節問題。這場交涉一開始，清政府便處於被動的地位。果然，田夏禮於5日即按所問回覆：

　　據劉教士稱：「該學生係於本年三月初三日來京入學，至五月初二日放熱學時，中國學生均各回家，學中教習亦多有往內地避暑者。該日本學生於五月二十四日出京遊歷，經過懷來縣及宣化府，至張家口遇雨守候，雨霽過新河站、哈拉城至察哈爾，又至蘇門哈達，由舊路旋京，於七月二十九日進城，仍欲在學房附學，教士因恐生事，是以不願收留。該日本人係極好學生，並甚樸實。」查該教士人品向來方正，以上所言

---

[565] 〈總理衙門收美國署公使田夏禮函〉，《朝鮮檔》(2203)。
[566] 〈總理衙門致美國署公使田夏禮函〉，《朝鮮檔》(2207)。

第三節　宣戰前後的國際關係

實為可靠。[567]

川畑丈之助，日本鹿兒島人，原為步兵少尉，於西元 1892 年 9 月辭去軍職，並獲准到中國從事偵察活動。他在奉天一帶活動近 2 年，跋涉各地，蒐集情報。日本挑起戰爭後，他便將 2 年來實地偵察的結果報告當局，對日本後來發動遼東戰役立下了功勞。[568] 當時，潛伏在煙臺的日本間諜宗方小太郎在 8 月 1 日的日記中寫道：「本日川畑等經滿洲來此地。彼鹿兒島人，向曾辭去陸軍大（少）尉之職來中國，滯留於西安府（縣），近來將去北京者也。」[569] 可見，川畑丈之助是由東北經煙臺轉赴北京，而不是經張家口等地入京；川畑丈之助到北京的時間已是 8 月間，而不是 7 月 29 日。田夏禮對總理衙門的答覆，完全是編造的謊言！雖然川畑丈之助來歷不明，形跡可疑，但總理衙門一則沒有掌握什麼證據，二則不願與美國的關係變得太僵，便決定「稍與通融」，只要田夏禮擔保川畑丈之助「必無作奸犯科，有干中國國法軍法之處」，可允其出境。[570] 於是，日本間諜川畑丈之助便由美國公使館發放護照，由上海乘船回國了。

在甲午戰爭初期，中美之間圍繞著日本間諜問題進行過多次交涉。顯而易見，美國駐華外交使節在處理日本在華間諜問題時，不但偏袒日本一方，而且千方百計地予以庇護，甚至不惜用偽造供詞或證明的卑劣方式以欺騙中國。其支持日本的立場是非常清楚的。

---

[567]　〈總理衙門收美國署公使田夏禮函〉，《朝鮮檔》(2224)。
[568]　黑龍會編：《東亞先覺志士記傳》下卷，列傳，第 210 頁。
[569]　《宗方小太郎日記》（稿本）。按：「西安府」應為西安縣之誤。西安縣，光緒間置，屬盛京省海龍府。
[570]　〈總理衙門致美國署公使田夏禮函〉，《朝鮮檔》(2249)。

第三章　戰爭爆發後的國際外交

五「高陞」號被沉事件及其結局

日本海軍擊沉英國商船「高陞」號一事，震驚中外，成為舉世矚目的國際重大事件。對此，中日兩國的反應當然不同，而作為「高陞」號所有國的英國的態度才是問題的關鍵所在。

豐島海戰後，濟遠艦於7月26日清晨6點半到威海下錨。27日，李鴻章收到方伯謙的電稟，始得知日本海軍在豐島襲擊中國軍艦和擊沉英國商船，便於當天下午電告駐日公使汪鳳藻：「二十三（7月25日），日兵船在牙山口遇我兵船，彼先開炮接仗。」[571]7月27日，他又將方伯謙電轉報總理衙門，特地指出：「至高陞係怡和船，租與我用，上掛英旗，倭敢無故擊毀，英國必不答應。」[572]並電駐英公使龔照瑗：「所租怡和高陞裝兵船被日擊沉，有英旗，未宣戰而敢擊，亦藐視公法矣！」[573]李鴻章認為，日本擊沉「高陞」號，公然「藐視公法」，必定會激起英國的介入。當然，這只是他的幻想。

本來，在日本的挑釁活動不斷升級之際，軍機處內部在採取何種對策的問題上是意見不一的。翁同龢、李鴻藻主張採取強硬態度，甚至不惜公開宣戰，而奕劻等人則持反對的態度。及至接到李鴻章的電報，軍機大臣們感到有英國被捲入，形勢對中國是有利的，因此主戰之議轉居於上風。從當天軍機處的奏片中，便不難看出這一微妙的變化：

> 臣等公同商酌，現據李鴻章電報，倭兵已在牙山擊我兵船，並擊沉英船一隻，狂悖已極，萬難姑容！且釁自彼開，各國共曉，從此決戰，大屬理直氣壯。現擬先將汪鳳藻撤令回國，再以日本種種無理情狀布告各國，然後請明發諭旨，宣示中外。至一切布置進兵事宜，請寄諭李鴻

---

[571]　《李文忠公全集》電稿，第16卷，第32頁。
[572]　《清光緒朝中日交涉史料》（1241），第15卷，第27頁。
[573]　《李文忠公全集》電稿，第16卷，第33頁。

第三節　宣戰前後的國際關係

章妥籌辦理。[574]

軍機處內部意見之所以能夠統一，是因為相信李鴻章電報所說「英國必不答應」的話。所以，這個統一是有條件的。英國政府的態度，便成為決定事態發展的至關重要的因素。7月27日，即軍機處看到李鴻章電報的當天下午，總理衙門奕劻等人與英國公使歐格訥有一次談話，其中涉及擊沉「高陞」號事件的內容如下：

歐：「英船名高陞者，租裝中國兵往韓，在牙山口外被倭兵開炮擊沉……我想昨日所聞韓王被拘，尚可設法商量，從長計較。現在關係更大，我已報本國政府了。」

奕：「英船懸掛英旗，倭兵居然炮擊，於英國體面亦有所關。況英國現正為中日說和，日本不特不聽，且如此無理，英國似不能忍而不問。且日本專作狡獪之計，若事事如此，則不犯滬上之說亦不可靠了。」

歐：「不犯滬上，有字據，或當不致反覆。」

歐：「日本多行無理，各國均極不平。貴衙門以前辦理此事，按理做去，步步不錯。我甚願貴國仍按理緩緩辦去，我英國不能不同日本講理。」

奕：「事勢如此，我們不能不將日本開釁之事布告各國了。日本如此無理，兩國素講公法，當作何辦法？」

歐：「此時我不能出斷語，當聽政府之命。既日本將英船擊沉，或竟調水師前往，亦未可知。」

奕：「看目下情形，日前所說商勸各節，只好擱開了。此事算失和否？」

歐：「自然不能不算開仗。」

奕：「現在撤兵不成，釁端已肇，又傷英國商船，貴國政府似不能無辦法。」

---

[574]　《清光緒朝中日交涉史料》(1235)，第15卷，第25頁。

第三章　戰爭爆發後的國際外交

歐：「這個自然。」

奕：「汝既告政府，何時可有回信？」

歐：「明日當有回信。我得信即奉告。或自來，或令翻譯來。」[575]

在這次談話中，總理衙門試圖抓住擊沉「高陞」號事件，激起英國政府的義憤，以制止日本的戰爭行動，並使英國懷疑日本「不犯滬上」的保證，放棄中立的立場。而歐格訥的回答，則僅限於這一事件本身。雖然如此，歐格訥的回答中卻有「我英國不能不同日本講理」、「既日本將英船擊沉，或竟調水師前往，亦未可知」等語，仍然使清政府抱有英國會公開介入的幻想。

先是前一天，總理衙門接到李鴻章的覆電，對軍機處「以日本種種無理情狀布告各國」的意見表示贊同，說：「倭先開戰，自應布告各國，俾眾皆知釁非我開，似宜將此案先後詳細情節，據實聲敘。」[576] 現歐格訥又有「按理做去」的建議。於是，總理衙門於7月30日致各國照會，先聲敘朝鮮問題顛末，繼則指責日本挑起戰端：

何意該國忽逞陰謀，竟於本月二十三日，在牙山海面，突遣兵輪多只，先行開炮，傷我運船，並擊沉掛英旗英國高陞輪船一只。此則釁由彼啟，公理難容。中國雖篤念邦交，再難曲為遷就，不得不另籌決意辦法。想各國政府聞此變異之意，亦莫不共相駭詫，以為責有專歸矣。[577]

清政府用照會揭露日本破壞國際公法的侵略行徑，希望公理得到伸張，也很符合歐格訥「按理做去」的建議。當時「理」確在中國一方，但問題在於：在「力」的方面，中國卻不如日本。而且，西方列強又各有其「利」之所在，在中國的「理」、日本的「力」、列強的「利」三者的相互關

---

[575]　《清光緒朝中日交涉史料》(1261)，第15卷，第33～34頁，附件一。
[576]　《清光緒朝中日交涉史料》(1252)，第15卷，第31頁，附件一。
[577]　《清光緒朝中日交涉史料》(1262)，第15卷，第34頁，附件一。

第三節　宣戰前後的國際關係

係中,「理」的分量是極其微小的。在此情況下,清政府欲求公理伸張,豈可得乎?

7月27日上午,即歐格訥與總理衙門奕劻等人會見之前,已經得到了「高陞」號被日本軍艦擊沉的消息。並立即致電金伯利報告:

> 日本軍艦擊沉「高陞」號輪船。該船載有1,500名士兵,是開赴牙山的。它是中國租用的運兵船,懸掛英國國旗。當時,日本軍艦在牙山港內等候出擊。一艘中國軍艦被日本俘獲,另一艘受重創後逃逸。船上受僱於中國的德國軍官漢納根(Constantin von Hanneken)一同喪生。總理衙門要我下午早點兒前去。我想建議他們採取權宜政策,以便英、俄兩國有時間採取聯合行動。沒有事先警告就對「高陞」號進行襲擊,而且其時正為劃區占領問題進行談判,日本人也知道您的建議已經為中國所接受,儘管他們自己尚未作出明確的答覆。這就更加說明了他們的行為非法和無恥。[578]

當時,歐格訥所得到的消息雖不完全準確,但報告指出日本海軍蓄意擊沉「高陞」號,其行為非法無恥,還是客觀公正的。

與此同時,英國駐日臨時代理公使巴健特就日艦擊沉英國商船「高陞」號一事向日本外務省提出交涉。本來,先是在7月19日,日本政府為對付英國的調停,曾在宣告中故意提出中國根本不能接受的條件,並向中國發出最後通牒,限於5天內答覆。[579]當時,海軍大臣西鄉從道問陸奧宗光:「若日本艦隊在最後通牒期滿後,與中國艦隊遭遇,或中國有再增兵的事實而立即開戰,在外交上有無為難?」陸奧宗光答稱:「從外交順序來說,並無任何妨礙。」[580]這說明日本的豐島海上襲擊是早有預

---

[578]　《中日戰爭(1894)》,第81頁。
[579]　《中日戰爭(1894)》,第62頁。
[580]　陸奧宗光:《蹇蹇錄》,第70頁。

第三章　戰爭爆發後的國際外交

謀的。可是，當巴健特建議日本政府收回自 7 月 19 日起 5 天後便不再接受任何談判建議時，陸奧宗光又於 24 日收回該宣告，並虛偽地保證：「日本無意對中國發動戰爭。」[581] 言猶在耳，而日本卻在第二天發動豐島襲擊。儘管這次海上襲擊是日本陰謀策劃的，但其結果卻出乎日本當局的意料之外。陸奧宗光事後回憶說：「最使中國官民大吃一驚的，是中國軍艦『浪速』號擊沉懸掛英國國旗的一艘運輸船的消息。……最初接到在豐島海戰中中國軍艦擊沉懸有英國國旗的運輸船的報告時，都想到在日、英兩國間或將因此意外事件而引起一場重大紛爭，任何人都深為驚駭，因而有很多人主張對英國必須立即給予能使其十分滿意的表示。」[582]

陸奧宗光的確為此感到緊張，擔心會招致英國對日本的干涉，他寫信給伊藤博文說：「此事關係實為重大，其結果幾乎難以估量，不堪憂慮。」並提出：「是否暫時停止增派大軍，雙方不再接觸？實在過於憂慮，特呈此書恭候高見。」[583] 伊藤博文乍聞此事，也為之驚愕失色，立時召見海軍大臣西鄉從道，出示英國公使的照會，並且說：「值此重大危機之時，浪速艦長東鄉平八郎敢擅將英國商船擊沉，殊屬輕舉妄動，望速將該艦長罷免，以謝英國政府。」西鄉從道則認為，應等到艦隊和東鄉平八郎的報告到來之後，再行討論辦理。伊藤博文連日催詢，西鄉從道仍以尚未接到電報為辭，延不辦理。於是，在伊藤博文和西鄉從道之間發生一場互不相讓的爭論：

伊藤：「在此國家重要之時，萬不可荏苒失機。前方之報告雖不完備，而英商船之被我艦擊沉則確為事實。茲英國輿論極度惡化，是我不可不於此時執行機宜之處置，有以平英國之怒。」

---

[581]　《中日戰爭（1894）》，第 73 頁。
[582]　陸奧宗光：《蹇蹇錄》，第 70～71 頁。
[583]　藤村道生：《日清戰爭》，上海譯文出版社 1981 年版，第 90 頁。

第三節　宣戰前後的國際關係

西鄉：「余對於自身統率之部下尚未接到其報告，僅憑外國所傳之電，處分該事件之關係者，實為不可能，仍請有以稍待。」

伊藤：「以一艦長之事遷延不辦，為一失去時機，陷國家於危險地位，究誰任其責？」

西鄉：「此責完全由余負之，公請放心。」[584]

伊藤博文與西鄉從道間很不協調的對話，並不意味著在發動侵略戰爭這一既定方針上，日本內閣和海軍意見相左，而是伊藤博文不能不更多地考慮英國的態度問題。他擔心一旦英國政府改變其所謂「局外中立」的立場，轉而對日本實行干涉，無疑將會使日本的戰爭計畫遭到嚴重的打擊。

7月26日，即事件發生的第二天，「浪速」號艦長東鄉平八郎曾向日本聯合艦隊司令官伊東祐亨報告擊沉英旗商船「高陞」號始末：

明治27年7月25日午前8時30分，於仁川海面與「高陞」號相遇，判定其為奇怪之船隻，放空炮2發，令其停泊；又令其拋錨。該船立即拋錨。然後，根據司令官將其帶往根據地之命令，再次派分隊長人見大尉至船內查訊。該船為清國人所僱，搭乘清兵1,100餘人，並載有武器，正在駛向牙山途中。當命令該船須隨本艦時，船長答曰：「吾無他助，僅聽尊命。」……因該船發出希望小艇回來之訊號，本艦立即派小艇載軍官向船長問話：「為何需要小艇？」船長稱：「清國兵不許我隨從貴艦，主張歸航大沽。因彼等乘外國船從本國出發之際，並未接到交戰之通知。」軍官答：「待我等歸船後，可再以訊號傳令。」於是歸艦。因得知船長以下受清國人脅迫，本艦立即以訊號令其捨棄該船。商船發出送小艇來的訊號。我發出可以彼之小艇前來之訊號，商船答以我等不被允許。故認定清兵脅迫船長拒絕我之命令，先於前桅桿懸掛紅旗，同

---

[584]　《中日戰爭》（六），第80～81頁。

第三章　戰爭爆發後的國際外交

時以訊號令其立即捨棄該船。至此，決定破壞之。午後1時半，將其擊沉。[585]

東鄉平八郎的報告雖然站在侵略者的立場，以「認定清兵脅迫船長拒絕我之命令」為擊沉「高陞」號的理由，但其所敘述的擊沉「高陞」號的過程還是大致上符合事實的。

7月28日，日本政府已獲悉日艦擊沉「高陞」號的消息，便決定採取「惡人先告狀」的做法。29日，聯合艦隊司令官伊東祐亨和「八重山」號艦長平山藤次郎有內容相同的報告到日本海軍省。主事山本權兵衛見所報告的事實經過對日本不利，便親自動筆修改。他確定了三條修改原則：一是誣稱中國軍艦首先發起攻擊；二是謊稱事後才知道「高陞」號是英國商船；三是把豐島之戰與擊沉「高陞」號拉到一起，以混淆視聽。經過山本炮製過的報告玩弄「賊喊捉賊」的卑劣伎倆，不惜編造彌天大謊，以為日本洗刷和開脫。西鄉從道對這份報告感到滿意，立即核准上報。

雖然日本政府已經知道中英之間不存在什麼密約，而決意要發動這場侵略戰爭，但對於英國政府究竟將對擊沉「高陞」號事件採取何種態度，它還是不完全摸底。所以，陸奧宗光一度想建議暫時不再增派大軍到朝鮮，不對中國軍隊發動新的攻擊。伊藤博文對英國的態度覺得較有把握，不同意陸奧宗光的意見，似乎成竹在胸地說：「當初在決定開戰時，就要讓留在廣島的一個旅團立即出發，事到如今，難以改變控制了。」[586]

7月30日，英國眾議院開會時，外交副大臣柏提在答覆議員的提問時，提到了日本軍艦擊沉一艘運兵船的事。同一天，金伯利收到印度支

---

[585]　《日本外交文書》，第27卷，第710號，附件一，甲號。
[586]　藤村道生：《日清戰爭》，上海譯文出版社1981年版，第91頁。

第三節　宣戰前後的國際關係

那輪船公司董事長馬堪助（MacAndrew）的來信，其內稱：

> 作為英國商船「高陞」號的船主，謹向閣下報告：我們今天收到公司代理人賈丁（William Jardine）、馬西森（James Matheson）先生及上海殖民部來電，告知「高陞」號被中國租用，向朝鮮運送軍隊，在朝鮮近海被日本魚雷擊沉。除大約40名中國人獲救外，所有人員隨船遇難。……我們還沒有得到租船的詳細情況，之所以抗議日本當局的不友善行徑，是因為一艘懸掛英國國旗的船隻，在交戰雙方未經宣戰、局勢仍然和平的情況下，未接到投降警告就遭到襲擊致毀。這是令人無法容忍的。……我們向閣下請求：一旦掌握了更為確切的情況，立即通報日本政府這一嚴重的、不可原諒的粗暴行徑，要求他們對人員傷亡和財產損失負責。[587]

金伯利接信後，一面要求印度支那輪船公司提供「高陞」號的租船合約及是否懸掛英國國旗的情況，一面致函司法局詢問從國際法的角度是否有權向日本索取賠償。

日本駐英公使青木周藏注視英國政府的動向，十分焦慮不安，便於7月31日致電陸奧宗光，建議道：「關於英國運輸船事件，請在英國政府提出要求以前，由我主動提出予以一定的賠償。再者，乘坐該船之德國軍官如已死亡，亦請採取同樣措施。」[588] 陸奧宗光更為老辣，決定留有迴旋餘地，一面立即會見巴健特，告以：關於事件的詳細報告尚未到達，將繼續調查，並保證「萬一日本軍艦錯打了英國船，日本將賠償全部損失」[589]；一面指示青木周藏按此重點通知英國政府。

日艦擊沉「高陞」號事件發生的一週後，真相終於大白於世。8月1日上午10點半，在天津海軍公所，由北洋海軍營務處羅豐祿、天津海關

---

[587]　《中日戰爭（1894）》，第83頁。
[588]　陸奧宗光：《蹇蹇錄》，第71～72頁。
[589]　《中日戰爭（1894）》，第86頁。

第三章　戰爭爆發後的國際外交

稅務司德璀琳代表北洋大臣，聽取法國軍艦「利安門」號救起的「高陞」號 2 名船員和 3 名水手陳述遇難經過。到場者有：俄國駐天津代理領事來覺福、法國駐天津領事拉福來（Marie-Jacques Achille Raffray）、德國駐天津領事司艮德（Seckendorff）、美國駐天津領事李德、英國駐天津領事館的葛克伯（Cookburn）及天津怡和洋行經理人考新斯（Coutts）。德璀琳在宣布開會時說：「中國政府因欲訊問高陞輪船如何被毀一節，故將所救出之人帶來天津。因欲至公無私，故請各國領事觀審。」又謂：「『高陞』號係英國商輪，能載重 1,353 噸，因高（朝鮮）王被日兵所迫，求中國救護，故中國僱此船載兵往高，係照西元 1885 年中日條約所載，高麗有事，中國可以派兵至高。初不虞日兵之半途擊襲也。」隨後，在船員歐利愛特（Elliot）等供述時有如下之問答：

問：有見日本人與船主說話否？

答：看見。但吾適上船上觀星臺，故未聽明船主與日人說何言語。唯見日人與船主、領港並客人一位共話。

問：爾知中日兵船曾開仗否？

答：不知。

問：船上西人看見否？

答：不知何往。其時水面人多難認，想必早已躍入海內隨水去矣。船上有舢板 8 只，下水者僅 6 只，船中人紛紛跳入舢板內，故舢板有翻倒者。其時因十分驚懼，故未曾見。舢板被日人用機器炮擊沉，唯見水面之人被日人槍斃者甚眾。

問：高陞扯何旗？

答：日船未來之前早已扯起英國旗號，並中桅上又扯起本行旗。[590]

---

[590]　《中倭戰守始末記》，第 1 卷，第 5～6 頁。

第三節　宣戰前後的國際關係

對於「高陞」號被沉事件的經過，這些中外親歷者「說得都很清楚、坦白，令人感動。在主要事實及大部分的細目上，他們都是一致的」[591]。不僅如此，「高陞」號船長高惠悌及乘客德國漢納根大尉二人的證言，進一步證實了上述 5 位親歷者陳述的可靠性。從而證明日本政府所公布的報告，其主要情節都是編造的謊言。

「高陞」號真相大白後，英國輿論大譁，「尤其是各報紙對此問題絕不肯輕易罷休。有的說日本海軍侮辱大不列顛帝國的旗章，英國應使日本表示道歉；有的說日本海軍的行為是在戰爭開始以前，即在和平時期發生的暴行，日本政府應對沉船的船主及因此次事變而喪失生命財產的英國臣民予以適當賠償。其他尚有言論激烈以宣洩憤怒之情者」[592]。印度支那輪船公司也函覆金伯利：「所詢是否有證據證明高陞遭襲擊懸掛英國國旗……這一點基本可以肯定。」[593] 金伯利在輿論的壓力下，也作出一點似乎強硬的姿態。一方面他電告駐俄公使拉塞爾斯：「中國駐地之我艦隊司令已率艦隊前往仁川，保護英國僑民的生命財產。請將此事轉告吉爾斯先生。並告訴他，英國政府願英、俄兩國海軍指揮官保持坦誠的聯繫，以採取措施保護中立國的經濟貿易。」另一方面，又致電歐格訥重提 7 月 20 日對日本的警告：「由於背離了西元 1885 年與中國簽訂的條約精神，日本應對此負責。」[594]

英國司法局研究有關「高陞」號被沉事件的資料，於 8 月 2 日答覆金伯利說：「我們認為，英國政府有權要求日本政府對沉船及由此帶來的英國公民的生命財產損失提供全部賠償。」最後簽名的是英國皇家法院的兩位法官里格比（George Rigby）和里德（James Reid）。當天，青木周藏

---

[591]　《中日戰爭》（六），第 29 頁。
[592]　陸奧宗光：《蹇蹇錄》，第 74 頁。
[593]　《中日戰爭（1894）》，第 90 頁。
[594]　《中日戰爭（1894）》，第 91 頁。

第三章　戰爭爆發後的國際外交

收到日本外務省發來的「高陞」號船長高惠悌和大副田潑林的證詞。在證詞的後面，日本外務省把證詞的幾句話又重複了一遍，以示重要：

> 船長說，想跟隨「浪速」號或離開「高陞」號時，都受到來自中國軍官的生命威脅。大副也說，日本軍官第二次到「高陞」號上是想在開火前帶走船上的歐洲人，但遭到中國人的拒絕。

青木周藏當即將證詞送交英國外交部。日本政府本想用此證明來把罪責推卸給「高陞」號上遇難的「中國軍官」，卻剛好戳穿原先日本報告關於事前不知為英國船的謊言。金伯利又將證詞轉給司法局徵求意見，並詢問：「日本政府又一來電，是否有勸說我們改變原有的意見之意圖？」實際上，是想以此來使法官們改變態度。但是，仍由里格比、里德簽名的答覆稱：「我們認為，即使日本此番來電內容屬實，也不能改變日本政府對英國公民蒙受損失應負的責任。」[595]

至此，金伯利才不能繼續猶豫，於 8 月 3 日照會青木周藏：

> 英國政府就來函所述與皇家法院的法官們進行了商討。最後認為，由於日本海軍的行為而使英國公民生命財產的遭受的一切損失，日本政府必須負全部責任。我滿意地注意到，日本政府已經表示，願意為其指揮官的過失而提供適當的賠償。一旦英國政府收到詳細的情況報告而作出最後結論，我會即時向你通報。[596]

該照會的措辭貌似強硬，實則預先留有迴旋餘地。「最後結論」云云，只不過是採取拖延辦法以緩和輿論的指責而已。

陸奧宗光接到青木周藏的報告後，立即邀見巴健特，並向他表示：「關於此次令人遺憾之事件，一俟經過充分調查以後，如果不幸發現帝國

---

[595]　《中日戰爭 (1894)》，第 93、97 頁。
[596]　《中日戰爭 (1894)》，第 98 頁。

第三節　宣戰前後的國際關係

軍艦的行為有失當之處，帝國政府即當給予適當的賠償。」[597] 並將此意電告青木周藏。所謂「充分調查」，無非是重演賊喊捉賊的故技，以為英國政府放棄賠償要求提供「根據」而已。青木周藏在復照中將上述意思告知金伯利時，還特意在後面加上了這樣一段話：

> 我滿意地注意到，閣下期待在此問題上得出最後結論的進一步消息。我將像往常一樣，不中斷這種非官方的通訊，以了解此事件之詳情。我希望閣下能將此看成是我方真誠願望的進一步證明，以促成這一令人痛心的問題之充分諒解。我相信，事實將隨著較詳細完整的報告的提出而日漸明朗，並將消除先前簡單而不完整的報告所產生的令人不快的印象。[598]

青木周藏的「滿意」真是畫龍點睛之筆，點出了陸奧宗光的「充分調查」和金伯利期待「最後結論」剛好是演的一齣雙簧戲。

並不是所有的人都能夠看出來這是一齣雙簧戲。英國遠東艦隊司令斐里曼特海軍中將就是這樣。他於8月4日奉命帶艦隊到達仁川後，派「敏捷」號（Alacrity）去天津拿回漢納根等人的證詞，再加上先前歐格訥提供的相關情報，便得出如下結論：

> 7月25日清晨，「高陞」號載著中國軍隊航進，在豐島附近與4艘日艦遭遇，被令停船。拋錨後，中國士兵拒絕讓船長跟日艦走，要求若日艦允許可返回大沽口。但「浪速」號卻蓄意向其發射了白頭魚雷，並用重炮猛轟，將其擊沉。船沉時，還繼續向落水的中國人開火，但搭救歐洲人。[599]

對於日本海軍的卑劣行徑，斐里曼特也感到氣憤，一面派「射手」號

---

[597]　陸奧宗光：《蹇蹇錄》，第72頁。
[598]　《日本外交文書》，第27卷，第723號，附件二，乙號。
[599]　《中日戰爭（1894）》，第111頁。

259

第三章　戰爭爆發後的國際外交

(Archer) 艦尋找日本旗艦，質問其司令官：浪速擊沉高陞是否奉司令官之命，還是徵得司令官之同意？一面飛電責詰日本海軍省，其略云：

> 中日倘有戰爭之事，則當預先照會各國，然後各國按照萬國公法，不使輪船載運中國兵馬。今日本並無照會至英國，則英國之高陞輪船自應載運中國兵馬，並無一毫背理之處。日兵無端燃炮轟擊，以致全船覆沒，船中司事均遭慘斃，是何理耶？明明見有英國旗號，而肆無忌憚一至如此！將與中國為難耶？抑與英國為難耶？請明以告我。[600]

同時還向英國海軍部建議：「我方應要求立即罷黜並拘捕『浪速』號艦長和那些在中日兩國政府談判期間指揮軍艦捲入事件的高級官員。若不遵從，我應被授權實行報復。最重要的是，應當做些事情以彌補大英旗幟所遭到的侮辱。」[601] 一時之間，英日雙方劍拔弩張，大有一觸即發之勢。

當然，李鴻章更看不出來金伯利、陸奧宗光二人演的是一齣雙簧戲。他聽說日本政府「考慮賠償」的話，便相信日本真要賠償，又燃起了一線希望。8月7日，他打電報給駐英公使龔照瑗說：

> 倭兵船擊沉高陞一案，聞倭向英謝罪，議賠船貨。華人搭船者，原賴有英國旗保護，乃倭於未宣戰之先，忽轟此船，致斃千餘人性命，併器物等件。死者家屬冤苦，應請英向倭索賠撫卹。漢納根親供明日電呈，凶慘如繪。望與（馬）格里（Magli）商，聘著名狀師詢此案。中國照理照例，應索賠，即交其核辦，再與（英）外部商訂。名雖向英索，仍應由英向倭索。趁彼議賠未定時，可將此款列入，緩則無及。[602]

8日，他還致電總理衙門提出此議，並說：「若歐使詢商時，乞鈞署

---

[600]　《中倭戰爭始末記》，第 1 卷，第 6 頁。
[601]　《中日戰爭 (1894)》，第 111 頁。
[602]　《東行三錄》，第 153 頁。

第三節　宣戰前後的國際關係

與辦，勿鬆勁。」[603] 當然，這些不切合實際的想法，是不會獲得什麼效果的。

日本政府鑒於擊沉「高陞」號而引起的日英糾紛，很可能使正在付諸實施的侵略圖謀前功盡棄，便決定採取以攻為守之策，首先從英國外交部下手。8月7日，先派駐英公使館德籍祕書西博爾德男爵拜訪柏提，談話中當然會涉及「高陞」號被沉事件。於是，西博爾德和柏提圍繞著日本的責任問題展開一場辯論：

柏：「金伯利伯爵曾就『高陞』號被沉一事送致青木周藏公使一份照會。」

西：「聽說了。但在這種情況下，英國外交部不可能期待日本政府給予一個相應的滿意答覆。發生此事是不幸的。就我個人來說，對受害者是深表同情的。但從軍事觀點，特別是國際法的觀點看，對受害者則不能表示同情。」

柏：「道理比較簡單：一艘日本軍艦擊沉了裝載前往朝鮮的中國軍隊的英國船，而朝鮮是中國根據西元1885年條約完全有權力派遣軍隊的地方，日本無權阻止這艘船，或者說無權阻止中國派兵。」

談到日本無權問題時，西博爾德則強調事先已有「最後通牒」。那麼，所謂「最後通牒」算不算正式宣戰呢？

柏：「但在那裡並沒有真正的戰爭宣告。」

西：「我承認這一點。然現代國際法權威，特別是美國的權威，都認為不必要求什麼正式的宣告，僅僅表示他們有採取非常手段之意圖就行了。柏提先生還能記得西元1870年法國代辦在柏林就普法戰爭開始寫給俾斯麥（Otto von Bismarck）的信吧？信中僅僅表示了法國政府在認為有必要時將保護其權力之步驟。日本政府較之上述事情是走得遠了一點。

---

[603]　《清光緒朝中日交涉史料》(1322)，第16卷，第13頁。

第三章　戰爭爆發後的國際外交

它要求英國公使通知中國，中國增兵是對日本的一個威脅。這就明顯地意味著，日本把派兵看成是敵對行動。」

柏：「但戰爭實際上還沒有真正打起來。」

西：「是的。在『高陞』號被攔時是那樣，但幾分鐘後情況不一樣了。因為濟遠向浪速發射了魚雷。我想，發射魚雷不能不意味著敵對行動。」

柏：「當然，但這些還不能證明。」

西：「我相信在浪速艦開始阻攔之後，是中國軍艦開了第一炮。這是毫無疑義的，因為『濟遠』號升起了停戰旗。這樣的事無論如何也弄不清楚，因為濟遠在升起白旗的情況下還向它的敵人靠近，就很像是一個騙局。」

柏：「中國軍艦開火，是因為浪速艦阻攔這艘輪船。」

西：「不是英國的船就是中國的船。如果是英國的船，正如你所說那樣，中國軍人就無權干涉，因為這是英國軍人的事；如果是中國的船，中國軍人則有權干涉。要是那樣的話，英國政府現在就毫無理由去抱怨了。船不是英國的就是中國的，它不可能同時屬於兩國。假設是英國的，中國軍人則無開火之藉口。」

柏：「船是英國的。正如你所說，中國軍人沒有因船被阻而開火的理由。浪速艦也抓住了這一點。」

西博爾德說中國軍艦先開第一炮，本來是一種推測，他開始說「相信」是這樣，繼之又說「這是毫無疑義的」，用偷換概念的手法把自己的推測虛構為客觀事實了。然後又運用二難推理的形式，得出「中國軍人無開火之藉口」的結論。這真是拙劣的詭辯！因為他所確定的「中國軍艦先開第一炮」的前提完全是虛假的。可笑的是，身為英國外交副大臣的柏提，竟然陷入了這位日本公使館祕書所設下的迷陣，承認是中國軍艦

第三節 宣戰前後的國際關係

先開第一炮，進而認同「高陞」號上的中國士兵沒有為了自衛而進行反擊的權利。

接著，他們又就浪速擊沉「高陞」號是否有理的問題繼續進行爭論：

西：「是的。如果按時間順序考察此事，你可以看到，浪速艦是完全對的。『濟遠』號之行動使中日之間敵對行動業已開始，從而戰爭法也開始實行了。根據戰爭法，交戰一方有權阻止中立船隻載運戰爭禁運品。「我想，你會承認軍隊和彈藥是禁運品。」

柏：「當然，但無須擊沉船。」

西：「這便是下一個問題了。敵對行動既已開始，浪速艦派一小艇去命令『高陞』號跟它走。換句話說，它捕獲了這條船。這樣做是符合國際法的。」

柏：「但不應擊沉它。」

西：「這又是下一步了。當浪速艦長命令『高陞』號跟隨時，其船長卻遭到了拒絕投降的中國人之阻止。漢納根先生、高惠悌船長和浪速艦長可以作證。『高陞』號船長已不再擔任指揮，他已是中國人手中的囚犯。他們威脅他的生命，不讓他放下小艇。從法律上說，他們已占據了這條船。因此，該船儘管還掛著英國旗，但已不是英國人所有。作為該船代表的船長已失去自由，而成為一個犯人。他們這樣做，不是船上中國軍隊的自願行動，便是中國將領下達的命令。從法律上說，在第一種情況下，是船已落入海盜之手；在第二種情況下，是中國軍隊在中日敵對行動開始時占領了該船。這樣，浪速完全有理由採取這樣的軍事措施。因為控制船上配備的武裝和採取敵對行動人員的反抗，是完全必要的。」

柏：「但不必擊沉它。」

西：「在這一點上，我們務必要將感情和公法區別開來。如果浪速毫無他法可想，那在法律上也是有理由的。正像我認為那樣，應不失時機

第三章　戰爭爆發後的國際外交

地擊沉它。因派小艇跟蹤中國船是浪速的責任,而小艇跟在中國船後邊跑,任何時候都可能遭到中國強大海軍力量的攻擊。此外,浪速艦也近於掌握在中國軍人的手中並有被擊沉的危險。因為一旦砲彈進入機房引起爆炸,它就報帳了。」

西博爾德首先顛倒了事件的因果關係,把中國士兵反投降說成是敵對行動的開始,繼而把「高陞」號定性為「中國船」,甚至危言聳聽地編造浪速有被擊沉的危險。這正如強盜持槍威逼過路人,過路人不聽威逼反被扣上威脅強盜一樣,這完全是強盜的邏輯!

這位受僱於日本駐英公使館的祕書鼓起如簧之舌,任意信口雌黃,竟使柏提無言以對,最後只好說:「我可以私下告訴你,擊沉英船不但是壞事,而且是很愚蠢的事。」西博爾德答道:「我也和你同樣感到遺憾。為了辯論,即使我們所爭的問題遠了些,但我仍然堅持那是對的。如果英國政府由於某個軍官的行為而改變其對日本的友好態度,那就更令人遺憾了。」[604] 他是暗示英國不要小題大做,為了區區小事而忘了聯日防俄的策略。對英國當局來說,這番話是很能打動心弦的。

2天後,柏提簽署了一份備忘錄,把西博爾德所轉述的日本政府的論點,歸納為7點,其中有4點涉及「高陞」號被沉事件:一、「7月25日,是中國開了第一炮。中國軍艦發射了一枚魚雷,繼之以火炮擊中日本軍艦」。二、「英國運輸船『高陞』號成為敵對的中國遠征隊的一部分,失去其中立立場,船主、貨運商及船長肯定知道遠征的目的及所冒的風險」。三、「『高陞』號被擊沉時並未處在英國船長和水手的掌握之下,中國人控制了該船,從而使其帶上了海盜的特徵」。四、「未經宣戰即開始了戰爭狀態,它至少在7月25日已經形成」。備忘錄對日本的謬論從正

---

[604] 《日本外交文書》,第27卷,第723號,附件三,丙號。

第三節　宣戰前後的國際關係

面宣揚而不加說明，僅在結尾處輕描淡寫地附了幾句話：「上述辯解是否屬實，多半要取決於日本對情況說明的準確性。然英國海軍由自己同胞處得到的證詞和函電，表明日本政府所述是不準確的。」[605] 這裡露出的蛛絲馬跡，隱藏著英國政府已考慮採取淡化「高陞」號被沉事件的方針。

不久，日本法制局長官末松謙澄經過「充分調查」，提出一份報告書，認為浪速艦之行為「絕非失當」。[606] 報告書的要點如下：

第一，「浪速」號是在戰爭已經開始以後才對「高陞」號行使交戰國的權利的。

第二，「高陞」號船籍雖原屬英國，但在事變中途，該船船長完全被剝奪行駛其職務的自由，該船已為中國軍官所控制，嚴格說來，當時英船「高陞」號已被中國軍官強占。

第三，該船船長事先曾與中國政府訂定契約，一旦開戰，須將本船交付中國。特別是該船在大沽啟航時接有密令，無疑已經預料到中日兩國有交戰行為。

據此，日本政府認為「顯然沒有如英國外交大臣所提出的對於其船員的生命財產負賠償之義務，完全可以說是交戰國行使當然之權利」[607]。於是，陸奧宗光向駐英公使青木周藏發出如下之訓令：

末松調查的情況對我方極為有利。其報告抄件已於8月15日寄出。此外，還已查明，中國政府在租賃「高陞」號時，曾向天津匯豐銀行預付4萬英鎊押金。其條件是，如該船在宣戰前後發生任何意外，這筆錢則付給輪船公司作為償金。[608]

---

[605]　《中日戰爭（1894）》，第112頁。
[606]　《日清戰爭實記》，第2編，第50頁。
[607]　陸奧宗光：《蹇蹇錄》，第73頁。
[608]　《日本外交文書》，第27卷，第726號。

第三章　戰爭爆發後的國際外交

末松謙澄的調查書與西博爾德到英國外交部遊說是互相呼應的，其基本論點也是一致的。二者還有一個明顯的共同特點，即都是在國際法的外衣下而肆意歪曲事實的真相，以為自己的海盜行徑辯護。

另外，日本不惜採用卑鄙的賄賂辦法，也達到作用。青木周藏曾向陸奧宗光祕密報告：

《每日電訊報》、友好的《泰晤士報》和其他主要報紙，由於審慎地僱用，均就上述消息改變了腔調。除路透社外，幾家主要報紙和電訊報社都保證了合作。英國權威人士維斯特雷基（John Westlake）公開表示：根據國際法，浪速艦是對的。在德國《科隆報》的政治通訊員和友好的《大陸報》，也因此受到影響。你要提供我約 1,000 英鎊的特務經費。[609]

由於日本的收買，不僅某些英國權威人士甘心為虎作倀，連英國及歐洲的一些主要報紙也都「改變了立場」，開始為日本的侵略行徑辯護。

當然，最主要的問題還在於：對英國政府來說，聯日防俄才是大局，它不會為一艘商船被擊沉而改變其既定方針。起初，為了不使自己偏袒日本的態度過於暴露，英國政府撇開皇家法院的法官們，指示上海英國海事裁判所審理「高陞」號被沉一案，並命英國遠東艦隊司令斐里曼特海軍中將就此事提出報告。斐里曼特遵照政府的意圖，卻一變原先的態度。據日本遞信省得到上海發來的機密電報：海事裁判所審理「高陞」號被沉事件的經過是，「為了日本的利益，由英國海軍提督提出報告，認為日本擊沉該船乃正常之舉，並勸告政府不作任何要求」[610]。

上海英國海事裁判所的判定，為英國政府在「高陞」號被沉一案中完

---

[609]　《日本外交文書》，第 27 卷，第 720 號。
[610]　《日本外交文書》，第 27 卷，第 725 號。

第三節　宣戰前後的國際關係

全倒向日本提供了「根據」。但是，對於如何向中國要求賠償，即由英國政府出面向中國提出還是支持印度支那輪船公司直接向中國提出較為合理，還一直拿不定主意。到西元 1895 年 1 月，金伯利只好請英國皇家法院拿出章程。而皇家法院含糊其辭以應付之，答覆曰：「依據國際法，此事取決於對『高陞』號所造成的損失。」[611]

於是，金伯利指示柏提寫給印度支那輪船公司一封長信。該信稱：

> 日本於 8 月 1 日發表中日兩國處於戰爭狀態，但事實上兩國海軍已在 7 月 25 日發生了敵對行動。在「高陞」號被「浪速」號攔阻並登船前幾小時，中國軍艦已經與一艘或數艘日本軍艦交火。一艘顯然受傷的中國軍艦，佯懸日本旗以施詭計，從「高陞」號旁邊駛過。「浪速」號本身鍋爐艙中彈。敵對行動由此開始，實際上已被承認。這並不與國際法原則矛盾。這場戰爭已經開始，即沒有正式宣戰便進入了戰爭狀態。
>
> 本來，「高陞」號一開始所從事的服務是和平的、合法的。但是，當戰爭爆發時，便具有交戰的特色，使日本名正言順地行使交戰權。假如該船想保持中立，就必須履行中立國義務。該船受僱運送中國軍隊和戰爭物資去朝鮮，日本有權制止這樣做，不准該船駛向目的地。為了忠實履行中立國義務，船長準備同意「浪速」號艦長發出的命令，而「高陞」號上的中國軍官強行擔任指揮。此舉出自交戰動機，妄圖占據主動地位以對付日本海軍。這時，「高陞」號已不處於中立的英國船長的控制之下。事實上，該船已成為一艘交戰船。因此，「浪速」號船長獲悉這一情況後，有權將該船當作交戰船。船主要求日本政府賠償，是沒有任何國際法原則可作為依據的。
>
> 還必須注意，當 7 月 17 日「高陞」號被租用時，已預料到中日間有爆發戰爭的可能性。因此，在租船合約中特別規定，萬一中日間發生敵對行動時，該船應立即調往上海，並將終止合約。其變通辦法，是租船

---

[611]　《中日戰爭和三國干涉（1894～1895）》，第 47 頁。

第三章　戰爭爆發後的國際外交

者立即買下該船。

由於「高陞」號是在敵對行動開始之後從事向作戰地點運送中國軍隊的工作，而且「高陞」號的英國船長已被剝奪了指揮權，實際上對該船的控制權已落入船上的中國軍官之手。所以，女王陛下的政府曾被勸告將賠償英國國民生命財產損失的責任歸於中國。金伯利大臣準備按照貴公司的要求，支持貴公司向中國政府提出合理要求，或者透過駐北京的公使館提出這樣的要求。

然而，在提出任何要求之前，應該提供有關遭受損失的程度，以作為可供利用的證據。我建議，在計算船的價值時，應以合約上寫明的總額作為基礎。調查了各個情況的細節之後，應估定個人的索賠數目。[612]

這封信不但重複日本政府的讕言，而且還極力說服印度支那輪船公司向中國索賠。

對於英國政府的態度變化，連印度支那輪船公司的董事們也難以理解。先是在西元1894年8月6日，柏提曾奉金伯利之命，寫信通知公司：「日本政府必須為其海軍軍官的行為引起的英國國民的人身財產損失承擔責任。……為使應索的賠償心中有數，請盡快將沉船造成的人身財物損失詳情稟報金伯利大臣。」[613] 董事會也對政府的決定回信表示滿意。不料如今英國政府卻一百八十度大轉彎，怎能不令董事們憤憤不平？他們致函金伯利說：「如果承認『高陞』號輪船在整個航程中沒有任何違法行為的話，那麼，對於日本人在犯下如此野蠻的屠殺罪行，使如此眾多的無辜英國臣民喪生，並對英國國旗表示不敬之後，竟能完全逃脫懲罰，董事們深感失望。」[614]

在金伯利的說服下，印度支那輪船公司決定讓其在上海的代理人提

---

[612]　《中日戰爭和三國干涉（1894～1895）》，第53～54頁。
[613]　《中日戰爭和三國干涉（1894～1895）》，第104頁。
[614]　《中日戰爭和三國干涉（1894～1895）》，第71頁。

出向中國索賠的金額。經過幾個月的準備，印度支那輪船公司於 5 月 2 日提出了一份索賠金額的清單：[615]

項目	索賠金額（美元）
船價	190,000
船上存煤及儲藏物品	8,000
一個月的租金	9,000
船員及水手補償金	250,000
一年的利息	31,000
合計	488,000

按當時中外貨幣的比價，總賠償金額 48.8 萬美元，可折合 4.88 萬英鎊或白銀 34.16 萬兩。連歐格訥也認為這個索賠金額是浮報的。他以船員及水手補償金為例，指出：「我注意到他們代表中國籍船員由於敵人而遭受的損失和傷害向中國政府索賠金額超過 11.2 萬美元，其中幾乎有 4 萬美元是為那些船員花名冊未載的中國人而索賠的。……似乎他們簡單地確定了 25 萬美元這個隨意的數額作為個人索賠，然後再在索賠人中間進行分配，而不是先將單個項目適當確定後再決定總數，而且他們沒有就損失的性質和價值以及倖存者所受的個人傷害提供任何證明。」[616]

原來，英國外交部與印度支那輪船公司商定，索賠要求將透過駐華公使歐格訥正式向清政府提出，而歐格訥卻不願意擔任這個不光彩的角色。5 月 6 日，他致電金伯利：

高陞提出索賠將損害英國的利益。「高陞」號的沉沒是戰爭留下的最大創傷，被認為是一次背叛行為。英國遲遲不想限制日本，使自己背上了「親日」的重大嫌疑。一旦發現英國又想在中國身上撈取補償，將會極大地傷害中國人的感情，並造成極壞的影響。由於拒絕支持逼迫日本

---

[615]　《中日戰爭》續編（六），第 649 頁。
[616]　《中日戰爭》續編（六），第 646 頁。

第三章　戰爭爆發後的國際外交

讓步，將會中斷友好關係，使接管重組海軍的希望化為泡影，並將失去一大堆政治及其他方面的利益。若在倫敦提出索賠並建議交付仲裁，將會減輕摩擦。[617]

9日，歐恪訥又致函金伯利，對6日的電報作了如下的補充：

若要求中國為自己遭受的莫大損害作出賠償，將會引起強烈的憤懣。我無意從法律的角度判斷是非，因孰是孰非無關緊要，問題是索賠會影響我們在中國的利益。根本無法使中國人明白國際法中的罰款是怎麼回事。即使我們的法官費數月之功認真研究，作出無可置疑的正確結論，他們還是不會滿意。遺憾的是，這一案件引起了廣泛的關注。人們普遍相信，日本是肇事者，中國和英國是受害者，英國應予以報復。

他在6日的電報中把索賠的事推給倫敦，並建議交付仲裁。在這封信中又對仲裁進一步提出了實際的建議：

我相信，沒有嚴厲的制裁，中國政府是不會完全接受索賠的。唯一和平解決的辦法，是希望他們能夠同意服從仲裁。如有外國政府及法官的支持，我們作為索賠人就會少遭非議。[618]

歐格訥的建議替英國政府出了個難題。當時，英國既在中國的形象非常不好，又在歐洲列強中處境較為孤立，考慮到自身的在華利益，也就只好不再追究此事了。

結果是清政府自認倒楣，原先租船的押金既收不回來，便自然而然變成了償金。此案遂無形了之。正如有人指出：「國際法云云，豈有定評哉！」[619]

---

[617]　《中日戰爭和三國干涉（1894～1895）》，第408頁。
[618]　《中日戰爭和三國干涉（1894～1895）》，第407頁。
[619]　《中日戰爭》（六），第82頁。

第三節　宣戰前後的國際關係

甲午破局，清帝國撕裂的外交關係：
列強分贓、朝鮮動盪、三國干涉⋯⋯東亞秩序全面解體，大清政府無力挽回的歷史轉捩點

作　　　者：戚其章	
發　行　人：黃振庭	
出　版　者：複刻文化事業有限公司	
發　行　者：崧燁文化事業有限公司	
E - m a i l：sonbookservice@gmail.com	
粉　絲　頁：https://www.facebook.com/sonbookss	
網　　　址：https://sonbook.net/	
地　　　址：台北市中正區重慶南路一段61號8樓	
8F., No.61, Sec. 1, Chongqing S. Rd., Zhongzheng Dist., Taipei City 100, Taiwan	

電　　　話：(02)2370-3310
傳　　　真：(02)2388-1990
印　　　刷：京峯數位服務有限公司
律師顧問：廣華律師事務所 張珮琦律師

-版權聲明-
本書版權為濟南社所有授權複刻文化事業有限公司獨家發行繁體字版電子書及紙本書。若有其他相關權利及授權需求請與本公司聯繫。
未經書面許可，不得複製、發行。

定　　　價：375元
發行日期：2025年08月第一版
◎本書以POD印製

國家圖書館出版品預行編目資料

甲午破局，清帝國撕裂的外交關係：列強分贓、朝鮮動盪、三國干涉⋯⋯東亞秩序全面解體，大清政府無力挽回的歷史轉捩點 / 戚其章著 . -- 第一版 . -- 臺北市：複刻文化事業有限公司 , 2025.08
面；　公分
POD版
ISBN 978-626-428-211-6(平裝)
1.CST: 甲午戰爭 2.CST: 近代史 3.CST: 中國
627.86　　　　114010733

電子書購買

爽讀APP　　　臉書